KB049446

냄새의 심리학

Alles Geruchssache:
Wie unsere Nase steuert, was wir wollen und wen wir lieben
by Bettina M. Pause, Shirley Michaela Seul
Originally Published by Piper Verlag GmbH, München.

Copyright ⓒ 2020 by Piper Verlag GmbH, München/Berlin
All rights reserved.
No part of this book may be used or reproduced in any manner
whatever without written permission except in the case of brief quotations
embodied in critical articles or reviews.

Korean Translation Copyright ⓒ 2021 by The Business Books and Co., Ltd.
Korean edition is published by arrangement with Piper Verlag GmbH,
München/Berlin through BC Agency, Seoul.

이 책의 한국어판 저작권은 BC에이전시를 통해
저작권자와 독점 계약을 맺은 (주)비즈니스북스에게 있습니다.
저작권법에 의해 국내에서 보호를 받는 저작물이므로 무단 전재와 복제를 금합니다.

냄새는 어떻게
인간 행동을 지배하는가

베티나 파우제 지음
이은미 옮김

냄새의
심리학

ALLES
GERUCHSSACHE

북라이프

옮긴이 **이은미**

독일 프라이부르크 대학교에서 카리타스학 및 가톨릭 사회복지학으로 박사 학위를 받았다. 동 대학교에서 박사 후 연구원을 지냈으며 현재 독일과 한국을 오가며 연구를 병행하고 있다. 또한 바른번역 소속으로 기회가 될 때마다 독일의 양서를 번역 및 소개하고 있다. 역서로는 《지혜를 읽는 시간》, 《아이디어가 없는 나에게》, 《만들어진 제국, 로마》, 《미안하지만 스트레스가 아니라 겁이 난 겁니다》 등이 있다.

냄새의 심리학

1판 1쇄 발행 2021년 5월 7일
1판 4쇄 발행 2024년 5월 21일

지은이 | 베티나 파우제
옮긴이 | 이은미
발행인 | 홍영태
발행처 | 북라이프
등 록 | 제313-2011-96호(2011년 3월 24일)
주 소 | 03991 서울시 마포구 월드컵북로6길 3 이노베이스빌딩 7층
전 화 | (02)338-9449
팩 스 | (02)338-6543
대표메일 | bb@businessbooks.co.kr
홈페이지 | http://www.businessbooks.co.kr
블로그 | http://blog.naver.com/booklife1
페이스북 | thebooklife
ISBN 979-11-91013-20-7 03180

* 잘못된 책은 구입하신 서점에서 바꾸어 드립니다.
* 책값은 뒤표지에 있습니다.
* 북라이프는 (주)비즈니스북스의 임프린트입니다.
* 비즈니스북스에 대한 더 많은 정보가 필요하신 분은 홈페이지를 방문해 주시기 바랍니다.

비즈니스북스는 독자 여러분의 소중한 아이디어와 원고 투고를 기다리고 있습니다.
원고가 있으신 분은 ms2@businessbooks.co.kr로 간단한 개요와 취지, 연락처 등을 보내 주세요.

노래를 부르며 입맞춤하는 이들에게
감정에 충실하며 사람들과 마주하는 이들에게
이 책을 바칩니다.

ALLES
GERUCHSSACHE

***

수와 도식이 더는
모든 피조물의 열쇠가 아니라면,
노래하며 입맞춤하는 이들이
배움이 깊은 학자보다 더 많이 안다면,
세상이 자유로운 삶으로
그리고 본래의 세상으로 되돌아간다면,
빛과 그늘이 다시금
참다운 선명의 조화를 이루며 결합한다면,
또한 우리가 동화와 시를 통해
진실한 역사를 알게 된다면,
그때에는 신비로운 말 한마디에
불합리한 모든 것이 사라져 버리리라.

_노발리스, 〈수와 도식이 더는〉(1800)

***

냄새가 보내는 비밀 신호

○　　　지금 우리가 이 책을 읽을 수 있는 건 순전히 코 덕분
이다. 냄새를 맡지 못하면 아무것도 느낄 수 없기 때문이다. 무
언가를 기억할 수도 말할 수도 없다. 암만 진화한들 벌레나 곤
충 정도에 그쳤을 거다.

　이렇듯 우리 일상은 냄새로 좌우된다. 하지만 우리가 인지하
는 건 극히 일부에 불과해 삶이 코에 이리저리 휘둘리고 있다는
사실을 눈치채기란 어렵다. 우리는 스스로 똑똑하고 이성적이
며 논리적인 존재라고 생각한다. 그래서 어떤 결정을 내릴 때
도 늘 신중히 고민하는 줄 안다. 지금껏 그렇게 믿어 왔다. 그런
데 알고 보면 우리가 선택한 배우자나 회사 직원, 믿고 의지하
는 친구들은 모두 좋은 냄새가 나는 사람들이다. 논리적인 이
유라는 것은 그저 '만들어' 붙인 것이다. 후각은 달콤한 딸기

향이나 불쾌한 악취만 맡는 게 아니라 사랑, 공포 같은 감정도 감지한다. 모든 인간은 끊임없이 냄새를 내뿜고 다른 사람 냄새에 쉴 새 없이 반응한다. 타인이 내보내는 화학적 메시지에 귀를 기울인다는 소리다. 한마디로 우리는 우리가 풍기는 냄새, 그 자체다! 이제부터 이 신비로운 후각의 세계로 당신을 초대하려고 한다. 얼마 전까지만 해도 인간은 '시각적 동물'로 여겨졌다. 하지만 사실 인간은 후각적 동물에 더 가깝다. 후각이 시각보다 더 빨리 반응한다는 사실이 다수의 연구에서 보고되고 있다. 냄새를 어떻게 맡고 냄새에 어떻게 반응하는가에 따라 우리의 건강, 행복한 삶, 조화로운 인간관계, 우정, 심지어 지능까지 달라질 수 있다는 말이다.

한데 우리는 이 좋은 능력을 잘 활용하고 있을까? 우리는 후각에 관해 도대체 얼마나 알고 있을까? 아니면 굳이 알 바 아니라고 생각할까? 그렇다면 후각은 진화론에서나 다룰 문제일까? 우리가 후각 세계에서만 사는 것도 아닐뿐더러 생물학적으로 포유동물이긴 해도 원초적 본능만 따르는 것은 아니니까? 인간은 훨씬 더 진화하였으니까? 이러한 생각들이 오히려 우리 삶의 질을 저하한다. 아주 위험한 착각인 데다 잘못된 내용에 근거하고 있기 때문이다.

최근 발표된 연구들은 수천 년 동안 인간이 옳다고 믿어 온 것을 완전히 뒤엎는 깜짝 놀랄 만한 여러 사실을 밝혀냈다. 예를 들면 우리는 지금까지 동물의 후각이 인간보다 월등하다고 생각했다. 그런데 아니다. 틀렸다. 연구에 따르면 인간의 후각은 거의 모든 동물보다 뛰어나다.[1]* 심지어 개의 후각보다 더 좋을 수도 있다. 지금껏 우리는 인간을 '만물의 영장'이라며 철저하게 다른 동물들과 구별했다. 그러지 않았다면 후각에 관해 훨씬 더 많이 알고 있지 않을까. 우리 몸에서 풍기는 많은 냄새는 비누나 로션, 향수 등에 전혀 영향을 받지 않는, 이른바 쿰쿰한 곳에서부터 나온다. 사회에서는 되레 맡기를 꺼리는 냄새들이다. 그런데 최근 연구들에 따르면 인간은 매 순간 후각이 이끄는 대로 살아간다. 이는 전혀 인지하지 못할 때도 마찬가지다. 정확히 말하면 우리는 후각에 관해 그저 빙산의 일각만 알고 있었다. 사실 후각은 우리 사회의 모든 의사소통 방식에 관여하고 있다! 이 연구들에 관해서 앞으로 차차 알아 나가 보자.

자, 이제부터 후각이란 신비로운 세계로 여행을 떠날 것이다. 지금껏 전혀 생각하지 못했던 새로운 내용이 수시로 등장해 번번이 놀랄 수도 있다. 우리는 이른바 '케미가 통해야 한다'는 사실을 예전부터 알고 있다. 비록 이 '케미'란 걸 직접 보거나 냄새로 맡지는 못해도 우리에게 얼마나 중요한지를 은연중에 알았

---

* 가독성을 높이고자 참고한 자료 및 관련 정보는 '참고 문헌' 부분에 모두 제시했다.

다는 뜻이다. 그렇기에 후각의 세계를 여행하다 보면 종종 고개를 끄덕일 것이다. 흔히 인간이 자연에서 왔다고들 하지만 인간은 자연의 원형인 케미, 즉 '화학'에서 비롯됐다.

이처럼 우리에게 냄새가 아주 중요하다는 사실은 유감스럽게도 가짜 뉴스가 무분별하게 쏟아져 나오는 데 일조했다. 그중에서도 매력적인 파트너를 만나기 위해 페로몬 같은 호르몬 향수나 디오더런트를 사용하라는 이야기는 완전 터무니없다. 물론 다른 사람에게 자신만의 매력을 어필할 필요는 있지만 그렇다고 향수를 뿌릴 필요는 없다. 유혹을 위한 냄새는 우리 스스로 만들어 낼 수 있다. 이게 어떻게 가능한지는 지금부터 알아보자.

지난 30여 년 동안 나는 후각 연구에만 몰두해 왔다. 내 연구는 후각이 그 어떤 인지 체계보다 월등하다는 가설에서 시작되었다. 당시 사람들은 내 연구를 이해하지 못할 뿐만 아니라 비웃어 대기까지 했다. 대수롭지 않은 연구라고 무시당하기 일쑤였다. 하지만 내 가설을 지지하는 연구 결과들이 계속해서 도출되자 조롱은 점차 회의로, 회의는 결국 놀라움으로 바뀌었다. 정말로 뭔가 맞는 소리 같으니까! 2005년부터 독일 뒤셀도르프 대학교의 생물 및 사회 심리학과 교수로 재직 중인 나는 어느새 '냄새' 연구에 관한 한 전 세계에서 알아주는 연구자다.

생물 심리학은 뇌파, 심장 박동, 근육 움직임, 피부 전도성 등을 측정하여 인간의 행동 및 경험과 생물학적 메커니즘 간의 관련성을 연구하는 학문이다. 반면 사회 심리학은 실제든 가상이든 간에 누군가의 존재 여부가 인간의 행동 패턴이나 경험에 미치는 영향을 연구한다.

생물 심리학과 사회 심리학을 결합한 '생물 및 사회 심리학'을 공부하는 과는 독일에서 우리 학교가 유일하다. 그도 그럴 것이 두 전공은 특별히 매력적인 냄새를 풍기지 않는다. 나와 연구팀은 후각에 따른 생물학적 메커니즘을 연구한다. 두려움도 전염될 수 있다는 사실을 밝혀내면서 나는 일반 대중에게도 일명 냄새 심리학 분야의 선두 주자로 명성을 떨쳤다. 그래도 코는 여전히 사람들의 관심 밖 분야다. 참 안타깝기 그지없다. 그렇지만 우리 연구에 관해 이야기할 때면 사람들은 대부분 무슨 소린지 금세 이해한다. 후각의 중요성을 이렇든 저렇든 모두 느끼고 있다는 뜻이다. 일상에서 사용하는 관용구들을 봐도 그렇지 않은가. "그 사람에게선 어떤 냄새도 맡을 수 없어." Den kann ich nicht riechen.(어떤 사람을 도무지 좋아할 수 없을 때 사용하는 독일식 관용구다. —옮긴이) 어떤 언어든 이런 표현은 틀린 법이 없다. 명확한 설명이 불가능하더라도 후각이 중요하다는 건 직감으로 알기 때문이다.

코가 어떻게 다른 감각 기관보다 더 많은 영향을 우리 삶에 미치는지 하나하나 살펴보자. 후각은 심지어 우리가 다양한 삶의 의미를 찾게끔 도와준다. 후각을 잘 알아야 한다는 말에 이제 좀 수긍하겠는가? 솔직히 인간은 냄새에 쉽게 유혹당하는 듯하다. 그렇다면 우리에 관한 정보를 잘 거르고 골라 내서 원하는 냄새만 내뿜도록 냄새 분자를 변형하는 이야기에 훨씬 솔깃할까? 얼굴에 화장을 하듯이 체취도 꾸밀 수 있다면? 슬픔 분자를 끌어올리는 리프팅 수술? 지방 흡입술처럼 실패에 대한 두려움을 흡입해 내는 시술법? 설령 마법의 코가 있어 냄새가 보내는 비밀 신호를 정확하게 파악하는 사람이 있다고 할지언정 내가 보기엔 그저 끔찍한 상상일 뿐이다. 현재 연구 상황을 고려할 때 조만간 성공할 가능성도 0에 가깝다.

개인적으로 돈에는 별로 관심이 없다. 돈이 우리를 행복하게 만들어 주지 않음을 살면서 몸소 느꼈을뿐더러 이후 많은 연구를 통해서도 깨달았기 때문이다. 나는 인간의 고통을 줄이고 행복이란 걸 파악해 실현하는 방법에 훨씬 더 관심이 많다. 우리의 후각 능력을 정확하게 이해하면 지능이나 행복에 관해서도 새로운 깨달음을 얻을 수 있다고 자부한다. 행복의 측정 단위가 돈이 아니라 화학적 분자임은 학술적으로도 확실하게 증명됐다. 이처럼 주변 환경과 인간관계에 후각이 결정적 역할을 하는데도 우리가 의식하는 지각 체계 속에서 후각은 여전히 오지와도 같다. 더욱이 후각에 의식적으로 접근할 방법조차 모른다. "이 사람한테 두려움의 냄새가 나. 그래서 같이 있기 싫어"라고 말하는 사람은 없다. 보통 이렇게들 말한다. "난 그 사람이 마음에 안 들어. 왜냐하면 너무 거만하거든. 계속 다른 사람을 험담해. 정치 이야기를 너무 많이 하는 것도 싫어. 혼자 자꾸만 킥킥거리는 이유는 뭘까."

우리는 형언하기 힘든 것들을 설명하고자 이성을 오용한다. 표현할 수도 있겠지만 보통은 입 밖으로 내뱉지 않는다. 감정적으로 논쟁하는 건 좋지 않으니까.

할 수 없는 걸까? 그렇다면 왜 못 하는 걸까? 실제로는 아는 게 전혀 없고, 어떻게 그런 생각과 결정을 하게 됐는지조차 모른다는 사실을 감추고 싶을 뿐이다. 우리가 그토록 이성적인 이유를 앞세우는 이유다. 그러나 인간은 지극히 주관적이라서 이성적으로 행동할 수가 없다. 인간이라는 것과 이성적이라는 것은 그 자체로 모순이다. 사람이 이성적으로 논쟁한다는 것은 말도 안 되는 소리다. 결정에 필요한 정보들을 감각을 통해 수집하지 않는다면 도대체 이성은 어디에서 비롯된다는 말인가? 고대 그리스 시대의 에피쿠로스도 감각을 통한 경험 없이는 어떤 지식도 얻을 수 없음을 알았으며, 세상에 관한 수많은 중세 사상들도 16세기 인문주의에서 지식 획득의 원천으로 감각을 재발견함에 따라 사라졌다.[2] 인간의 신체 현상을 간과하고 냄새를 대충 맡거나 건성으로 듣고 이해하고 넘긴다면 인간의 이성은 얼마나 이성적일 수 있을까……. 이처럼 우리 몸은 우리에게 갖가지 인상을 남기고, 이를 통해 현명하고 올바른 결정에 꼭 필요한 사항이 무엇인지를 생각하게 한다. 인간을 인간답게 만드는 건 이성도 지능도 아닌 직감이다. 그리고 이 직감은 코에서 비롯된다. 그러니 우리는 늘 솔직한 코를 따르는 게 좋다. 냄새 맡는 일에 더 많은 시간을 할애한다면 우리는 분명더 행복해지고, 이 세상 역시 더 나은 방향으로 나아가지 않을까 싶다. 그러니 모두 코를 따르라!

∴ 행복을 지키는 문지기

모젤강을 따라 잔드라는 종일 걸었다. 실연의 아픔이 조금이나마 가신 듯했다. 정말 오랜만에 기분 좋은 날이었다. 배가 고파진 잔드라는 지인이 추천한 식당을 찾았다. 식당에 들어서자마자 기분이 편안해졌다. 누군가 그 이유를 묻는다면 잔드라는 식당 실내 장식이 마음에 쏙 들어서라고 대답했을 것이다. 하지만 피상적인 이유에 불과하다. 실제로 그녀의 마음을 건드린건 주변 환경과 잘 어우러진 식당 냄새다. 음식과 온기의 냄새! 식당 안으로 들어서는데 구둣방에서나 맡을 법한 냄새가 풍긴다면 어떨까? '이게 무슨 냄새지?'라는 생각과 함께 대번에 인상을 찌푸렸을 것이다. 장소와는 맞지 않는 냄새, 코를 불편하게 만드는 냄새 등 코가 보내는 경고 신호에 우리는 즉각 반응한다. 그때까지는 잔드라의 기분이 좋았다. 그런데 식당 직원에게 남은 자리가 하나도 없다는 말을 듣자 몹시 속상해졌다. 그때 들려온 말 한마디. "저 신사분과 같이 앉으시면 어떨까요?"

그 남자는 잔드라보다 몇 살 어린 듯했다. 합석은 탁월한 선택이었다. 단순히 호감을 느껴서가 아니다. 그의 건강한 냄새와 더불어 자신과 비슷한 감정을 그 역시 느끼고 있음을 무의식적으로 맡았기 때문이다. 화학적 방식으로 위르겐의 좋은 기분이 잔드라에게 전달됐다. 그 순간 위르겐도 편안한 기분이 들었다. 우리가 느끼는 감정은 냄새의 화학적 조합 방식에 따라 밖으로 풍겨 나온다. 물론 의식적으로는 감정의 냄새를 맡을 수 없다. 이는 누구에게나 마찬가지다. 하지만 감정의 냄새는 세상에 반응하는 방식이나 행동 패턴에 결정적 영향을 미친다. 이는 다시금 행동 방식에 영향을 미치는데 이러한 순환은 계속된다. 잔드라도 처음부터 100퍼센트 확신하지는 않았다. 하지만 마주 앉은 남자의 편안한 분위기가 그녀의 코로 전해지면서 그와 즐겁게 이야기 나눌 확률이 상당히 높아졌고 실제로 그렇게 됐다. 기분이 좋은 두 사람은 호기심을 가득 품고 마주 앉은 채 서로의 공통점을 계속 찾아 나갔다. 단번에 가능했던 건 아니고 두 사람의 노력 덕분이었다. 이는 파트너가 될 가능성을 높여 주는 계산 가능한 요인이었다. 파트너가 되느냐 되지 않느냐의 여부는 우리가 다른 사람에게 얼마나 열린 자세로 임하는가에 따라 달라진다. 그리고 이때 닫힌 문을 열어 주는 문지기가 바로 우리의 코다.

3년 뒤, 잔드라와 위르겐은 마침내 결혼했다. 결혼식 날에 둘은 그들의 만남이 얼마나 운명적이었는가를 이야기했다. 위르겐은 보통 저녁 늦게 밥을 먹는다, 사실 잔드라는 그 전날에 집으로 돌아갈 작정이었다 등 서로가 운명일 수밖에 없는 여러 이유를 언급했다. 연인들에게는 모두 저만의 로맨틱한 연애사가 있다. 그리고 이 모든 이야기와 운명적인 만남은 거의 코에서 시작된다. 처음 만난 그 순간부터 두 사람은 훗날 결혼할지도 모를 특정 화학적 상태였다.

그런데 상황은 이렇게 달라질 수도 있었다. 그날 위르겐은 굉장히 짜증이 났다. 트라벤트라르바흐에서 있었던 고객과의 미팅이 완전히 엉망이었기 때문이다. 차가 밀린 탓에 약속 시각에 두 시간이나 늦었으니 당연한 결과였다. 회사는 이번 달에만 벌써 고객 두 명을 잃고, 사장은 미치기 일보 직전이었다. 위르겐은 월요일이 오는 게 두려웠다. 그 생각만 하면 속이 메스꺼워질 정도였다. 행여 식사 자리에서 직장 생활에 관한 이야기가 나오지나 않을까 벌써 겁이 났다. 그러한 두려움의 냄새가 처음부터 합석이 썩 내키지 않았던 잔드라에게 고스란히 전달되었다. 두 사람은 "맛있게 드세요"라는 말 한마디만 주고받았을 뿐 식사 내내 입을 꾹 다물었다. 그래서 그들의 부모님이 고작 4킬로미터 떨어진 가까운 거리에 산다는 점, 두 사람 모두 고양이를 키우고 있다는 점, 10대 시절 같은 날 같은 마이클 잭슨 공연을 봤다는 점 등 서로에게 얼마나 공통점이 많은지 도무지 알 길이 없었다. 숙소로 돌아오는 길에 잔드라는 친구에게 전화를 걸어 식당에서 합석한 어떤 '얼간이'가 저녁 시간을 다 망쳐 났다고 투덜거렸다. 아, 위르겐과 공통점이 하나 더 있다. 그날 밤 그 역시 식당에서 만난 멍청한 여자에 대해 직장 동료에게 불평불만을 늘어놓았으니까.

똑같은 여자와 똑같은 남자 그리고 똑같은 장소와 똑같은 음식이더라도 화학적 신호가 다르다면? 결혼은 턱도 없다.

마음에 드는 사람이 나타나면 우리는 어떻게든 그 이유를 찾아낸다. 마음을 사로잡은 소소한 요인들 말고도 서로가 추구하는 가치, 정치 성향, 성격, 정서* 상태, 경험담, 두 사람 사이에 엄청난 연결 고리를 만들어 주는 사주나 인연 등……. 나는 신앙이나 비주류 과학과 경쟁을 벌일 생각은 눈곱만치도 없다. 하지만 별자리를 보듯 코를 명확하게 이해할 수 있다면 어떨까. 나는 지금까지의 내 연구를 바탕으로 후각에 관한 우리의 지평을 넓히고자 한다. 그리고 이는 충분히 가능한 일이라 자부하는 바다.

---

*   감정과 정서는 일상적으로 자주 혼용하지만 학술적으로는 구분되는 개념이다.('제4장 나는 냄새를 맡는다. 고로 느낀다' 참조) 이에 'Gefühl'은 감정으로 'Emotion'은 정서로 번역했다. ─옮긴이

차례

제 3 장

코가 오랫동안 베일에 싸여 있었던 이유

✳ ──────────────────────────── ✳

제 4 장

나는 냄새를 맡는다, 고로 느낀다

✳ ──────────────────────────── ✳

제 5 장

늘 간발의 차로 앞서 나가는 후각

✳ ──────────────────────────── ✳

제6장

바로 코앞에!

제7장

코가 냄새에 접근하는 방식: 후각의 비밀

제8장

사랑은 코를 타고

제9장
공기 중에 무언가가 있다

제10장
지능은 코에서 시작된다

제11장
친구들은 서로의 냄새를 더 잘 맡는다

제12장

두려움의 냄새

✳ ────────────────────────────── ✳

제13장

위험이나 함정을 냄새로 인지하다

✳ ────────────────────────────── ✳

제1장

냄새를 잘 맡을수록
인생이 풍부해진다

○　　후각은 충만한 삶과 행복이라는 합리적인 목표 지점으로 우리를 이끈다. 자기 계발서 제목들만 보면 우리는 젖과 꿀이 흐르는 땅에서 행복을 찾아다니는 민족 같다. 그런데 점점 더 많은 사람이 길을 잃고 헤맨다. 돈 냄새를 맡지 못해서일까? 아니다. 현대 사회의 슬픈 현실이자 고질병인 외로움 때문이다. 이 문제에 아주 올바르게 대처해 나가는 나라가 있다. 바로 영국이다. 2018년에 영국은 외로움 전담 부서를 신설했다. 많은 이가 처음에는 농담이겠거니 했지만 유감스럽게도 쓰디쓴 현실이다. 독일인 가운데 10~15퍼센트가 외로움으로 힘들어하는데, 그중 20퍼센트가 85세 이상 노인이다. 때때로 혹은 그 이상으로 자주 외로움을 느낀다는 이들도 30퍼센트에 달한다. 이뿐만이 아니다. 2019년에 발표된 〈외로움이 공중 보

건에 미치는 영향〉Einsamkeit und deren Auswirkung auf die öffentliche Gesundheit에 따르면 독일인의 외로움은 점점 더 심각해지고 있다. 특히 베이비붐 세대는 외로운 세대가 되었다. 개인주의의 대가일지도 모르겠다. 독일은 현 집권 정당 간 합의서에 따라 "모든 세대의 외로움을 방지하고 고독과 싸워 이겨 낼 것"이라 선언했다. 추측하건대 이는 박애주의 때문이 아니라 외로움에 따른 폐해를 최소화하기 위함이다. 외로운 사람은 역시나 불행하다.

그런데 이러한 외로움에 상당 부분 관여하는 게 무엇일까? 또 코다. 최근 연구들에 따르면 사회적 관계망을 잘 형성하는 이들이 외로운 사람들보다 화학적 형태의 사회적 정보들을 더 효과적으로 활용할 줄 안다. 이 화학적 정보들은 대화나 몸짓이 아닌 코로 전달되거나 받아들여지므로 코가 첫 번째 접촉 기관이 된다. 인간은 사회적 동물이기에 무리 안에서 생존력이 가장 높아진다. 우리를 마구 흔들어 놓는 실연의 아픔, 슬픔, 향수와 같은 감정들은 외로움이란 어두운 색채를 띠고 있다. 예전에는 외로움이 빈곤이나 질병 때문에 생기는 당연한 결과라고 생각했지만, 이제는 빈곤과 질병이 외로움을 유발할 수 있음을 안다. 외로움을 줄일 방법은 많다. 그중 하나가 얼굴에 있는데, 그게 바로 코다. 코를 이용하면 외로움을 극복할 수 있고 정말 행복해질 수 있다.

전 세계의 수많은 학자가 사고, 정서, 후각 사이의 놀랍고도 흥미로운 관계에 관심을 보인다. 그 결과 재미난 학술적 교류도 일어난다. 현대 영상술은 어떤 냄새가 뇌의 어떤 부분을 어떻게 활성화하는지 보여 준다. 그 덕분에 정신 질환을 앓는 사람들의 뇌는 정서 간 화학적 전달 기능이 손상되었음을 밝혀낼 수 있었고, 냄새에 대한 뇌 반응이 성별에 따라 명확하게 다르다는 사실도 알게 됐다. 이러한 연구 결과들을 다각도로 살피다 보면 감정 발생 요인이나 정서와 관련된 질병 유발 요인, 의사소통 방법 혹은 이를 방해하는 근본적인 요인 등을 언젠가는 확실하게 이해하지 않을까 싶다. 그렇게만 된다면 관련 질환들을 치료하고 환자들의 삶의 질도 다시금 높여 줄 수 있다. 이 접근법은 후각에 관한 접근이나 사회적 행동들에 변화를 일으킬 뿐만 아니라 모든 정신 질환 치료에도 엄청난 혁신을 가져다줄 것이다.

심리학은 대개 고통으로부터 행복을 찾는다. 학술적으로 행복보다 고통에 접근하는 일이 훨씬 더 쉽기에 일반적으로 심리학에서는 고통이나 슬픔의 정도를 측정한다. 행복이나 즐거움을 연구하는 경우는 드물다. 하지만 훗날 후각 연구가 행복이나 즐거움 같은 주제들을 아주 샅샅이 밝혀내서 애초부터 우리 인간에게 극심한 고통이 일어나지 않도록 도와줄 수도 있다. 이는 삶의 만족도가 높은 사람들이 행하는 화학적 의사소통 방식을 이해할 수 있다면 가능하다. 이들이 감정을 느끼는 방식은 다른 사람들과 어떻게 다를까? 무엇보다 이들은 어떤 냄새들을 맡을까?

나는 어렸을 때부터 줄곧 행복에 관심이 많았다. 어떤 날은 굉장히 불행한데 어떤 날은 아무렇지 않고 또 어떤 날은 슬펐다. 도대체 왜 그럴까? 어떤 때는 별다른 이유도 없는데 기분이 시도 때도 없이 확확 바뀌기도 했다. 이유가 무엇일까? 어른들은 별 도움이 안 됐다. "원래 그래"라고 무심히 넘기거나 "행복은 자신 안에 있는 거지" 같은 틀에 박힌 소리만 했다. 호기심이 많았던 나는 어렸을 때부터 주변을 관찰하거나 사색에 빠지는 걸 좋아했다. 그 덕분에 누구나 다 행복해지길 바라지만 쉽지 않다는 사실을 깨달았다. 주변에서 흔히 "복권에 당첨되면 정말 행복할 텐데······" 같은 말을 하는 걸 보며 옛 속담이 다 맞는 건 아니구나 싶었다. 그런데 이런 앓는 소리는 이렇게도 들린다. 돈이 꼭 사람을 행복하게 만드는 건 **아니야**!

행복과 돈의 상관관계는 그간 많은 연구를 통해 밝혀졌다. 놀라우리만큼 엄청나게 돈이 많은 사람도 무조건 행복한 것은 아니다. 실제로는 반대일 때가 더 많다. 재산을 잃지 않으면서 더 많이 늘리고 싶을 때 인간에게는 이를 잃어버릴지도 모른다는 두려움과 걱정이 함께 생긴다. 행복했던 사람이 돌연 인간관계의 가치를 잊어버리고 오로지 앞날만 두려워하는 물질주의자가 된다. 행복의 정도만 두고 살펴본다면 벼락부자가 된 사람들도 얼마 지나지 않아 예전과 똑같아진다. 또한 한순간의 사고로 평생 휠체어를 타고 살게 된 사람도 어느 정도 시간이 지나면 예전만큼은 아니지만 행복한 나날을 보낼 수 있다.

젊은 시절에 나는 행복의 최대 보증 수표가 사랑에 빠지는 것 (물론 '행복한' 사랑이어야 한다.)임을 알게 됐다. 그렇다면 이별의 상처를 겪은 사람은 마냥 죽을 것처럼 아파해야만 할까? 그렇다면 행복은? 어째서 행복은 고통보다 훨씬 짧게 지속되는 걸까? 고통을 최소화하고 행복을 최대화할 방법은 없을까? 그 방법을 찾고 싶었다. 고통을 부정하지 않으면서도 행복할 수 있는 방법을 찾아내려면 항상 코를 쫓아야만 했다. 흠, 어렸을 때부터 나는 비범한 것들을 꿈꿔 오긴 했지만 그때로 돌아간다 해도 이건 불가능한 일이라 생각했으리라.

만족스러운 삶을 위해 최적의 투자를 한 사람은 다른 사람들과 좋은 관계를 유지하는 이, 함께 웃을 수 있는 사람들이 있는 이, 어려울 때 의지할 사람들이 있는 이, 자기를 꼭 안아 줄 사람들이 있는 이다. 행복에 관한 연구들에 따르면 성공적인 삶에 이르기 위해 가장 필요한 조건은 풍요로운 인간관계다. 물론 이는 생존에 위협이 없는 상태, 즉 먹을 음식이 충분하고 비를 피해 잠잘 공간이 있다는 전제 아래서다. 이 생존 필수 조건들은 외로운 사람들이 이 감정을 자신만 느낀다고, 스스로를 예외 상황으로 치부할 때 자주 언급된다. "사실 난 부족한 게 없어. 그러니 행복해야 하는데 왜 죽고 싶을 만큼 불행할까."

그렇다. 외로움을 느끼는 이들은 인간에게 꼭 필요한 생존 요인인 인간관계가 결핍됐다. 새와 돌고래 같은 동물들이 혼자서는 살아가지 못한다는 사실을 우리는 알고 있다. 개도 무리를 지어 살아가는 동물임을 잘 알아서 반려견을 한 마리만 키우는 사람들은 종종 다른 개들과 만나는 기회를 만든다. 그런데 정작 우리 자신에게는 그렇게 하지 않는다. 이를 번번이 잊어버리며 실패한다. 재산도 마찬가지다. 지나치게 많은 돈은 되레 우리에게 해롭고 또한 우리를 불행하게 만든다고 수많은 연구에서 이야기하고 있다. 행복은 아름다운 삶을 위해 필요한 경제적 요건들을 충분히 갖추되 밤낮으로 경계해야 할 만큼 많이 가지지는 않은 사람, 즉 본인 능력으로 적절히 다룰 수 있을 만큼만 가진 사람에게 찾아온다. 이런 사람들은 십중팔구 행복하다.

돈은 이른바 **외적** 요소다. 외부에서 비롯되는 강화 요인이라서 우리가 어떻게 하지 못한다. 월급은 고용주가 정하고 상속 여부는 가족들이 결정한다. 성과에 따른 보너스 수준도 의뢰인 손에 달렸다. 우연히 돈이 생기기도 한다. 행복해지고자 돈을 좇는다는 것은 스스로 결정할 수 없는 요인들에 삶을 맡긴다는 소리다. '행복은 본인 마음먹기에 달렸다'라는 옛말이 하나도 틀린 게 없다. 행복에 주체적인 존재가 되려면 우선 스스로 행복을 만들어 낼 수 있다는 생각부터 해야 한다. 우리가 세우는 삶의 목표들도 대개 물질적인 것들이 아니다. 우리는 행복하고 평화롭게 살아가길, 사랑하는 사람과 시간을 보내길 바란다. 요약하자면 우리는 자기 자신, 즉 자아를 넓혀 나가고 싶어 한다.

반면 우리의 동기動機 의식은 **내적** 요소로 안에서 시작된다. 우리는 과정이 목표라는 신조로 살아간다. 친구가 몇 명인가는 중요하지 않다. 중요한 건 함께일 때 편하고 즐거운 친구들이 있는가다. 입상이나 좋은 점수를 위해서가 아니라 본인이 원해서 그 일을 즐긴다는 게 중요하다. 운동이나 악기를 배우는 일, 반려동물을 키우는 일 등을 예로 생각해 보자. 우리를 행복하게 만드는 건 행동 그 자체지 이로 인해 도출되는 성과물이 아니다. 친한 친구들에게 선물을 주고 이들이 행복해하는 모습을 볼 때 우리는 즐겁다. 좋은 관계에서는 무엇을 주고 받는지가 전혀 중요하지 않다. 여행은 또 어떤가. 우리가 여행을 떠나는 건 새로운 경험을 얻기 위해서지 주변 사람들에게 얼마나 호화로운 휴가를 다녀왔는지 자랑하기 위해서가 아니다. 만약 그랬다면 이건 **외적** 동기에 의한 것이다. 행복하게 살길 바라는 사람은 장기적 관점에서 자신의 내적 가치 체계를 따른다.[3]

자본주의 사회는 개개인이 가능한 한 많이 그리고 가능한 한 빨리 구매하고 소비하도록 만든다. 어떤 광고든 목적은 모두 똑같다. 자기 회사 상품을 사면 행복해진다고 소비자들을 속이는 것. 완전히 잘못됐다! 풍요로운 자본주의 사회에서 사는 사람이 세상에서 제일 행복할까? 아니다. 사회적으로 안전이 보장되고 사회 구성원 간의 존중을 중시하는 나라에 사는 이들이 행복하다. 한 나라의 부는 보통 국내 총생산GDP으로 측정되는데, 그 기준에 따르면 미국, 중국, 일본 등이 세계 10대 부유한 국가에 속한다. 하지만 세상에서 가장 행복한 사람은 핀란드, 덴마크, 캐나다처럼 교육 및 의료 보장 체계가 모든 국민에게 똑같이 적용되며 노인과 실업자도 국가로부터 일정 소득이 보장되는 나라에서 사는 이들이다. 이에 관한 데이터는 미국에서 매년 발간되는 〈세계 행복 보고서〉World Happiness Report에서 찾아볼 수 있다.

새로운 광고는 쉽게 싫증이 난다. 그렇게 갖고 싶었던 핸드폰도 구매 후 사흘이면 언제 그랬나 싶다. 이러한 현상을 심리학에서는 소유물에 대한 '쾌락 적응'hedonic adaption이라고 부른다. 반면 친한 친구와 즐겁게 보낸 시간은 3~4주가 지나도 여전히 생생하게 기억된다. 좋은 냄새를 풍기는 직장 동료와 볼링을 쳤던 기억은 몇 날 며칠이고 계속된다. 사랑하는 사람과 함께 쌓은 추억은 수년이 지나도록 여운을 남긴다. 우정 그리고 사람 사이의 친밀함. 이것이야말로 행복과 건강한 삶을 위한 필수 요건이 아닐까.

그렇다고 우정이 짜잔! 하고 생기는 것은 아니다. 시간과 노력이 필요하다. 인내심을 요구할 때도 있고 한계를 뛰어넘어야 할 때도 있다. 관계가 위태로울 때는 내 행동을 비판적으로 되돌아볼 필요도 있다. 그만큼 상호 신뢰가 중요하다.

물론 인간관계에 유독 능숙한 사람도 있다. 이들은 복잡다단한 사회 안에서 인간관계를 원만하게 잘 풀어 나가는데, 이러한 능력이 코, 바로 후각에서 비롯된다는 사실이 연구들을 통해 밝혀졌다.[4] 혼자 있기를 좋아하거나 내향적인 사람들보다 사교적인 사람들이 냄새에 더 민감하다. 2016년에 발표된 중국의 어느 연구에 따르면 친구나 지인이 많은 사람, 다시 말해 사회적 관계망이 넓은 사람들은 미약한 냄새까지 더 잘 맡아 냈다. 즉 후각 능력이 더 좋았다. 이처럼 월등한 후각 능력을 갖춘 사교적인 사람들의 뇌를 살펴보니 감정의 중추인 편도체 amygdala 와 사회적 뇌인 중간 전두엽 간의 연결이 특히 좋았다. 둘 다 후각을 담당하는 뇌 영역이다.

다른 연구에서는 미국 성인 3000명을 대상으로 사회적 관계망 형성 능력과 후각 능력을 함께 살펴보았다. 그 결과 친구가 많을수록 냄새를 더 잘 맡는다는 사실이 재차 확인되었다.

최근 연구들로 우리는 후각과 사회적 친밀함 간에 밀접한 관련성이 있음을 알았다. 사람 냄새를 비롯하여 주변 냄새를 아주 정확하게 인지하는 사람들은 타인과 관계를 형성하기 위해 더 큰 노력을 기울였고 사회적 관계망 역시 더 단단했다.

그런데 더는 주위에 사람들이 존재하지 않는다면 어떨까? 10년 후쯤이면 친구들이나 지인들이 세상을 떠났을 수도 있고 처음부터 주변에 사람이 많지 않았을 수도 있다. 인간관계를 맺고 싶은 욕구를 카나리아나 고양이, 금붕어, 개가 대신할 수도 있다. 만약 양로 시설에서 동물을 키우지 못하게 한다면 어떻게 될까? 외로움은 더더욱 커지고 이로 인해 질병에 걸릴 가능성도 높아질 것이다. 상상력이 뛰어난 사람들은 대체제를 생각해 낼지도 모른다. 물건에 '영혼을 불어넣어' 인격화할 수도 있다. 심지어 곰 인형이 대화 상대가 될 수도 있다. 신적인 존재를 찾으며 이들과의 관계로 허전함을 달래고 외로움에 대한 두려움을 줄여 나가기도 한다. 그렇다면 신의 냄새는 어떻게 맡을 수 있을까? 최근 연구들에 따르면 우리는 기분을 편안하게 하는 냄새를 풍긴 사람들에게서만 안도감, 안전함, 친밀함 등을 느낀다고 한다. 신과 곰 인형은 사람이 아니기에 우리의 외로움을 완전히 없앨 수 없다. 어떤 학자들은 양로 시설에 사회적 온기를 더할 로봇을 연구 중이다. 하지만 로봇은 우리 일상을 어느 정도 변화시킬 수는 있어도 화학적 감정들을 내뿜지는 못해 안도감이나 온기를 느끼고픈 인간의 욕구를 완전히 충족할 수 없다. 그럴 가능성이란 아예 없다.

∴ 친구들의 냄새가 더 좋다

외로울 때면 세상에서 완전히 고립된 듯하다. 어떤 것과도 연결되지 못한 느낌이다. 다른 누군가와 함께하고 싶은 바람은 어떠한 이유에서건 충족되지 못한다. 외로움은 '**지금 잠깐만 혼자 있고 싶어. 오로지 나만을 위한 시간을 갖고 싶어**'와 같이 자발적으로 혼자가 된 것과는 엄연히 다르다. 외로움은 불행처럼 우리를 타격한다. 외로움은 행복의 전제 조건이 결핍되어 생기는 것으로, 서구에서는 사망 원인 1위다. 외로움은 여러 중증 질환을 유발할뿐더러 치사율도 높인다. 과체중, 운동 부족, 알코올이나 니코틴에 중독되는 것보다도 훨씬 심각한 증상이다.

외로움은 그 자체로는 질병이 아니지만 치명적인 결과를 낳을 때가 아주 많다. 게다가 우울증, 불안 장애, 물질 사용 장애, 조현병 등 거의 모든 정신 질환이 외로움에서 유발될 수 있다. 알츠하이머형 치매의 진행 속도를 가속화할 수도 있다.

어째서 외로움이 흡연보다 더 치명적일까? 사회적 동물로서 사회적 뇌를 가진 인간에게 가장 큰 스트레스 유발 요인은 외로움이다. 뇌는 스트레스를 신체적 고통과 별반 다르지 않게 인식한다. 이는 확연하게 다른 방법으로 실행된 두 가지 연구를 통해 확인할 수 있다.[5] 하나는 그간 누적된 엄청난 양의 인구 집단별 건강 데이터를 활용하는 것이다. 특히 이들이 외로워하고 있는지, 친구나 지인들과 친밀한 관계를 맺고 있는지 등을 확인한다. 그런 다음 이들의 신체 및 정신 건강 상태를 수년간 추적한다. 대략 3500만 명을 꾸준히 살펴본 결과, 외로움이 흡연 못지않게 인간에게 치명적임이 확인되었다.

또 다른 방법은 실험 참가자들을 한시적으로 외롭게 만들어 그 순간에 이들의 인지, 반응 및 행동 변화를 살펴보는 것이다. 예를 들어 보자. 실험 참가자가 다른 두 사람과 함께 핸드볼 경기를 벌인다. 사실 다른 두 명은 피실험자가 아닌 연구원이다. 처음에는 서로서로 공을 주고받으며 놀다가 어느 순간 '진짜' 실험 참가자는 빼놓고 가짜 참가자들끼리만 공을 돌리며 논다. 이러한 사회적 배제에 피실험자는 외로움을 느낀다. 그의 뇌는 실제로 고통이 주어진 것처럼 반응했다. 외로움이 뇌에 착각을 일으킬 수 있음이 여러 학술 연구를 통해 증명되었다. 실험 참가자들은 생리적 반응이 달라지고 스트레스를 느낄뿐더러 집중력도 흐트러졌다. 자기 자신에게만 몰두하고 주변의 부정적인 것들에만 시선이 갔다. 또한 무력함을 느끼며 감정 조절에도 어려움을 보였다.

지속적인 외로움은 만성 스트레스처럼 심장의 혈액 순환이나 위장 활동, 면역 체계 등에 영향을 미치며 이는 고혈압, 위궤양, 암 등으로 발전할 수 있다. 부언하자면 신체적 또는 심리적 압박에 의한 스트레스는 사회적 관계망을 통해 낮출 수 있다. 사회적으로 다른 사람과 연결되어 있고 보호받고 있다는 느낌은 신경 호르몬인 옥시토신을 생성해 내는데, 이는 코르티솔이나 아드레날린 같은 스트레스 호르몬의 부정적 효과를 감소시킨다. 그런데 외로움에는 이러한 범퍼 효과 같은 게 없다.

너무 오랫동안 외로웠던 사람은 다른 사람에게 다가가는 일이 점점 더 힘들어지고 어느 순간 아예 다가서지도 못한다. 외로움은 사람을 더 외롭게 만든다. 인간에게 가장 중요한 사람 사이 접촉이 없다는 건 정말로 끔찍한 일이다. 안타깝게도 이러한 이유로 아픈 환자들이 자주 고통받는다. 우울증을 앓고 두려움을 새로 품으며 내리막길에서 벗어나고 싶은 마음에 술, 담배, 약에 손을 대기도 한다. 하지만 이러한 물질들은 다른 사람과의 관계 형성에 방해가 될 뿐만 아니라 우리의 화학적 의사소통 능력도 망가뜨린다. 술을 진탕 마시고 몽롱하게 취하면 인지 능력이 저하된다. 무력감, 체념, 공격성이 마구잡이로 튀어나와 말과 행동에 담긴다. 아무도 나를 사랑해 주지 않는 것만 같다. 이 같은 해로운 감정들을 더는 통제할 수 없다.

사람에게는 사람이 필요하다! 우리는 무리 지어 사는 동물이니까! 인간에게 외로움이란 정신적으로나 신체적으로나 제일 끔찍한 대상이다. 영국의 소설가 대니얼 디포가 쓴 소설 〈로빈슨 크루소〉 속 주인공 크루소는 배가 난파되는 바람에 28년이나 무인도에 갇혀 홀로 외롭게 살아야 했다. 처음에는 동물들이 그에게 구조의 손길을 내밀었고 이후 친구 프라이데이가 생기면서 삶의 즐거움을 되찾았다. 그런데 그가 살던 섬에서는 다른 사람을 만날 기회가 드물 수 밖에 없지만 우리가 사는 육지는 다르다. 사람을 사귈 기회가 아주 많다. 그런데도 어려운 경우가 비일비재하다.

이는 우리가 아직 화학적 의사소통의 중요성을 의식하지 못해서일 수도 있다. 눈과 귀뿐만 아니라 코를 통해서도 무의식적으로 지각하고 있음을 우리는 잘 모른다. 화학적 의사소통이란 화학적 자극을 이해한다는 뜻이다. 표현이 인위적으로 들릴 수도 있겠지만 앞서 언급했듯이 인간은 화학, 좀 더 정확하게 말하자면 원자에서 비롯됐다. 이 원자들이 모여 분자를 구성하고 이 분자들은 수분, 단백질, 당, 지방 등 모든 물질의 기본 구성 요소가 된다. 식물이나 동물, 사람의 신체 세포도 수분과 여러 분자, 특히 지방 및 단백질 분자로 구성되어 있다. 당 분자는 몸에 필요한 에너지를 만들어 내는데, 뇌 역시 이 당 분자를 필요로 한다. 분자 없이는 사람도 없다.

자연적인 분자는 공기 중에 떠다닌다. 분자 없이는 아무것도 존재하지 못하듯 실재하는 모든 것은 분자로 이루어졌다. 본래 화학은 물질의 특성 및 구성, 변화, 연결 고리 등을 연구하는 자연 과학을 의미한다. 하지만 요즘에는 화학이란 용어가 흔히 몸에 좋지 않은 것, 해로운 것, 화학 제품, 인위적으로 만든 냄새 등을 가리키는 데 쓰인다. 인간을 구성하고 우리가 꼭 필요로 하는 화학과 이들은 분명 다르다.

다른 사람과 함께하며 느끼는 편안함은 대부분 의식하지 못하는 화학적 신호들을 통해 생겨난다. 함께 있을 때 더 편안한 사람이 있다. 우리도 이를 느끼긴 하지만 합리적인 이유를 찾거나 "당신의 오라$_{aura}$는 아주 아름다운 오렌지 빛깔을 띠고 있어요" 같은 알 듯 말 듯한 말만 할 뿐이다. 그러고 보면 인간은 참 창의적이다. 직장 동료 X가 스트레스를 줘서 같이 일을 못 하겠어, 옆집 사람에게서 안 좋은 에너지가 나와, 내 집이 엄청 좋아 보이는지 시누이가 질투해, Y가 등장하기만 하면 긴장감이 맴돌아, Z만 나타나면 모든 게 엉망이 돼, 더는 안 마주치면 만사 오케이지, 다들 분명 똑같이 느낄 거야 등의 말로 누군가를 설명한다. 그런데 정말 그런 사람들일까? 아니면 우리가 후각을 통해 느낀 바를 정당화하고자 그렇게 생각하는 걸까?

그 사람과 함께하고 싶은지, 그 사람에게서 어떤 매력을 느끼는지, 그 사람에 관해 어떻게 생각하는지 등은 결국 그 사람이 뿜어내는 화학적 배출물에 의해 결정된다. 그가 가진 냄새의 화학적 칵테일이 '맛있으면' 그를 긍정적으로 이야기하며 그의 행동도 긍정적으로 평가한다. 하지만 똑같은 사람, 똑같은 행동도 무의식적으로 불편한 냄새를 맡으면 부정적으로 판단한다. 그리고 그 판단이 긍정적이든 부정적이든 이를 뒷받침할 합리적인 이유를 어떻게든 찾아낸다.

주의 사항! 이 책을 읽다 보면 지금껏 주변 사람들을 판단하던 모든 메커니즘이 송두리째 흔들릴 것이다. 하지만 걱정하지 않아도 된다. 여러 연구를 기반으로 더 단단하게 다시 바로 세워질 테니까. 여러 연구에서 얻은 지식을 바탕으로 당신이 화학적 감각을 잘 활용하게끔 도와주고 싶다.

그러면 뭐가 좋으냐고? 아름다운 삶, 만족, 행복을 위한 전제 조건을 얻을 수 있다! 사회적 네트워크가 좋은 사람들은 그렇지 않은 사람들보다 화학적인 사회 정보들을 훨씬 효과적으로 활용한다.

사회적 관계망이 넓은 사람들을 보면 그렇지 않은 사람보다 냄새를 더 잘 맡는다. 인간에게 화학적 의사소통이 아주 중요하고 유익하다면 후각 능력이 좋은 사람들이 유리할 수밖에 없다. 실제로 그들의 후각 능력은 남들보다 좋다. 냄새가 희미해도 예민하게 알아차린다. 즉 사회적 관계망이 넓은 사람이 사회적 관계망이 좁거나 아예 형성되지 못한 사람보다 더 민감하게 냄새에 반응한다는 의미다.

그렇다면 이런 질문을 던질 수 있다. 이들은 다른 사람들보다 섬세하며 타인에 대한 공감 능력 역시 뛰어나단 말인가? 그렇다. 냄새를 잘 맡을수록 상대를 잘 이해한다. 그 이유는 코를 통해 인지된 냄새가 뇌에 도달해 감정을 유발하는 일련의 과정으로 설명 가능하다.

∴ 냄새를 잘 맡을수록 오래 산다

우리 인생에서 냄새가 얼마나 중요한가는 치사율을 통해서도 알 수 있다. 냄새를 잘 맡는 사람들은 그렇지 않은 사람들보다 더 오래 산다.[6] 스웨덴의 정치가 마리아 라르손이 10년 동안 추적 연구한 결과, 후각 능력이 좋지 않은 사람은 냄새를 잘 맡는 사람보다 치사율이 약 20퍼센트 더 높았다. 추적 대상은 40대 이상 성인들로 나이, 성별, 기저 질환, 치매 등은 어떠한 영향도 미치지 않았다. 후각과 치사율의 상관관계는 두 가지 가설로 설명 가능하다. 첫 번째는 후각 망울olfactory bulb(후각 세포로부터 받은 신경 자극을 대뇌에 전달하는 후각 신경 부위 — 옮긴이)이 그 자체로도 중요하기에 정서 및 기억 활동에 주로 관여하는 편도체와 해마가 활성화되려면 후각 망울도 함께 잘 기능해야만 한다는 논리다. 두 번째는 냄새를 못 맡을수록 친구가 적고 사회적 관계망도 좁다는 논리다.

냄새를 잘 맡는 사람들은 풍요로운 삶을 즐길 뿐만 아니라 수명도 길다. 그런데 수명은 유전의 영역이 아니었던가? 부분적으로는 그렇지만 우리 몸을 얼마나 소중히 다루는지, 건강하게 살아가는지 등 행동 방식과 관련이 더 크다. 궁극적으로 우리는 삶을 통제하지 못한다. 연구할 때마다 느끼지만 우리 삶은 킨더조이(알 모양 초콜릿으로 포장을 벗기면 장난감이 들어 있다.─옮긴이) 같다. 예측할 수 없지만 분명한 것은 상당 부분 영향을 미칠 수 있는 요인들도 있다는 점이다. 여기에 후각도 포함된다. 자, 본인의 후각이 그렇게 특출하지 않다고 생각하는 이들에게 희소식 하나! 후각은 연습하면 좋아질 수 있다. 그 방법들에 관해서는 차차 이야기할 테니 계속 책을 읽어 나가길 바란다.

∴ 후각 경고

몸에서 가장 돌출된 형태인 코는 우리를 안내하는 가이드와 같다. 제일 먼저 냄새를 맡은 코는 1초도 안 되어 이 냄새에 어떻게 반응해야 할지 결정한다. 그러나 우리는 이를 대부분 인식하지 못한다. 그게 더 낫다. 왜냐하면 우리 몸은 안팎으로 수백만 가지의 감각 자극을 받아들이는데 이를 아무 필터도 거치지 않고 모두 수용한다면 녹초가 되고 말 것이다. 이에 관해서는 나중에 좀 더 자세하게 이야기해 보자. 여기에서는 전혀 생각지 못했던 불편한 냄새나 코를 찌르는 강한 냄새에만 의식적으로 반응한다는 점만 언급하고자 한다. 후각이 자극되면 우리는 먼저 대략적인 판단을 내린다. 그 냄새가 편한가 혹은 불편한가에 따라 반응 및 행동 방식이 달라진다. 맛있다 혹은 역겹다, 머무른다 혹은 자리를 뜬다, 그리고 기분이 좋아지면 행복하고 만족스러워지니까 더 많이 혹은 No, thank you!

부정적인 감정을 일으키는 냄새는 크게 두 가지로 구분된다. 하나는 심적으로 두려움을 일으키며 생존 위험 경고를 날리는 냄새로 타는 냄새나 가스 새는 냄새, 탁한 공기 냄새 등이 여기에 속한다. 사람들은 자다가도 이상한 냄새가 나면 깜짝 놀라 후다닥 깬다. 이때 이상하다는 건 상황에 맞지 않는다는 의미다. 또 다른 하나는 위험을 알리는 역겨운 냄새로 특히 부패 현상과 관련된다. 그런 냄새가 나면 건강을 지키려는 본능에서 거부 반응을 보인다. 음식이 상했는지 확실치 않아 우선 냄새부터 맡아 본 경험이 다들 한 번쯤 있을 것이다. 이때 우리는 후각에 의존한다. 후각은 질병뿐만 아니라 독성에 의한 죽음까지도 경고한다. 심지어 옆 사람이 감기에 걸렸는지도 '무의식적으로' 냄새를 맡아 알아내기에 그 사람과 나도 모르게 거리를 두게 된다. 여느 사람들과 마찬가지로 감기에 걸린 사람의 몸에서도 주변 환경과 순간순간 이어지는 화학적 연결 고리가 끊임없이 만들어지고 있기 때문이다. 그러한 정보들은 날숨뿐만 아니라 몸에 있는 모든 구멍을 통해 빠져나와 주변으로 전달되는데, 이들은 나이나 식습관, 건강 상태 등에 따라 달라진다. 사람이 아프면 화학적 연결 고리가 변하고 이는 다시금 체취에 영향을 미친다.

수백 년 전 우리 조상들은 후각을 이용해 진단했다. 현대 의료진은 후각을 거의 믿지 않는다. 심지어 제 손도 잘 믿지 않으며 컴퓨터 기술에 많이 의존한다. 그런데 수백 년 전만 해도 후각은 아주 중요한 정보 수단이었다. 실제로 다수의 신진대사 질환은 특유한 냄새를 통해 알아낼 수 있는데, 대표적인 것이 당뇨병 환자의 아세톤 냄새다. 그뿐만 아니라 중독, 피부 질환, 선腺 질환 등에서도 고유한 냄새가 풍긴다. 독일에서는 요즘에도 의약품 성분 및 순도 검사에 관한 해설서에서 제약학이나 약학 전공 학생들에게 약품에 대한 후각 및 미각 시험을 관능검사organoleptic test로 권장하고 있다. 유감스럽게도 현대 의학에서는 후각을 활용한 진단 검사들이 점차 사라지는 추세다. 하지만 더는 고약한 냄새로 중증 질환을 치료하지 않아도 되니 얼마나 기쁜가! 수백 년 동안 흑사병 같은 유행성 전염병 치료 제로 '부패한' 냄새를 사용했다고 하니 말이다.

냄새에 치료 효과가 있다는 믿음은 히포크라테스와 갈레노스의 시대로 거슬러 올라간다.[7] 당시 사람들은 악취나 썩은 내 등 지독한 냄새로 전염병을 없앨 수 있다고 믿었다. 코는 뇌와 직결되므로 후각 말초 기관으로 여겼던 뇌실 계통ventricular system에까지 냄새 분자들이 다다를 것이라는 갈레노스의 학설은 17세기까지 통용되었다. 이 학설은 틀렸지만 냄새와 뇌의 밀접한 연관성이 이미 오래전부터 언급되어 왔음을 알 수 있다. 질병으로 인한 역겨운 냄새들을 상쇄하고자 향이 좋은 물질들을 활용했고 이는 르네상스 시대 초반까지 계속됐다. 그리하여 흑사병이 유행할 당시 향, 미르라(아프리카산 감람과에 속하는 식물에서 채집한 고무 수지─편집자), 장미, 정향나무 등을 태운 냄새로 집 안을 가득 채우라는 처방이 내려지곤 했다. 또한 전염병 환자들을 만날 때 의사들은 한 손에는 주니퍼 베리(노간주나무의 열매이자 향신료─편집자) 나뭇가지를, 다른 손에는 포맨더(향이 좋은 말린 꽃이나 나뭇잎 등을 넣은 통─편집자)를 쥐고 있었다.

오늘날 심각한 중증 질환을 앓는 환자가 주치의의 후각 능력에만 의존하는 일은 거의 없다. 그런데 네발 동물은 예외다. 최근 의학계에서는 진단 검사에 동물을 활용하는 경우가 많아지고 있다. 예를 들어 개들은 숨이나 소변 냄새를 맡고 암 종류를 판별하는 교육을 받는다. 훈련을 마친 개들은 유방암, 방광암, 폐암, 난소암, 전립선암, 피부암 등을 구분해 낸다. 폐암과 난소암의 경우 진단 정확도가 거의 100퍼센트에 이른다.[8]

동물의 후각뿐만 아니라 인간의 후각도 잘만 활용하면 특정 질환을 최대한 빨리 파악하여 제때 치료할 수 있다. 스코틀랜드의 한 간호사는 남편에게 파킨슨병이 발병하기 10년 전에 이미 그의 몸에서 나는 기름 등불 같은 냄새로 이를 진단해 냈다. 이후 파킨슨병 환자들의 냄새로 그녀의 후각을 연구하는 실험이 이어졌고 그녀의 진단 정확도는 98퍼센트에 달했다. 초음파와 영상술이 우리 기대만큼 늘 결과가 정확하지는 않다. 비용도 많이 든다. 이럴 때 냄새를 이용하는 진단 전문가들이 분명 큰 역할을 해 줄 것이다.

요즘에는 쥐 같은 설치류도 냄새로 질병을 찾는 훈련을 받는다.(사람들은 설치류를 그다지 좋아하지 않는데 이를 계기로 인식이 조금은 바뀔지도 모르겠다.) 동물들은 특히 초기 진단 때 큰 도움을 줄 수 있다. 물론 인간들도 끊임없이 진단한다. 다만 우리가 전혀 의식하지 못할 뿐이다. 스웨덴 스톡홀름 출신의 매츠 올슨은 실험 참가자들에게 지질 다당류lipopolysaccharide를 아주 소량 주입했다. 지질 다당류는 박테리아에서 추출된 물질로 발열을 일으킨다. 실험 참가자들의 체온은 금세 1도가량 올라갔다가 약 네 시간 후에 정상 체온으로 돌아왔다. 참가자들은 눈치채지 못했지만 이들의 면역 체계는 그 짧은 시간 동안 열과 싸우고 있었다. 바로 그 순간에 입었던 티셔츠를 다른 실험 참가자들에게 주고 냄새를 맡게 했다. 그랬더니 똑같은 사람이 입었던 옷이라도 앞서 지질 다당류 주사를 맞기 전에 입었던 것보다 맞고 난 뒤에 입었던 것에서 더 강하고 불쾌하며 건강하지 못한 냄새를 맡아 냈다.

설령 의식적으로 깨닫지 못해도 우리는 아픈 사람이 옆에 있으면 그 사람과 거리를 두고 싶어 한다. 이미 많은 실험을 통해 익히 알려진 사실이다.[9] 눈에 띌 정도로 거리를 두기 위해 어떤 핑계라도 찾을 거다. 심지어 고양이들은 죽음의 냄새도 미리 맡을 수 있다. 생을 마감할 날이 머지않은 환자들 위로만 올라가는 양로원 고양이의 사연이 얼마 전 미디어에서 소개되기도 했다. 말도 안 된다고? 신비롭다고? 그렇지 않다. 환자들의 신진대사가 달라지고 있음을 고양이가 인지한 것이다. 그렇다면 죽음이 가까워졌을 때 나타나는 특유한 냄새가 있느냐고? 적어도 고양이들이 아주 명확히 구별하는 냄새가 나는 건 틀림없는 듯하다.

∴ 사람 코가 개 코보다 낫다면

흔히 사람들은 인간의 후각 능력이 동물, 특히 개에 비해 훨씬 떨어진다고 생각한다. 의학, 생물학, 심리학 등 자연 과학에서도 사람보다 동물이 냄새를 훨씬 더 잘 맡는다는 오래된 이론을 여전히 가르치고 있다. 동물은 후각이 예민한 존재, 사람은 후각에 둔한 존재로 여긴다. 주변의 후각 환경을 이토록 소극적으로 받아들이는 동물은 포유동물 중 인간이 유일할 것이다. 그런데 4년 전 학술계를 뒤흔드는 논문이 발표됐다.[10] 해당 연구에 따르면 인간의 후각은 그 어느 동물보다 훌륭하다!

동물을 대상으로 체계적인 후각 실험을 진행하기란 사실 매우 힘들다. 동물은 무슨 냄새를 맡았는지 정확한 대답을 할 수 없으니 실험 과제 수행 능력을 추측해야 하는 경우가 많다. 그래서 특정 분자를 지각하게끔 동물을 훈련해야 한다. 하지만 냄새는 특정한 모양이 없을뿐더러 여러 미세한 냄새가 뒤섞여 있기에 우선은 분자 형태로 추출해야 한다. 이는 비교적 쉽다. 지금껏 우리가 계속 해 왔던 작업이기도 하다. 일상에서 사용하는 물건들도 화학적으로 추출한 물질을 합성해서 만든다. 그만큼 분자 추출 작업은 어렵지 않다. 그보다 쥐나 코끼리 등이 특정 분자에만 반응하도록 교육하는 작업이 힘들다. 코끼리에게 두 가지 벽장 중 특정 냄새가 나는 문만 코로 열게끔 가르쳐야 한다. 정답을 맞히면 정적 강화positive reinforcement가 주어진다. 원숭이에게는 냄새를 주고 땅콩 껍데기로 만든 상자 속에 담긴 강화물을 찾게끔 한다. 실험을 거듭할수록 냄새는 점점 더 약해진다. 게다가 거의 똑같은 냄새가 나는 분자들, 즉 아주 비슷한 냄새들이 뿜어져 나오게끔 한다. 이런 방식으로 냄새 구분 능력을 시험한다. 모든 교육을 마치고 실험 분석에 필요한 충분한 데이터를 얻기까지 수년이 걸리기도 한다. 스웨덴 린셰핑 대학교 동물학 교수인 마티아스 라스카는 25년 넘게 이 연구에 몰두했다. 그리고 최근 포유동물의 후각에 관한 신뢰도 높은 데이터를 발표했다. 라스카는 아주 다양한 동물들을 대상으로 실험했고, 제시된 분자들 역시 화학적 특성 및 크기에 따라 체계적으로 분류할 수 있을 정도로 다양했다.

분석 결과, 다른 어떤 동물보다 인간의 후각이 훨씬 더 뛰어났다. 냄새가 약해도 인간은 원숭이(거미원숭이, 여우원숭이, 다람쥐원숭이), 쥐, 박쥐, 물개, 돼지, 고슴도치, 토끼보다도 더 확실하게 분자들의 냄새를 맡아 냈다. 아주 비슷한 냄새들을 식별하는 능력도 코끼리, 다람쥐원숭이, 물개, 쥐 못지않았다. 개와의 명확한 비교는 아직 불가능하다. 우선 다섯 가지 분자로 실험을 했는데 그중 세 가지가 생물학적으로 개에게 매우 중요한 냄새들이기 때문이다. 어떤 동물이건 그 종의 생존에 특히 중요하게 작용하는 분자들이 있다. 그러한 냄새 분자들은 이들에게 먹을거리나 위험 요인을 알려 준다.

라스카의 실험 결과는 굉장히 놀라웠다. 하지만 지금껏 인간의 후각과 관련된 감언이설이 상당히 많았기에 동물의 후각에 견줄 만큼 인간의 후각 능력이 훌륭하다는 사실을 사람들은 쉽게 믿지 못했다. 냄새를 동물의 특성으로 한정해 놓은 채 그 중요성을 간과해 왔기 때문이다. 그런 이유로 인간에게 근본적으로 중요한 사회적 관계에 관한 냄새도 좋지 않은 냄새라 지레짐작하며 손사래 쳐 버린다. 우리는 성향, 속성, 친숙함 등 주된 특성들로 냄새의 질을 판단한다. 동물 우리에서 냄새가 나는 이유다. 후각의 중요성을 간과하는 바람에 인간은 되레 손해를 봤다. 돈, 마약, 잃어버린 물건을 찾는 데 수색견이 필요없었을지도 모른다. 원한다면 혹은 훈련을 조금만 받으면 우리가 직접 해낼 수 있었을지 그 누가 알겠는가?

2007년에 이스라엘 신경 생물학 교수 노암 소벨은 100제곱미터의 넓은 공간에 초콜릿 냄새를 뿌렸다.[11] 안대를 써서 아무것도 보지 못하는 실험 참가자들은 오로지 초콜릿 냄새만으로 도착 지점을 찾아야 했다. 그 결과, 참가자 가운데 3분의 2가 냄새를 따라 목적지까지 성공적으로 돌아왔다. 콧구멍 두 개가 모두 뚫려 있었기에 우리 뇌는 좌우 콧구멍으로 전달되는 정보들을 받아들일 수 있었다. 만약 콧구멍이 하나라도 막혀 있었다면 3분의 1 정도만 성공했을 것이다.

전적으로 후각에 의존하는 동물들과 달리 인간은 시각과 청각의 영향을 더 많이 받는다. 시각과 청각으로 얻는 정보를 더 신뢰한다. 하지만 의식적으로만 그렇다. 처음 가 본 곳인데 들어서자마자 욕을 하지는 않는다. 우선 주변을 한번 훅 훑어본다. 하지만 코는 솔직하다. 불편한 냄새가 나면 되돌아가라고 말한다. 그러면 우리는 동행에게 "저 초록색 커튼 좀 봐, 으스스해"라고 말할 것이다. 상황이 허락한다면 이렇게 말할지도 모른다. "다른 데로 가자."

그 방에서 살인 사건이 일어난 건 아니다. 하지만 피 냄새는 아니더라도 공격적인 냄새가 났을 수는 있다. 동물 병원에서 차례를 기다리는 동안 털을 쭈뼛쭈뼛 세우며 몸을 떠는 동물들과 매한가지다. 병원의 냄새는 동족들이 느꼈던 죽음의 공포를 전한다. 피할 수 없는 끔찍한 일이 일어났음이 분명하다. 인간도 후각 정보로 인한 단축 반응shortening reaction을 보인다. 그렇지만 어떻게든 이유를 찾아 예의 바르게 둘러대며 후각과는 전혀 상관없다고 결론짓는다. 더 이상 도움 될 게 없다는 듯 냄새를 더 깊이 맡으려고도 하지 않는다. 그 대신 눈으로 한 번 더 자세히 살펴본다. '초점'을 맞추고 자세히 '관찰'하며 '조사'한다. 또는 귀를 쫑긋 세우며 경청한다. 하지만 우리는 개가 아니니까 킁킁거리지는 않는다. 개들은 코를 킁킁대면서 길을 걸을 때, 견주들의 표현을 빌리자면 신문을 읽듯이 남겨진 흔적들을 읽어 낸다. 개들은 늘 코를 따른다.

사람들은 대개 동물과 구분되길 바라며 이를 굉장히 중요하게 생각한다. 인간은 위, 동물은 아래. 그래야 동물을 영혼 없는 기계처럼 부려 먹을 수 있다. 인간이 느끼는 감정들을 동물도 그대로 느낄 수 있다고 생각하면 더는 돈가스를 맛있게 먹지 못하리라. 이 딜레마는 각자 해결할 문제다. 분명한 건 인간과 동물 사이의 경계가 무너지면 학자들을 비롯한 대다수가 엄청난 혼란에 빠지리란 사실이다. 최근 연구들은 인간을 제외한 포유동물 역시 감정을 느낀다고 자신한다. 그러나 세상 곳곳에는 옛날부터 내려온 잘못된 믿음들이 여전히 남아 있고 하늘이 노할 법한 일도 종종 벌어지는 게 현실이다.

∴ 악취 폭탄

냄새를 연구한 지난 10년 동안 수많은 편견에 시도 때도 없이 부딪혔다. 처음엔 다른 교수들이 교내 식당에서 날 마주치기만 해도 슬슬 자리를 피했다. 우리 연구실에서 '화학 폭탄 물질'을 연구한다는 소문이 나돌았다. 이에 반박조차 할 수 없었다. 전쟁을 유발하는 냄새 가운데 하나가 두려움이니까. 인간의 이성에만 의존할수록, 그것도 가장 강력한 세제로 깨끗이 씻어 낸 이성에 대한 믿음이 강력할수록 냄새에 관한 연구들은 더더욱 매력이 없다. 냄새야 저 뒤 구석에서나 찾아지는 것이니까. 냄새라고? 퉤퉤!

이 엄청나게 흥미롭고 매혹적인 연구 영역은 과소평가되거나 어떨 때는 완전히 무시당하기도 한다. 이미 나는 익숙해졌다. 요즘엔 되레 즐기고 있을 지경이다. 최신 연구들은 냄새가 우리 삶에 얼마나 중요한가를 계속 혁신적으로 밝혀내고 있다. 코를 아무리 틀어막는다 한들 언제까지고 무시할 수는 없다.

중세 사람들이 현대인보다 자기 자신이나 다른 사람들의 냄새를 잘 맡지 못한 게 아니냐고, 혹은 인간의 후각 능력이 시간이 지나면서 점차 진화한 게 아니냐고 물어오는 경우가 종종 있다. 분명 우리는 땀내보다는 비누 냄새에 더 익숙하다. 하지만 인류 역사 전체를 놓고 보면 중세 역시 그리 오래전이 아니다. 500년 전이나 1000년 전이나 그저 눈 깜짝할 사이다. 내 생각에 중세 사람들 역시 우리 못지않게 냄새에 민감했다. 그저 냄새에 관한 우리의 생각이 많이 바뀌었을 뿐이다. 하지만 향기로 몸을 치장하는 건 요즘 들어 새삼스러워진 일이 아니다. 르네상스 시대에도 몸을 씻는 시간은 아낄지언정 향수를 사용하는 데는 엄청난 공을 들였다. 다만 예전에는 다른 사람의 체취에 지금처럼 민감하게 반응하지는 않았던 것 같다.

　사랑하는 사람의 체취에는 그리 큰 인내심이 요구되지 않는다. 독일 시인 크리스티안 모르겐슈테른의 표현을 빌리자면 "무엇이든 사랑을 품고 바라보면 아름답다." 후각도 마찬가지다. 자식이 설사하면 엄마는 대수롭지 않게 반응하지만 다른 사람들은 당장이라도 얼굴을 돌리고 싶어 한다. 개똥 냄새는 늘 역겹지만 견주들은 그다지 민감하게 반응하지 않는다. 오히려 스스럼없이 개똥을 치운다. 연인 사이도 마찬가지다. 설령 당장 목욕해야 할 정도로 몸에서 냄새가 날지언정 파트너의 냄새는 그저 좋다. 부부 중 한 명이 먼저 세상을 떠나면 홀로 남은 사람은 머리맡에 상대가 입던 옷 등을 두고 그의 체취를 느끼며 살아간다. 그 익숙한 냄새에 위로받는다. 사랑하는 사람이 유학이나 출장 등 머나먼 길을 떠날 때 사람들은 자기를 기억할 만한 물건들을 건네기도 한다. 물건에는 저만의 특유한 냄새가 배어 있으며 사진보다 더 큰 위로가 된다.

　후각을 연구하는 실험실에는 늘 고약한 냄새가 진동할 것이라고 다들 생각한다. 그런데도 후각에 흥미를 품는 학자들이

다행히 점점 더 늘어나고 있다. 특히 젊은 세대가 큰 관심을 보인다. 그들은 대개 유연하고 개방적이며 호기심이 많다. 동물을 더럽거나 하찮은 존재로 여기지도 않는다. 한번은 한 학생이 호기심 가득한 목소리로 이렇게 말한 적이 있다. "제가 역겨워하는 냄새를 제 반려견은 후각적으로 어떻게 받아들일지 모르겠어요. 제게는 참 좋은 냄새인데 그 녀석한테는 반대로 다가올 수도 있겠죠. 학자지만 확신은 못하겠네요."

맞는 말이다. 하지만 만물의 영장도 허리를 굽히는 게 쉽지만은 않다. 왕관에서 진주알이 떨어질 때도 있지 않겠는가…….

성경 역시 냄새와 무관하지 않은데 "하느님께서 진흙으로 사람을 빚어 만드시고 코에 입김을 불어넣으시니, 사람이 되어 숨을 쉬었다"(창세기 2:7)라는 구절이 나온다. 사람은 무엇으로 만들어졌을까? 머리일까 코일까? 이 물음에 언어 사전은 그리고 생물학은 뭐라고 답을 할지 궁금하다.

**ALLES
GERUCHSSACHE**

제2장

나는 냄새를
맡는다,
고로 존재한다

○   후각에 관한 독일어 표현이 단 하나밖에 없다는 사
실을 알고 있는가? 그런데 '냄새가 난다'Ich rieche라는 이 유일무
이한 표현은 두 가지 의미로 해석할 수 있다. 여기에는 우리가
무언가를 인지했다는 뜻도 있지만, 뭔가 불길한 일이 생길 것
같은 기분이 든다는 의미도 있다. 세상에는 자기 체취도 맡기
싫어하는 사람들이 있다. 화장품 회사에는 좋은 소식이다. 그
러나 그들도 우리가 전혀 인지하지 못하는 사이 서로의 화학적
정보를 주고받는 것만큼은 막지 못한다. 냄새에 관한 정의가
여전히 불명확하기에 냄새에 들어 있는 여러 의미를 명확하게
표현하는 일 역시 어렵다. 냄새를 언어로 표현하는 일은 색깔,
모양, 소리, 촉감, 맛 등 그 어떤 것을 묘사하는 일보다 어렵다.
    최근 한 연구에서 연관성이 거의 없는 각기 다른 언어 스무

가지를 조사했다.[12] 그중에는 극소수의 사람만이 사용하는 언어도 있었다. 언어별 표현의 명확성을 비교해 본 결과, 감각 기관으로 받아들이는 자극 중에서 냄새에 관한 표현이 가장 불명확했다. 본 것이나 들은 것을 묘사하면 무엇을 말하는지 쉽게 연상할 수 있다. 하지만 냄새를 설명하고 싶을 때는 딱 맞는 단어가 쉽게 떠오르지 않는다. 그러면 우리는 경험했던 상황과 연관 지어 냄새를 표현한다. 이모네 농장에서 났던 냄새 같아……. 크리스마스이브처럼……. 자주 가는 서점 냄새야……. 각각 자기만의 방식으로 냄새를 묘사한다. 하지만 우리가 공통되게 사용하는 표현은 없다.

우리의 삶은 첫 번째 숨으로 시작되고 마지막 숨으로 끝난다. 공기 없이는 살아갈 수 없다. 호흡할 때마다 우리는 후각 세포들을 통해 냄새 분자를 받아들인다. 아주 당연한 일인지라 그에 관해 별다른 생각은 하지 않는다. 그런데 신체 활동에서 후각은 어떻게 작용할까? 코로 공기를 끌어들이면 무슨 일이 일어날까? 냄새의 비밀, 냄새의 신비스러운 효과들을 살펴보기 전에 우선 코를 생물학적으로 살펴보자. 우리가 아는 것들, 수천 년 동안 코에 관해 전부라고 믿어 왔던 것들에 대해서 말이다.

∴ 후각 작동법

호흡을 하면 주변에 있던 분자들이 우리 몸으로 들어온다. 코로 바로 들어오기도 하고 입을 통해 들어온 뒤 목구멍 뒤쪽을 거쳐 코안으로 들어오기도 한다. 냄새 분자들이 코에 도달하면 콧구멍 안쪽 위편에 있는 후각 세포 수백만 개가 이 냄새 분자들과 연결 고리를 형성한다. 이를 위해 운반 분자carrier molecule들이 코의 점막을 통해 냄새 분자들을 감각 세포로 바로 전달한다. 이 감각 세포의 세포벽은 이른바 후각 수용체들로 이루어져 있는데, 이 수용체들은 '열쇠와 열쇠 구멍 원리'(화학에서 특정 효소와 특정 기질이 일대일 대응 방식으로 결합하는 원리로 효소와 기질이 서로 들어맞아야만 반응이 일어난다.—옮긴이)에 따라 분자들을 하나하나 인식한다. 인간이나 포유동물에게는 약 1000개 이상의 서로 다른 후각 수용체가 있으며 이들은 유전자에 따라 규칙적으로 새롭게 형성된다. 후각 수용체 형성에 주로 관여하는 유전자군은 전체 유전자 중 3~4퍼센트를 차지한다. 신체 기관과 감각 기관을 통틀어 이렇게 높은 비율을 차지한 조직은 없다. 이 역시 인간에게 후각이 얼마나 중요한가를 분명하게 보여 주고 있다.

얼마 전까지만 해도 우리는 수용체 1000여 개 가운데 다수가 기능을 잃어버렸다고 생각했다. 기능을 상실한 유전자들은 보통 위유전자pseudogene라고 불린다. 이는 인간의 후각 능력을 부인할 때 흔히 언급하는 '논리적' 이유이기도 했다. 그런데 위유전자들도 후각 수용체로서 기능할 수 있다는 사실이 밝혀졌다.[13] 학자들은 이들을 위-위유전자pseudo-pseudogene라고 부르며 관련 연구들을 통해 다른 포유동물 못지않게 인간도 후각 수용체를 가지고 있고 이를 효과적으로 활용한다는 사실을 자연스럽게 깨달을 것이라고 기대한다.

약 1000개에 달하는 후각 수용체는 우리 몸에서 매우 중요한 역할을 한다. 반면 시각과 관련된 수용체는 네 개에 불과하다. 세 개는 색깔을 인식하고 나머지 한 개는 흑백을 인식한다. 게다가 수많은 후각 수용체는 기본적으로 각기 다른 형태를 인지할 수 있기에, 내가 받아들이는 후각 양상과 바로 옆 사람이 받아들이는 양상이 완전히 같지는 않다. 두 사람의 후각 수용체를 비교하면 평균적으로 3분의 1 정도가 다르며 민감하게 반응하는 분자들도 각각 다르다. 어떤 분자는 거의 인식하지 못하면서 어떤 분자에는 아주 민감하게 반응하기 때문에 사람마다 맡는 냄새나 반응 정도가 제각각이다.

우리의 후각은 한마디로 개별적이다. 다시 말해 우리 모두 각자의 방식대로 주변의 후각 세계를 각기 다르게 받아들인다. 꽃의 '그' 냄새, 숲의 '그' 냄새, 과일의 '그' 냄새라는 건 사실 없다. 이 냄새들을 모두 비슷한 패턴으로 유사하게 받아들이긴 해도 수백 개의 분자로 이루어진 냄새들은 결국 주관적으로 인지된다. 후각은 사적 영역인 것이다.

후각 세포를 연구하다 보면 이보다 놀라운 일들을 자주 마주하게 된다. 후각 세포는 30~60일마다 꾸준히 새롭게 형성되는 신경 세포다. 최근까지도 정통 의학에서는 신경 세포가 새롭게 만들어지는 것이 불가능하다고 생각했다. 후각 세포에서 나온 신경 섬유는 후각뇌(좀 더 자세히는 후각 망울)까지 이어진다. 이 후각뇌는 눈 뒤쪽, 뇌 아래쪽에 위치한다. 뇌의 다른 부위보다 너무 작고 퇴화한 것처럼 보여 예전에는 후각뇌에서 냄새를 잘 인지하지 못하리라 생각했다. 하지만 최근 연구들은 정반대의 주장을 펼친다.

쥐, 토끼, 원숭이 등 다양한 포유동물과 사람의 후각뇌를 살펴보면 신경 세포의 수는 약 1000만 개로 거의 같다. 포유동물의 무게는 종에 따라 엄청나게 다르다. 쥐와 사람의 무게는 5800배나 차이가 난다. 그런데 후각뇌의 뉴런 수는 최대 스물여덟 배밖에 차이 나지 않는다. 정리하자면 후각과 관련된 생물학적 기반은 놀랍게도 인간을 포함한 모든 포유동물에게서 유사하게 나타난다.

그런데 모든 냄새가 냄새로 지각되지는 않는다. 타는 냄새나 멘톨, 페퍼민트, 겨자, 고추냉이처럼 매운 것, 꽉 찌르는 것, 차가운 것, 톡 쏘는 것도 있다. 이런 냄새들은 삼차 신경trigeminal nerve이라는 또 다른 뇌신경을 자극한다. 이는 입, 코, 눈 부위까지 연결되어 있는데 최루 가스를 맡으면 눈 주변에서 반응이 나타나는 것도 이 때문이다. 이 신경 섬유는 통각 섬유와 비슷해서 자극이 계속되면 건강을 위협하는 신호가 될 수 있기 때문에 더 강한 반응을 보인다. 그런데 후각만큼은 다르다. 정반대다. 냄새를 오래 맡으면 시간이 지날수록 옅어지고 어느 순간 완전히 잊힌다.

미각은 단맛, 신맛, 쓴맛, 짠맛, 감칠맛 등 다섯 가지로 구분되는데, 맛을 더 명확하게 파악하려면 후각이 필요하다. 코감기에 걸렸을 때 아무 맛도 느끼지 못했던 경험을 한 번쯤은 해봤을 것이다. 훌륭한 요리사는 맛도 잘 봐야 하지만 무엇보다 냄새를 잘 맡을 수 있어야 한다!

∴ 코는 인간의 뇌

삶은 냄새와 함께 시작됐다. 좀 더 정확하게 표현하자면 생명은 약 20~50억 년 전 단세포로 시작됐다. 그 후 단세포든 인간과 같은 다세포든 간에 모든 생명체가 주변 환경을 화학적으로 받아들이게 됐다. 단세포의 세포벽에는 주변 환경의 분자, 즉 화학적 요소에 반응하는 수용체들이 있었고 단세포들은 먹을 게 있으면 빨리 다가가고 해로운 게 있으면 즉각 도망쳐야 하므로 주변의 화학적 환경에서 뿜어져 나오는 정보들이 꼭 필요했다. 더욱이 이들은 주변 분자들을 자신의 에너지로 바로 전환하여 활용할 수 있었다. 단세포에서 진화를 거듭하면 다세포, 엄밀히 말해 동물이 형성된다. 동물은 종에 따라 자포동물(산호, 해파리 등), 벌레, 연체동물(달팽이 등), 곤충, 극피동물(불가사리 등), 척추동물 등으로 구분되며 최초의 다세포 동물은 좌우 대칭 형태가 아니라 원형이나 방사 대칭형이다. 방사 대칭형 동물은 대표적으로 해파리나 불가사리, 히드라(못이나 늪속의 나무 혹은 돌 따위에 붙어 사는 자포동물로 대롱 모양이며 5~8개의 실 같은 촉수가 달려 있다.—편집자) 등이 있다. 사실 이런 단순한 형태의 동물들에게는 후각뇌가 없다. 하지만 인간의 후각 수용체와 다름 없는 화학적 수용체가 있기 때문에 먹잇감에는 재빨리 달려들고 위험한 것들은 즉각 피하면서 생존할 수 있었다.

동물의 진화사를 살펴보면 후각 능력이 어떻게 발달해 왔는지도 알 수 있다. 후각은 동물이 다음 단계로 진화하는 데 도움을 준다. 후각 없이는 진화도 없다! 이는 후각에 주로 관여했던 뇌가 발달하면서 진화한 척추동물을 보면 더욱 잘 알 수 있다.

약 5억 년 전 캄브리아기에는 어떤 동식물도 찾아볼 수 없었다. 생명체는 물속에만 존재했다. 당시 지구는 지금과 전혀 다른 모습으로 오늘날의 대륙들은 그때 아예 없었다. 현재 유럽의 일부는 남극 가까이에 있었고 곤드와나 대륙에 속했다. 이 곤드와나 대륙에는 아프리카, 남아메리카, 인도반도, 오스트레일리아 등이 속한다. 당시 바다에는 척추동물의 시조 동물이 살고 있었다. 처음에는 뼈대만 있었지만 이후 두개골과 턱을 차차 갖추게 되었다. 최초의 척추동물 가운데 지금까지 유일하게 현존하는 생물인 칠성장어는 턱이 없어서 완전한 어류도 아니다. 몸길이가 약 20~40센티미터로 뱀과 비슷하게 생겼지만 비늘은 없다. 칠성장어를 통해 우리는 선조들의 뇌가 예전에는 어떤 모습이었는지 알 수 있는데, 단순히 신경 세포들이 모여 있는 수준이 아닌 진짜 뇌가 있었던 최초의 동물이기 때문이다. 종뇌telencephalon로 명명된 칠성장어의 커다란 뇌는 후각뇌로만 이루어졌다. 즉 최초의 뇌는 후각과 관련됐던 것이다. 이를 우리는 후각 망울이라 부른다. 이때부터 뇌는 단계를 거듭해 진화하기 시작했다.

최초의 척추동물들이 후각 기능을 최적화하면서 후각에만 관여하는 전뇌 혹은 대뇌가 생겨났다. 그렇다면 후각이 왜 그리 중요했을까? 첫 번째, 어떤 동물이건 먹잇감의 유해성은 후각으로 판단한다. 무엇을 먹어야 하고 무엇을 피해야 할지 본능적으로 알아채지 못한다면 동물은 살아남을 수 없다. 생존의 기본이 되는 음식을 화학적 특성, 즉 냄새로 알아챈다. 두 번째, 척추동물은 짝짓기를 할 때 후각을 활용한다. 냄새를 통해 어떤 짝이 건강한지, 어떤 짝과 교미해야 할지 알게 된다. 이처럼 후각은 동물의 생존에 필수적일 뿐만 아니라 짝짓기를 도와 멸종을 막는다. 이때 뇌가 중요할 수밖에 없었던 이유는 여러 연결망 속에서 다양한 기능을 수행하는 신경 세포들을 모아 주는 역할을 했기 때문이다. 또한 신경 세포에는 학습 능력이 있다. 그래서 특별하다. 뇌가 클수록 끊임없이 달라지는 환경 변화에 유연하게 대처할 수 있을뿐더러 적응도 빠르다. 다시 말해 생존이 유리해진다.

최초의 척추동물에서 점차 어류, 양서류(두꺼비, 개구리, 도롱뇽 등), 파충류(도마뱀, 뱀, 거북이, 악어 등), 조류 그리고 포유류가 생겨났다.

약 2억 년 전 공룡이 세상을 지배하던 시대에 포유류의 첫 번째 시조가 나타났다. 쥐라기를 보면 현재 지구 모습이 얼추 드러나는데 당시 북쪽에는 로라시아 대륙이, 남쪽에는 곤드와나 대륙이 있었다. 이후 로라시아 대륙에서 북아메리카, 유럽, 아시아가, 곤드와나 대륙에서는 남아메리카, 아프리카, 오스트레일리아가 생겨났다. 해수면은 지금보다 100미터가량 더 높았다. 다시 말해 지금의 땅 가운데 대부분이 당시에는 물밑에 가라앉아 있었다. 해수면 위 땅에서는 굉장히 다양한 생물들이 나타났고 소나무와 삼나무 같은 커다란 침엽수가 자랐으며 양치류와 쇠뜨기가 무성하게 퍼져 나갔다. 공룡은 땅 위에서, 하늘 위에서, 물속에서 전성기를 누렸다. 그중에서 우리에게 가장 많이 알려진 건 육지 공룡일 듯하다. 당시 모든 공룡이 초식성은 아니었기에 루카Last Universal Common Ancestor, LUCA(모든 생명의 공통 조상—옮긴이)는 끊임없는 위험 속에서 살아갔다. 이 최초의 포유동물은 생쥐와 비슷하게 생겼고 크기는 클립 정도밖에 되지 않았다. 그들은 주로 공룡이 잠자던 밤에 활동했다. 그리고 어두컴컴한 밤에 방향을 잃지 않으면서 생존해 나가고자 후각 체계를 복잡하게 발달시켰다. 이 클립 크기의 조그마한 생명체로부터 우리 모두의 삶이 시작됐다. 원숭이, 말, 개, 고양이, 쥐, 호랑이 그리고 인간!

　루카의 후각 체계가 점차 발달하면서 뇌의 크기는 몸의 크기와 비례해 훨씬 더 커졌다.[14] 다른 척추동물에 비해 포유류는 전뇌 혹은 후뇌가 큰 편이다. 최초의 포유동물의 뇌는 왜 그토록 커져야 했을까? 냄새에 의존해 생활하고 밤에 잘 적응하려는 이유가 다였을까? 화학적 환경만큼 복잡한 건 없다. 세상에는 헤아릴 수 없을 만큼 많은 분자가 있으며 어쩌면 10해(10^{21})개에 달할지도 모른다. 이 많은 분자는 다시금 다른 수많은 분자와 섞여 특정한 냄새를 만들어 낸다. 뇌는 각각의 냄새를 인지하고 그 의미를 파악해야 한다. 그것만으로도 버거운데 우리가 어디에 있는가에 따라 주변 후각 환경도 끊임없이 변화한다. 즉 동물이 후각을 가장 중요한 감각으로 활용하려면 커다란 제어 센터, 다시 말해 복잡한 뇌가 있어야 한다는 뜻이다.

이런 이야기가 별로 새롭지 않다고 생각할지도 모르겠다. 후각이 동물에게 얼마나 중요한지는 모두 다 아는 사실이지만 진화상 마지막 단계인 인간에게는 이성이라는 더 나은 게 있어 덜 중요해졌다고 말할 수도 있다. 그런데 이는 잘못된 연구 결과를 믿고 있기 때문이다. 호모 사피엔스가 성공할 수 있었던 건 냄새를 아주 잘 맡을 수 있었기 때문이다. 이 책을 다 읽어 갈 때쯤엔 독자들이 내 생각에 동의해 주길 바랄 뿐이다.

네안데르탈인과 호모 사피엔스의 뇌를 비교해 보자. 후각과 관련된 뇌 부위의 경우, 현생 인류의 뇌가 20만 년 전에서 3만 5000여 년 전까지 살았던 원시인의 것보다 더 크다. 고도의 기능을 발휘하는 뇌가 있었기에 호모 사피엔스가 네안데르탈인보다 냄새를 잘 맡았을뿐더러 판단력도 더 뛰어났을 것으로 보인다. 기본적인 생물학적 구조 덕분에 인간은 어떤 포유동물보다 주변의 화학적 환경을 잘 지각하고 분석하며 적응해 나갈 수 있었다. 우리는 생물학적으로 영장류에 속한다. 영장류는 진원류와 원원류(마다가스카르산 여우원숭이를 예로 들 수 있다.)로 나뉘는데 사람을 포함한 진원류는 가장 많이 진화한 부류다.

∴ 행복에 관한 수천 가지 수용체

우리 주변에는 셀 수도 없을 만큼 많은 냄새가 있다. 이러한 후각 세계에 잘 적응해서 살아가고자 인간은 아주 훌륭한 구조를 갖추어 나갔다. 그 덕분에 1조 개에 달하는 냄새를 구분할 수 있다.[15] 1조라니, 0이 열두 개나 붙는다! 그런데도 우리는 스스로를 '시각적 동물'이라 부르며 주로 시각에 의존해 생활한다. 후각에 비교하면 눈이 먼 수준이나 다름없는데 말이다. 시각과 후각 가운데 무엇을 더 신뢰하느냐고 묻는다면 대부분 시각이라 대답하는데 이는 치명적인 착각일 수 있다! 우리의 시각은 '겨우' 500만 개의 색깔만을 구분해 낸다. 이 많은 색깔은 네 개의 수용체(막대 모양 한 개와 원뿔 모양 세 개로 이루어져 있다.)에 의해 지각된다. 인간이 지각할 수 있는 색채 스펙트럼은 한 색깔에서 다른 색깔로 변화하는데, 이 변화를 우리는 미리 가늠할 수 있다. 이처럼 우리는 특정 범주 안에서만 색을 인지할 수 있다. 따라서 시각적 세계는 한정적이다. 눈으로 볼 수 있는 색채 스펙트럼은 북극이든 남극이든 혹은 달 위에서든 어디에서나 모두 똑같다. 청각적 세계 역시 특정 범주 내에서만 지각된다. 특정 음역보다 높아지거나 낮아지면 아무 소리도 듣지 못한다. 이 음역들에서는 다른 동물들의 청각이 인간보다 훨씬 앞선다. 또한 시간이나 공간이 바뀐다고 해서 달라지지 않는다. 우리가 보고 듣는 것은 정해져 있고 예측 가능하며 모든 사람에게 거의 똑같이 적용된다.

1조 개에 달하는 냄새들은 1000개가량의 수용체에 의해 구분된다. 각 수용체가 민감하게 반응하는 냄새 분자는 모두 다르다. 1조라는 건 아주 큰 숫자다. 심지어 우리 뇌에도 벅찰 양이다. 이토록 많은 후각 정보는 중앙 제어 장치인 뇌에 엄청난 도전이 된다. 후각만큼 우리 뇌를 쥐었다 폈다 훈련하는 감각은 없다. 이는 척추동물과 포유동물 그리고 사람의 뇌가 이토록 복잡하게 설계된 이유이기도 하다. 우리 유전자 가운데 상당수가 후각과 관련된다는 사실이 전혀 놀랍지 않다. 약 2억 년 동안 우리는 이 엄청난 유전자군을 가지고 있었다.

그런데 수용체가 왜 이렇게 많이 필요한 걸까? 감각 자극 가운데 화학적 환경보다 복잡한 건 없기 때문이다. 일례로 바나나 냄새는 350개가량의 분자로 이루어져 있다. 커피 향은 800개 분자로 구성된다. 일상생활에서 만나는 냄새 중에 단 한 개의 분자로만 이루어진 것은 없다. 그런 건 연구실에나 있다. 어떤 분자를 추출하는가에 따라 1000개 이상의 다양한 수용체가 그 분자에 반응한다. 또 수용체마다 특히 잘 지각하는 분자가 있다. 이른바 모국어를 가진 셈인데, 더불어 수용체가 유창하게 할 수 있는 외국어도 있고 입도 뻥긋 못 하는 외국어도 있다. 후각 세포들의 이 엄청난 구조 덕분에 우리는 극도로 다른 혼합 냄새들을 지각할 수 있다. 끝도 없이 많은 분자로 이루어진 이 세상, 즉 장소나 상황, 조건, 반응 등에 따라 끝도 없이 다양하고 많은 냄새가 마구 뒤섞인 이 세상에서 말이다. 동식물이 어떻게 변화하는가에 따라 또 다른 혼합 냄새가 생겨난다. 알프스에 있는지, 사하라 사막에 있는지, 달 위에 있는지에 따라서 냄새는 달라진다. 이 엄청난 후각 기능이 없다면 우리는 영락없이 길을 잃어버릴 것이다. 하지만 어떻게든 집으로 돌아간다. 익숙한 냄새가 나는 곳에서 집에 온 듯한 기분을 느낀 경험이 있을 것이다. 바로 고향의 냄새를 맡아서다.

우리가 혼합 냄새, 즉 일상 속 냄새들을 어떻게 알아차리는지 간략하게 설명하고자 한다. '순수한' 냄새란 없다. 냄새에는 늘 수백 가지 분자가 섞여 있는데, 분자들이 세포 점막을 통해 전달되는 데 필요한 시간은 각각 다르다. 그래서 어떤 분자는 빠르게, 어떤 분자는 천천히 수용체에 전달된다. 뇌는 수백 밀리초 단위로 이루어지는 '목표 도착' 순서에 따라 분자를 하나

하나 파악하고 결론을 내린다. 아하, 바나나로군! 무의미한 분자들이 차차 서로 결합하면서 하나의 의미 있는 완전체로 바뀐다.

이쯤에서 '냄새에 대해 꼭 알아야 하는가?' 하고 물을지도 모르겠다. 중요한 건 바나나 냄새를 맡는다는 거고, 그 과정은 생물학자들이나 관심 가질 문제가 아니냐고? 그렇지 않다. 냄새를 어떻게 맡는가는 우리 모두에게 중요한 문제다. 미국 버지니아주 렉싱턴의 타일러 로릭 등 몇몇 학자는 언어 이해 능력이 혼합된 냄새를 분석하는 뇌의 능력에서 비롯했다고 주장했다.[16] 그도 그럴 것이 언어를 이해하는 과정과 냄새를 지각하는 과정이 똑같다. 한 단어 안에는 여러 무의미한 소리가 연달아 포개져 있고 이걸 하나의 낱말이나 상징, 용어 등으로 연결한다. 언어와 냄새를 인지하는 데 필요한 시간도 같다. 모든 분자가 수용체에 도착하기까지 걸리는 시간은 수백 밀리초인데 모든 소리가 하나의 음절, 하나의 단어로 이해되기까지 걸리는 시간도 마찬가지다.

냄새와 언어를 분석할 때 필요한 능력 또한 똑같다. 심지어 둘 다 뇌의 같은 영역을 작동시킨다. 하지만 둘은 보완 관계 혹은 이웃 관계가 아니라서 서로를 방해한다. 따라서 말과 냄새를 동시에 인지하는 작업은 아주 어렵다. 마구 들어오는 여러 무의미한 정보를 일시적인 통합 과정을 거쳐 하나의 의미 있는

像으로 만들어 내는 뇌의 고등 능력은 후각과 함께 발달했다. 뇌에 그런 능력이 없었다면 이 책을 읽는 것도 이 책을 쓰는 것도 불가능했을 테니 참으로 다행이다. 언어를 이해할 수도 없었을 것이다. 아니, 언어가 존재하지 못했을지도 모른다.

인간의 생물학적 체계가 가진 무한한 다양성만큼이나 대단하지 않은가? 인체의 신비로움을 접할 때마다 매번 놀라움을 금치 못한다. 이런 엄청난 특성들은 이유 없이 존재하는 것이 아니다. 후각 수용체가 없다면 우리는 방향을 잃고 여기저기 헤매고 있을 것이다. 화학적 환경 속에서 어떻게 행동해야 할지 모를뿐더러 심지어 상대방이 친구인지 적인지도 분간하지 못할 것이다. 우리가 아는 인간의 모습도, 사회적 존재의 모습도 갖추지 못할 것이다. 더군다나 만족스럽고 충만한 삶도 즐기지 못할 것이다. 사람이 행복해지려면 1000개가량의 후각 수용체가 필요하다. 이 수용체가 제대로 기능하려면 중앙 제어 장치가 필요했고 그래서 뇌가 생겨났다. 결국 뇌는 코의 안내를 받아 기능한다.

논리적이라는 연구자들이 내세우는 몇몇 주장은 참 재밌기 그지없다. "동물의 후각뇌는 사람보다 훨씬 더 크다. 따라서 인간의 사고가 후각에서 비롯된다는 주장은 틀렸다" 같은 주장을 예로 들 수 있다.

이럴 때마다 들려주고 싶은 이야기가 있다. 20세기 초반만 하더라도 사람들은 여성의 뇌가 남성의 것보다 작으니 여자가 대학에서 공부하는 것은 부적절하다고 생각했다. 요즘에도 뇌의 영역별 크기에 따라 중요도가 달라진다고 주장하는 연구자들이 있다. 질과 양의 개념을 잠시 혼동한 걸까? 참 어이없는 발상이지 않을 수 없다.

ALLES
GERUCHSSACHE

제3장

코가
오랫동안 베일에
싸여 있었던 이유

○　　　　우리가 후각에 관해 잘 몰랐던 데는 여러 이유가 있다. 첫째, 철학 및 연구사史에서는 인간의 전형적인 특성으로서 감각보다는 사고와 이성을 훨씬 더 중요시했다. 감각을 중요하게 다루는 경우도 가끔 있었지만 그래도 후각은 늘 맨 마지막이었다. 둘째, 후각을 연구하는 방법은 몹시 까다롭다. 냄새를 정확하게 잡아내는 일은 이미지나 소리보다 훨씬 어렵다. 셋째, 화학에 의한 사회적 의사소통은 무의식적으로 이루어진다. 연구자들도 인간이기에 존재조차 모르는 대상을 연구하지는 못한다. 그래서 무의식적으로 이루어지는 신호 전달 역시 이들의 연구 대상이 되지 못했다.

　코는 어느 분야에 속할까. 의학, 성형외과, 심리학, 철학, 약물 치료학, 생물학, 이비인후과 중 어디에 더 적합할까?

냄새란 무엇일까? 우리는 감각 기관을 통해 냄새를 인지한다. 인지는 심리학 연구의 기본 대상이니 우선 심리학을 살펴보자. 물론 의학도 인지 과정을 다루지만 병리적인 측면에 중점을 둔다. 자연 과학에서 심리학은 역사가 짧은 분야에 속한다. 학술 전공으로 자리매김한 건 제2차 세계 대전 이후부터다. 20세기 중반까지는 심리학의 기반을 이룬 철학부터 인간에 관한 생의학에 이르기까지 여러 학문의 이론을 끊임없이 받아들였다. 이러한 다양한 관점들은 각기 다른 기본 틀로 학파를 형성하고 오늘날까지도 저마다 각자의 이론이 옳다며 논쟁하고 있다.

의학처럼 심리학에도 여러 세부 전공이 있는데 그중 하나가 일반 심리학이다. 일반 심리학은 모든 사람에게 거의 똑같거나 비슷하게 일어나는 과정, 즉 우리가 보고 듣고 냄새 맡는 과정을 연구한다. 일반 심리학은 이마누엘 칸트로 대표되는 관념론과 르네 데카르트, 바뤼흐 스피노자 등의 합리론에 기반을 두고 있으며 인간의 사고와 행동에 관한 이해를 중시한다. 이때 감정은 인간의 이성을 혼란시키고 자유로운 사고를 방해하는 위협 요소로 간주된다. 심리학에서 이러한 양상은 19세기 말경 빌헬름 분트로부터 시작됐다. 독일의 물리학자이자 철학자, 심리학자인 분트는 인지 실험을 최초로 시행한 현대 심리학의 아버지로도 불린다. 그가 인지 과정을 연구하며 사용한 실험 방법들은 지금까지도 본보기로 받아들여진다. 분트는 감각을 고등 감각과 하등 감각으로 구분했다. 빛과 소리를 지각하는 시각과 청각은 고등 감각으로서 '객관적' 의식과 관련되는 감각으로 정의되었다. 미각과 후각은 하등 감각으로 분류했는데 감각의 성질과 바로 연결되며 의식의 영향은 거의 받지 않는다고 정의했다.

의식과의 연관성을 중요하게 생각함에 따라 연상과 관련된 수용체를 덜 필요로 하고 의식의 '객관적' 영향을 거의 받지 않는 하등 감각은 더욱더 평가 절하되었다. 분트는 하등 감각, 특히 후각은 아주 강한 정서적 흥분을 유발하므로 이에 따른 지각은 지극히 주관적이라고 했다. 그렇기에 후각은 학술적 연구 대상이 될 수 없었다. 실험 연구를 진행했던 분트도 연구 방식 만큼은 독일의 관념론, 특히 칸트의 영향을 굉장히 많이 받았다. 이 이론을 따르는 사람들이 집필한 일반 심리학 전공 서적들을 보면, 인간의 감각 가운데 후각만 쏙 빼고 설명하고 있다. 자연스레 이들의 학생들도 시각 및 청각 체계에 관해서는 하나부터 열까지 세세히 배우지만 후각 체계를 접할 기회는 전혀 얻지 못하고 만다.

일반 심리학에도 에피쿠로스나 존 로크처럼 경험론적 시각에서 접근하는 이들이 있다. 이는 생물학 및 의학적 관점에 더 가까운데 어떠한 편견도 없이 독자적으로 인간을 바라본다. 감정도 이성 못지않게 중요하고 냄새도 눈에 보이는 것과 다를 바 없이 중요하다고 본다. 이러한 관점을 가진 학자들이 쓴 일반 심리학 전공 서적들은 분량이 미미하긴 하지만 후각을 다루고 있다.

1980년대에 나는 심리학에서 감정을 어떻게 이야기하는지, 또 행복과 고통의 근본 원인을 어떻게 설명하는지에 관심이 많았다. 그런데 도널드 헵이 쓴 책에서 다음 구절을 읽었을 때 얼마나 실망했는지 모른다. "감정이란 단어는 학술 용어가 아닌 일상 용어로 간주하는 편이 맞을 듯하다. 주관적으로 뭔가 이상한 게 느껴졌을 때 올라오는 게 '감정'인 것 같다."[17] 분명 그는 감정을 느껴 본 적도 감정에 대해 생각해 본 적도 없었을 것이다. 플라톤이나 칸트, 분트 시대에는 감정이란 걸 전혀 다루지 않았으니 당연하다. 하지만 지금은 다르다. 일기 예보에서 측정 온도와 체감 온도를 동시에 언급할 만큼 감정을 중요시한다. 그리고 우리는 체감 온도를 기준으로 옷을 입고 외출한다. 객관적으로는 얼어 죽지 않을 정도여도 개인에 따라서는 덜덜 떨 수도 있기 때문이다.

∴ 여기 냄새나요!

분트의 분석 내용은 네덜란드 군의관이었던 헨디르크 즈바르데마커르의 후각 연구에서도 찾아볼 수 있다. 1895년에 즈바르데마커르는 후각과 미각의 강한 흥분 특성을 부정적으로만 평가했다. 연구 방법이 의문스럽기 그지없는데도 그의 견해는 수십 년간 받아들여졌다.

후각에 관한 그의 실험 연구는 어떻게 진행되었을까? 실험 대상자가 담당 교수 한 명과 조교 네 명에 불과했고, 당시에는 이러한 일이 비일비재했다. 문제는 이 말도 안 되는 표본 집단이 기초 데이터로 받아들여졌으며 지금도 여러 전공 서적에서 이 실험을 주요한 예시로 찾아볼 수 있다는 점이다. 여기에 의문을 품는 사람이 아무도 없었다.

학문에 마침표라는 건 절대 있을 수 없다고 생각한다. 잘해봐야 쌍점(:) 두 개 정도고 내게는 줄표(–)가 제격이다. 물론 연구자로서 공백도 중요하게 생각한다. 잘못된 지식이 어디에서 왔는지 의문을 제기하며 공백을 드러내야 할 때도 있는 법인데, 그러려면 출처 혹은 그보다 더 깊게 들여다봐야 하므로 결코 쉬운 일이 아니다.

지식은 어떻게 생겨날까? 분트뿐만 아니라 칸트를 비롯한 관념론자와 사실주의자들에게서도 유사점을 하나 찾아볼 수 있다. 당시에 존재하지도 않았던 실험 연구들을 분트가 알았을 리 없다. 사람은 자기가 아는 내용을 기반으로 삼기 마련이다. 연구자들이 타임머신을 타고 미래로 가서 올바른 지식을 확인한 다음 다시 현재로 되돌아와 결과를 전해 줄 수는 없다. 다시 말해 연구자가 살던 시대 환경을 고려해 연구 결과를 해석하는 게 옳다. 그러면 도움도 되고 되레 배울 거리도 많다. 또한 연구자의 개인적 경험치도 고려해야 한다. 연구자도 사람이라서 그가 경험하고 지각한 상황들이 연구 속에 녹아 있다. 설령 연구자가 이를 부인한다고 해도 우리는 거기서 다시 많은 걸 배운다. 적어도 연구자의 사고방식이나 관점에 어떻게 접근해야 할지는 깨우치게 되니까.

칸트는 필연성을 지각의 결정적 특성으로 받아들였다. 그에 따르면 '감각 세계'는 자유로운 '관념 세계'와 대립한다. 다른 생물과 달리 인간에게는 윤리적 규범과 도덕적 원리를 가능케 하는 자유로운 이성이 있기에, 우리는 특출한 존재로 여겨진다. 그런데 전혀 걸러지지 않는 후각은 이와 같은 인간의 정의에 반하므로 칸트는 후각을 '가장 배은망덕'하고 '가장 필요 없는' 감각이라 평했다. 순위를 매기자면 시각, 청각, 촉각 등 '객관적인' 감각들 사이에서 가장 뒤에 있을뿐더러 '주관적인' 감각들 사이에서도 미각보다 뒤인 꼴찌다. 저명한 철학가이자 계몽가였던 칸트가 이성에 따른 삶을 최고의 목표로 삼자 아무도 동요하거나 의심하지 않았다. 아르투어 쇼펜하우어도 인간의 정신적 능력과 관련지어 볼 때 후각과 미각은 그 기능이 제한적이라고 간주하면서 하등 감각이라 평가했다. 앞서 살펴보았듯이 심리학자 가운데 최초로 실험 연구를 시도했던 분트조차 감각의 중요도를 이야기할 때는 후각을 가장 하찮은 감각으로 평한 칸트와 쇼펜하우어의 관점을 그대로 이어받았다. 이들의 견해를 따르는 한 요즘 출간되는 심리학 전공 서적이라도 후각에 관한 내용은 찾아보기 힘들다.

역사 철학자이자 낭만주의자였던 요한 고트프리트 폰 헤르더는 칸트와 동시대 사람이지만 적어도 후각을 정신과 신체의 중간쯤으로 봤다. 더욱이 헤르더는 인간이 무언가를 인지하는 데 후각이 중요하다고 생각했다. 식생활과 성생활에서 후각이 특히 중요하기에 그는 동물에게 가장 중요한 감각 기관으로 후각을 꼽았다. 본능적으로 동물의 생존을 보장해 주기 때문이다. 헤르더에 따르면 동물의 영혼은 '후각적으로' 묘사할 수 있다. 그런데 영혼의 냄새란 과연 어떨까? 이에 대해 모두가 동의하는 답은 언제까지고 못 찾지 않을까? 냄새는 결국 사람마다 다르게 받아들여지니까.

∴ 고대 학자들은 냄새를 어떻게 생각했을까

철학사를 들여다보면 감각적 경험은 그다지 중립적인 평가를 받지 못했다. 오히려 고등 활동인 인지 활동에 방해만 된다고 여겨졌다. 미셸 옹프레의 1991년 저서 《즐거움의 예술》L'art de jouir에는 이런 구절이 나온다. "향기에 대한 불신은 철학자가 제 몸에 주의를 기울인다는 징후다. 냄새에 대한 경멸적 태도는 제 몸에 대한 혐오와 비례한다."

플라톤의 관념론에 따르면 감각 세계는 우리가 진정한 깨달음을 얻지 못하도록 방해한다. 이에 따라 인간의 영혼은 하등의 욕망 및 감각 그리고 고등의 인지 및 이성으로 구분된다. 아리스토텔레스는 감각 지각 능력과 민첩성을 '동물적 영혼'의 주된 특성으로 보았으며, 이들을 통해 '식물적 영혼'이 인간 특유의 '이성적 영혼'으로 연결된다고 했다.(아리스토텔레스는 영혼을 세 부분, 즉 식물적 영혼, 동물적 영혼, 인간적[이성적] 영혼으로 분류했는데, 이때 식물적 영혼은 이성적인 측면이 전혀 나타나지 않는 부분을 뜻하는 반면 인간적 영혼은 순수하게 이성적인 측면을 의미한다. —옮긴이)

물론 경험주의자이자 쾌락주의자인 에피쿠로스나 루크레티우스처럼 감각을 비난하지도, 행복한 경험을 이성에 반하는 것으로 생각하지 않는 철학자들도 있었다. 이들은 우리가 무언가를 인지해야 할 때 후각적 경험이 중요하게 작용했다고 생각되면 그제야 비로소 후각에도 인간에게 유익한 기능이 있음을 인정했다. 에피쿠로스주의에서는 이성에 의한 생각이 옳고 그른가를 판단하려면 감각적 경험에 의한 평가가 뒷받침돼야 한다고 말한다. 이 말은 맞을까 틀릴까?

∴ 냄새를 맡는 괴짜 학자들

자연 철학자 장 자크 루소는 감각과 감정이야말로 인간 본연의 자연적 특성에 상응한다고 여겼다. 그래서 이들을 지적 사고보다 더 중요하게 생각했다. 루소는 추상적인 관념들이 인간에게 엄청난 착각과 혼란을 불러일으킬 수 있기에 생각에 골똘히 빠진 사람을 오히려 '변종 동물'로 보았다. 루소에 따르면 후각은 상상력과 열정이 낳은 감각이므로 아이들에게는 제대로 발달되어 있지 않다. 게다가 루소는 후각이 감정에 미치는 영향력이 개인 혹은 성별마다 다르다고 보았다. 여성은 남성보다 상상력이 풍부하므로 냄새에 더 예민하게 반응한다. 루소는 저명한 교육 소설 《에밀》에서 자연 철학에 의거해 어린 에밀이 타고난 능력에 맞춰 성장하고 밖에서 뛰어놀며 경험을 쌓는 게 얼마나 중요한가를 강조했다. 소설 속의 에밀은 모든 아이를 상징한다. 책의 끝부분에서 루소는 소피란 여자아이의 자연 교육과 성장에 관한 이야기를 짧게 언급한다. 소피는 밖에서 뛰어놀기보다는 집에서 바느질하고 요리를 배워야 행복하다고 말했다. 여기서 우리는 어떤 문제점과 직면한다. 철학자나 학자들이 아무리 좋은 의도로 세상에 관한 이야기를 풀어 나가더라도 당시 시대 상황을 고려해 들어야 한다. 루소 역시 아이를 엄격하게 교육하는 문제를 비판하면서도 당시 사회 내 여성의 역할에 관해서는 어떠한 의문도 제기하지 않았다.

그래도 루소나 니체 같은 자연 철학자들은 후각을 꽤 긍정적으로 생각했다. 니체는 대놓고 '코'라는 단어를 수차례 언급했다. 그는 《우상의 황혼》에서 감각, 특히 코를 비롯한 후각이 있어야만 학문이 가능하다고 했다. 심지어 《이 사람을 보라》에서는 후각이 있어야만 영혼과 진실의 내면에 다다를 수 있기에 본인의 재능이 코에서 비롯된다고까지 표현했다. 장 폴 사르트르는 니체보다 더 나아갔다. 그는 후각에 따른 삶이야말로 진실한 삶이라 보았다. 이때 진실함은 어떤 존재에 관한 직접적 경험을 내포하며, 더 나아가 유와 무가 공존하는 순간에 존재를 경험하게 만드는 것이다. "몸의 냄새는 몸 그 자체로, 우리가 입과 코로 냄새를 들이마시는 순간 바로 몸을 소유하게 된다. 가장 깊숙이 숨겨진 것이자 순전히 제 것이다. 어떤 냄새가 내 몸 안으로 들어오면 그 다른 몸이 나에게로 녹아든다. 그러나 이때의 다른 몸은 더 이상 살점 형태가 아니다. 그는 증발해버렸고 순간적으로 영혼의 형태와 비슷해졌다. 하지만 그는 여전히 그다. (……) 게다가 냄새에는 특별한 능력이 있다. 냄새는 가차 없이 자신을 드러내지만 우리가 미처 도달할 수 없는 다른 세계를 만들어 낸다. 냄새는 몸 그 자체인 동시에 몸에 대한 부정否定과도 같다."[18]

요약하자면 지난 몇 세기 동안 우리에게 잘 알려진 사상가들은 몇몇 예외적인 경우를 제외하고는 대개 후각이라고 하면 코를 찡그렸다. 후각은 동물에게나 걸맞고 하등의 흥분 상태나 본능, 고통 등과는 별개이자 만물의 영장인 인간에게는 어울리지 않았다. 심지어 어떤 때는 괘씸하기까지 했다.

그들이 요즘의 연구 결과들을 보면 무슨 말을 할까? 후각이 인간의 사고 과정뿐만 아니라 자유로운 결정 과정에도 방해만 될 뿐이라는 자신들의 경고가 옳았다고 말할까? 후각에 대한 이들의 관점은 후각 연구 및 현대 실험 심리학이 등장하기 전까지 계속 옳다고 받아들여졌다. 심지어 지금도 곳곳에서 찾아볼 수 있다.[19] 인간을 연구하는 다양한 영역에서 우리는 데카르트, 헤겔, 칸트의 합리주의 영향을 많이 받는다. 이들은 특히 이성이 중요하다고 생각하며 감각적인 것은 모두 등한시하거나 쓸모없다고 간주했다. 그런데 감각이 없다면 우리는 무엇인가? 기계인가? 바로 이 순간, 우리는 엄청난 노력을 기울이며 인간에 관해 '생각'한다. 이러한 사고의 장점은 무엇일까? 장점이 없다면 이렇게 오랫동안 유지되지 못했을 것이고 우리 삶에 이토록 영향을 미쳤을 리도 없다. 정답은 바로 동물보다 인간이 우위에 있다는 사실이 흐뭇하기 때문이다. 우리는 가장 높이 있으며 합리적이다. 그리고 자유롭다! 동물과 달리 인간은 스스로 결정해서 독자적으로 반응할 수 있다. 천한 본능의 노예가 아니다. 감각을 이겨 냈고 냄새에도 의존하지 않는다. 이론적으로는 대략 이렇게 정의할 수 있으나 현실은 다르다.

이는 칸트 시대에 유명했던 관능주의가 후세대로 계속 이어지지 못했던 이유이기도 하다. 프랑스 철학자 에티엔 보노 드 콩디야크는 후각이야말로 인간에게 가장 결정적이며 중요한 지각이라 보았다. 그는 후각이 모든 이성적 활동의 기반이 되기에 냄새를 맡지 못하면 아무것도 느낄 수 없다는 사실을 명확하게 깨달았다. 하지만 이는 칸트의 저서들에 명시된 합리적인 인간의 잘난 위엄에 반하는 이상한 논리였기에 끝까지 관철되지 못했다. 칸트의 저작들은 심리학의 기반이기도 하다. 인간이여, 당신은 특별해! 이성을 가진 유일한 존재야! 모든 것의 주인이 되어 모든 것을 지배할 수 있어! 이 세상과 모든 동물을 당신 아래 군림시킬 수 있으며 그 모든 것을 넘어서지! 인간과 전혀 상관없는 본능과 냄새도 모두 능가하지!

후각에 대해 긍정적으로 이야기하는 학자들은 비교적 근래에 들어서야 등장한다. 한 명은 지크문트 프로이트이며 다른한 명은 프로이트의 견해를 이어받아 넓힌 허버트 마르쿠제다. 후각이 중요하다는 것에 관해서는 두 사람의 생각이 굉장히 비슷하다. 그러나 프로이트는 동물의 후각에 특히 중점을 뒀다. 프로이트에 따르면 인간이 진화하는 동안 후각이 중요했던 시기도 있었지만 문화가 발달하면서 후각적 경험들이 배제되었다. 프로이트는 인간이 항문샘 냄새를 맡는 대신 건축물에 시간을 허비했고 이렇게 냄새를 멀리하면서 병을 앓게 됐다고 말한다.

마르쿠제는 후각에 대한 관점을 《에로스와 문명》에 담아냈다. 이에 따르면 지배층은 자신들의 권력과 특권을 강화하려고 인간의 자율성이 향상될 기회를 의도적으로 억눌렀다. 집권층이 인간의 쾌락주의 원칙을 업적 위주의 원칙으로 대체했다는 것이다. 마르쿠제는 인간이 자유롭고 유쾌한 삶을 살아 나가려면 기본적으로 후각이 중요하다고 보았다. 그에 따르면 사람들이 서로 가까워지거나 서로에게 관심을 두지 않고 홀로 고립된채 그저 순종하도록 지배층이 원칙적으로 후각을 경시했다. 만약 사람들이 후각과 미각에 다시금 관심을 기울인다면 더는 물질적인 것만을 추구하지 않을 것이기에 악용당할 위험도 덜해지리라는 것이다.

지금껏 후각은 사회에서든 대학에서든 연구 분야에서든 그저 간과의 대상이었다. 그동안 관심을 둔 학자가 거의 없었으니 후각이 우리에게 얼마나 중요한지 알 길도 만무했다. 후각을 연구하는 학자들조차도 연구 결과를 사회에 소심하게 발표했다. 심지어 후각이 인간이나 이성, 행복을 위해 얼마나 중요한가를 증명하는 새로운 연구 결과가 나와도 당사자조차 믿기 힘들어하는 게 현실이다.

∴ 후각 식별 테스트기

지금껏 인류가 후각 연구에 소홀했던 두 번째 이유는 방법론 때문이다. 후각을 연구하려면 우선 실험 참가자들에게 냄새를 부여할 장치가 필요하다. 이때 피실험자들은 냄새가 들어온다는 사실을 전혀 알아차려서도 안 되고 다른 어떠한 것에도 방해를 받아선 안 된다. 이러한 실험은 심리학에 속하며 일반 심리학보다는 주로 생리 심리학에서 이루어진다. 생리 심리학은 신체 반응을 살피면서 사람의 생각이나 감정, 행동 등을 연구하는 학문이다. 관련 전공 서적들을 보면 후각이 완전히 무시받지는 않는다. 냄새에 예민한 동물과 달리 인간은 냄새를 잘 맡지 못한다는 등 옛날부터 계속 믿어 왔던 이야기들이 짤막하게나마 다뤄지고 있기는 하다. 일반 심리학과 비교할 때 생리 심리학은 대체로 경험론을 많이 따랐기에 분량은 적더라도 전공 서적에서 후각에 관한 내용을 종종 찾아볼 수는 있다.

후각 연구는 굉장히 까다롭다. 결과를 도출해 내기 시작한 것도 얼마 되지 않았다. 19세기 말에야 파이프 등을 활용하여 후각에 따른 지각 현상들을 체계적으로 연구하기 시작했다. 그래도 냄새를 통제하는 일은 매우 힘들다. 냄새 통제는 뇌의 반응을 살펴볼 때 특히 중요한데, 뇌는 모든 것에 아주 민감하게 반응할 뿐만 아니라 극히 작고 희미한 변화에도 반응을 나타내기 때문이다.

1980년대에 게르트 코발이 이른바 후각 식별 테스트기를 개발했다. 이 테스트기는 각 냄새에 대한 반응을 시차별로 정확하게 분석하는 장치로 순식간에 일어나는 지각 현상을 포착해 낸다. 굉장히 비싸 내가 박사 과정이던 시절에는 직접 만들어 썼지만 요즘에는 독일 연구 재단과 뒤셀도르프 대학교가 후원해 준 테스트기로 연구한다.[20] 이 장치는 냄새에 한순간 아주 민감하게 반응하는 현상을 파악해 낸다. 뇌의 생체 전기 현상, 즉 뇌파는 1000분의 1초 안에 달라진다. 뇌의 변화와 냄새 사이 관련성을 찾아내려면 냄새를 1000분의 1초 내로 활성화할 수 있어야 한다. 우리는 보통 5분의 1초 내로 냄새를 내보내는데, 테스트기를 켜자마자 냄새가 나오고 장치를 끄는 동시에 즉시 사라져야 한다. 만약 공기의 흐름에 떠밀려 냄새가 들어가면 뇌가 그 냄새에 반응한 것인지, 아니면 달라진 공기의 흐름에 반응한 것인지 알 수가 없다. 그래서 압축 기술을 활용하여 냄새를 들여보낼 때뿐만 아니라 각각의 냄새를 주입하는 찰나에 생기는 빈 시간에도 끊임없이 기류를 내보낸다. 이 기류들은 관을 통해 실험 참가자들의 코로 바로 들여보내지는데, 체온 때문에 따뜻해지고 약간 축축해진다. 이 상태를 실험 참가자들은 편안하게 받아들인다.

∴ 냄새는 아웃사이더

후각이 베일에 싸여 있었던 세 번째 이유는 연구자들 때문이다. 학자들도 인간이다. 존재조차 모르는 것을 무슨 방도로 연구할 수 있겠는가! 마치 정보 발신자는 자신이 신호를 내보내는지 혹은 어떤 정보를 내보내는지도 모르고, 정보 수신자 역시 자신이 그 신호에 반응하는지 모르는 상태와 같다.

동물이나 식물, 음식 등 주변에서 뿜어져 나오는 다양한 냄새를 인간이 의식적으로 지각해 낼 수 있다면 냄새를 통한 의사소통도 전혀 다른 양상을 보였을 것이다. 우리는 아주 옅어서 맡을 수도 없는 냄새를 통해 다른 사람들과 엄청나게 많은 정보를 주고받고 있는 듯하다. 달리 표현하면 사회적 냄새들은 맡을 수 없을 만큼 너무도 옅어서 사실 냄새라 부르기도 어렵다.

무의식적으로 맡게 되는 냄새를 이야기할 때는 보통 ODT Odor Detection Threshold (한 조직 기관에서 후각적으로 감지해 내는 냄새의 최저 밀집도—옮긴이) 이하에서 보내고 받아들이는 자극들을 언급한다. 만약 이러한 자극들이 우리 행동에 아주 미미한 수준으로 영향을 미친다면 치명적이지는 않을 거다. 그런데 우리 삶을 결정짓는 중요한 순간에도 존재조차 모르는 자극들이 행동을 좌우한다면 그 파급력이 엄청나게 커진다. 더군다나 인간도 결국 동물과 별반 다르지 않으며 자유로운 존재가 아닌 본능에 의해 움직이는 존재라고 생각하면 다들 굉장히 고통스러워할 테다. 엄청난 공격을 받을 텐데 이 연구를 계속해야 할까? 이러한 이유에서 후각 연구는 그다지 매력적이지 않다. 후각은 근본적으로 우리에게 아주 중요한데도 후각 연구는 그저 뒤다 놓은 보릿자루 취급을 받는다. 후각 연구자에게는 두꺼운 낯짝과 불굴의 의지가 필요하다. 대가를 감수하고 칭찬을 기다릴 줄도 알아야 한다. 비록 결과를 도출해 내기까지 많은 시간을 견뎌야 하지만 기다림이 길어질수록 가치는 그만큼 더 높아지는 법이다!

∴ 냄새에 예민했던 사람들

후각 연구의 명성을 위해 조금 향긋한 향을 불어넣어 볼까. '신에게서 어떤 냄새가 날 것 같은가?'라는 질문을 던졌던 것을 기억하는가? 그렇게 물은 데는 다 이유가 있다. 기원전 시대에는 향이나 냄새가 종교 의식에서 굉장히 중요했다. 이집트에서는 왕이나 신 혹은 죽은 이에게 재물을 바칠 때 늘 특정 냄새가 나는 향들을 준비했다. 시신을 방부 및 보존 처리할 때는 이것저것 섞은 특별한 향을 썼다. 장례식 때는 향을 피워야 죽은 자를 신에게 보낼 수 있다고 생각했다. 이처럼 신을 향해 떠나는 여정에는 늘 향이 함께했다. 역사학자 아니크 르 게레르에 의하면 사제들의 '찬사'는 이렇게 시작된다. **여기 그**(서품식에서 향유를 받는 사람)**의 향을 피우나니 (……) 그가 당신과 함께하도록 허락하소서. 주님, 그와 함께하소서. (……) 그가 당신과 함께 살아가도록 허락하소서. 주님, 그와 함께하소서!**

그리스 신화를 보면 향수는 신들이 허락한 후에야 비로소 생겨났다. 게다가 신들은 땅으로 내려왔다가 하늘로 돌아가면서 향기로운 냄새를 남겨 주기도 했다. 바오로가 고린도 신자들에게 보낸 둘째 편지 2장의 내용과도 비교해 볼 만하다. 바오로는 '그리스도의 향기', 즉 하느님의 존재 덕분에 피어나는 향내에 관해 이야기한다.(고린도 후서 2:14-17) 편안하고 좋은 냄새와 종교적 신성神聖과의 연관성은 중세에도 찾아볼 수 있다. 당시 사람들은 몸에서 좋은 냄새가 나는 현상이 자연적인 게 아닌 신적인 존재와 성령으로부터 비롯된 것이라고 생각했다. 13세기에는 시신에서 좋은 냄새가 나면 그가 가진 신성함 덕분이라 여긴 반면 일반적으로 풍기는 불쾌한 썩은 냄새는 악마와 연결되었다는 의미로 해석했다. 16세기 사람들은 악마에게서 당연히 경악할 만한 엄청난 냄새가 난다고 믿었고 마녀사냥에도 그대로 적용했다. 결론은 아주 간단하다. 악은 악취를 내뿜고 선은 향기를 풍긴다.

독일 심리학자 한스 헨닝에 따르면 후각적 경험과 영적 경험 간의 밀접한 관계는 문화를 초월한 언어적 유사성에서도 찾아볼 수 있다. 즉 어느 문화에서건 냄새에 관한 용어가 영혼이나 정신, 존재 등의 용어와 관련되어 있다는 것이다. 그만큼 문화사에서 냄새는 삶과 죽음의 척도로서 인간에게 특별했다.

전 세계적으로 엄청난 향수 소비는 좋은 냄새가 인간에게 주는 엄청난 영향력(기분, 힘 등)을 우리도 수천 년간 짐작하고 있었음을 보여 준다. 소크라테스 시대에 그리스 사람들은 신체 부위마다 각기 다른 향유와 향수를 사용했다. 턱과 가슴에는 아몬드와 발삼 향, 팔에는 박하 향, 머리카락과 눈썹에는 마저럼 향, 무릎과 목덜미에는 백리향을 썼다. 요즘에는 욕실보다 부엌에서 더 흔하게 접하는 냄새들이다. 고대 로마에서는 여성뿐만 아니라 남성도 장미나 모과, 아몬드, 수선화에서 추출한 물질을 향수로 애용했다. 유럽에서도 중세 초기나 전성기에 향수를 사용했다. 프랑스의 샤를 5세는 향수를 만들기 위해 아주 커다란 화단을 가졌다. 17~18세기에는 향수, 향유, 파우더에 전보다 더 강한 향을 섞었다. 루이 15세는 궁궐에서 무조건 향수를 쓰도록 의무화했다. 17세기에는 지나치게 씻는 행동이 되레 건강을 해친다고 생각했다. 왕족이나 귀족 사회에서 향수를 그토록 애용했던 까닭을 충분히 짐작할 수 있는 대목이다.

계몽주의가 퍼지면서 목욕이 점차 일상화됐고 향수는 몸에서 나는 냄새를 없애기보다 은은한 체취처럼 여겨지도록 사용되기 시작했다. 물론 이는 절대 불가능한 일이다. 우리 코는 탐정이나 다름없으니까! 완벽하게 위장한 인위적인 무언가가 점막을 통해 후각구의 저 밑바닥에서 몽글몽글 피어오르고 있음을, 설령 우리는 전혀 눈치채지 못할지라도 코는 놓치지 않는다. 그 무엇도 코를 비껴갈 수는 없다.

제4장

나는 냄새를 맡는다, 고로 느낀다

○   의식적이든 무의식적이든 냄새는 여러 정서와 감정을 유발한다. 의식적으로 맡는 냄새는 무슨 냄새인지 이미 잘 안다. 이는 스스로 기분에 어떤 영향을 주고자 의도해서 맡는 향이다. 반면 무의식적으로 맡은 냄새는 스스로 전혀 인식하지 못하는 사이에 감정과 정서를 좌지우지한다. 어쨌든 우리는 그 냄새를 알아채기는 한다. 어떻게 아는 걸까?

철학사를 살펴보면 인간의 감정도 후각과 마찬가지로 상반된 평가를 받아 왔다.[21] 데카르트나 스피노자 같은 합리론자들은 감정이 인간의 이성과 자유로움을 위협한다고 생각했다. 놀랍지도 않다. 인간이 설정한 최고의 목표는 감정으로부터 자유로워지는 것이었다. 스피노자는 감정이 없는 상태가 되어야 '신의 순수한 사랑'에 도달할 수 있다고 보았다. 특히 칸트는 자유로운 사고와 행동을 방해하는 감정이 인간에게 위협적이라고 보았다. 최초의 실험 심리학자였던 분트는 맥박 등을 통해 감정을 측정하려고 노력했다. 분트에 따르면 유쾌함이나 불쾌함을 만들어 내는 감정은 인간의 전형적인 하등 감각에 불과했다. 그는 또한 감정이 후각 및 미각과 연결되어 있다고 보았다. 후각을 쓸모없다고 평가했던 철학자들은 감정도 점차 배제하려 들었다. 이들에게 이상적인 인간이란 자기 감정을 이겨 내거나 최대한 감정 없이 행동하는 사람이었다. 지금까지도 존경받는 당대 사상가들이 오늘날의 인공 지능을 보면 어떤 생각을 할까? 그들의 이상이 실현됐다고 말할까?

이와는 다른 관점으로 감정을 바라본 이들도 물론 있었다. 무엇이든 중립적으로 관찰하여 깨달음을 얻고자 했던 경험주의자나 존 로크나 프랑스 사상가 볼테르 같은 쾌락주의자들이다. 특히 감정을 높이 평가했던 쾌락주의자들은 감정이야말로 우리의 행동을 이끄는 주체라 보았다. 그 이유인즉슨 감정을 통해 우리에게 무엇이 좋고 나쁜지를 깨달았기 때문이다. 그리하여 쾌락주의자들은 감정을 모든 행동의 원동력이자 모든 지식의 근원으로 간주했다. 후각을 긍정적으로 평가한 헤르더, 루소, 콩디야크 역시 감정이 인간을 결정짓는다고 생각했다. 이들은 인간이 고통과 쾌락을 경험할 수 있기에 무언가를 평가하거나 목표를 세우거나 도덕적으로 행동할 수 있으며, 더 나아가 예술을 창조하고 새로운 것을 발명할 수 있다고 믿었다.

19세기에는 찰스 다윈 등 진화론자들도 감정에 큰 관심을 보였다. 다윈은 수백만 년 동안 인간과 동물이 진화하면서 감정이 생겨났다고 설명한다. 그에 의하면 감정은 생존을 위한 필수 요인이다. 두려움이나 분노 등의 감정은 상황에 따라 점점 더 강해지기도 하는데, 가장 적합한 감정이 올라오면 그 자리를 피하거나 힘껏 싸우기도 한다. 그 덕분에 우리는 지금껏 용케 생존해 왔다. 다윈의 영향으로 오늘날 많은 심리학자가 인류뿐만 아니라 동물들도 많이 경험하는, 명확하게 구분 가능한 몇몇 기본적인 정서 상태들을 정의했다. 폴 에크먼은 정서 상태에 따른 표정이 문화별로 어떻게 다른지를 비교 연구했다. 그 결과 분노, 슬픔, 공포, 놀람, 혐오, 행복, 즐거움 등의 감정은 점차 진화했고 세계 어디에서나 똑같았다. 지구 어디에 살든 상관없었다. 두렵거나 즐거운 표정이 얼굴에 드리우면 사람들은 바로 상대의 정서 상태를 알아차린다. 낯선 사람에게서도 마찬가지다. 내 기초 연구에 따르면 두려움은 냄새로 알 수 있다. 사람들이 두려움을 냄새로 맡고 반응하는 이러한 후각 신호는 전 세계 어디에서나 통할 것으로 추측된다. 우리가 시각 정보보다 후각 정보에 더 예민하게 반응한다는 사실은 명확하다.

하지만 모든 심리학자가 정서 상태를 딱딱 구분할 수 있다고 생각하지는 않는다. 분트나 피터 랭은 인간의 정서를 편하거나 불편한 상태, 딱 두 가지로 분류할 수 있으며 항상 일정한 자극이 필요하다고 보았다. 이들은 다양한 정서 상태를 무 자르듯 나누기란 불가능하다고 여겼다. 우리는 생물학적 기제를 측정하며 사람의 상태가 편안한지 불편한지 정도만 알 수 있을 뿐이다.

오래전부터 나는 감정의 본질이 무엇일까 궁금했다. 감정이 무엇인지 이해한다면 두려움과 비애 같은 부정적인 감정을 효과적으로 막아 낼 것이다. 사람들이 서로 화학적으로 전달하는 감정들이 무엇인지 분명하게 알 수 있는 날이 온다면 사람마다 각자의 기본적인 정서 상태가 정말로 있는지, 또 있다면 어떠한 것들이 있는지 알게 될 것이다. 지난 수백만 년 동안 인간과 동물이 서로 어떤 정서를 주고받았는지도 밝힐 수 있을 것이다. 행복과 불행의 화학 공식을 이해할 수만 있다면 엄청난 고통을 안겨 주는 정신 질환들도 훨씬 더 많이 그리고 더 빨리 치료할 수 있다.

당사자들이 자신의 고통을 어떤 감정이나 정서로 정의하는가와는 크게 상관없이, 심리학에서 감정은 정서보다 복잡하고 개별적인 것으로 설명된다. 감정은 늘 부차적이며 정서는 본질적이다. 감정은 생각에 따라 달라질 수 있다. 예를 들어 우리는 누군가 또는 무언가가 자랑스럽다고 느낀다. 하지만 이 감정은 사고 과정의 결과다. 자랑스러움은 자동적으로 일어나지 않는다. 이를 느끼려면 경험, 내적 기준 등 몇 가지 요소가 필요하다. 부끄러움도 매한가지다. 이 역시 과정의 결과다. 자동으로 나타나는 게 아니라 경험, 문화, 교육, 지역 등에 영향을 받은 각 개인의 판단에 따라 달라진다. 다른 감정도 모두 마찬가지다. 본질적인 정서는 개개인의 경험이나 문화와 별 상관없지만 부차적인 감정은 경험이나 문화적 배경의 영향을 받는다. 한편 정서는 습득할 필요가 없다. 세상 모든 사람에게 똑같은 방식으로 드러나기 때문이다.

무엇이 인간의 감정과 정서를 유발하는가는 행동주의 이론에서 쉽게 찾아볼 수 있다. 파블로프의 개 실험을 들어 봤을 것이다. 종소리는 개들에게 음식이 주어질 것을 알려 주는 신호다. 종소리가 들리기 무섭게 개들은 음식을 먹을 생각에 기뻐하며 침을 흘린다. 음식 냄새를 학습할 필요는 없다. 냄새는 개들이 '무조건' 침을 흘리도록 하는 무조건 자극Unconditioned Stimulus, US이다. 반면 종소리는 학습된 후에야 반응을 유발하므로 조건 자극Conditioned Stimulus, CS에 해당한다.

존 브로더스 왓슨의 연구는 요즘 심의 기준으로 보자면 그다지 윤리적이지 않다. 일례로 그는 남자아이가 토끼, 개, 심지어 산타 할아버지의 턱수염 등 흰색 털이라면 무조건 무서워하게끔 유도했다. 그렇지만 왓슨의 연구는 우리의 기본 정서 상태(그에 따르면 공포, 분노, 사랑)를 무조건 자극으로 일관되게 유발할 수 있음을 분명하게 증명했다. 그런데 인간에게 가장 중요한 무조건 자극은 먹잇감이나 사료가 아니다. 바로 사람이다. 따라서 우리의 정서 상태는 사람에게서 가장 강력한 영향을 받는다. 또한 미국의 신경학자 마이클 데이비스는 인간의 감정과 정서가 활성화되는 뇌 영역이 서로 다르다는 사실을 밝혀냈다. 감정과 정서는 이처럼 생물학적으로도 구별된다. 감정과 정서 간 구분이 왜 중요한가는 차차 살펴보겠다.

내가 느끼는 건, 내가 말하는 건, 내가 믿는 건……. 내가 생각하는 건! 감정은 도대체 언제 끝나고 생각은 도대체 언제 시작할까? 감정과 생각은 완전히 다른 것일까 아니면 서로 연결된 것일까? 좋고 나쁜 감정, 좋고 나쁜 생각이란 게 있을까? 문자 그대로 마음(영혼)을 연구하는 학문인 심리학이 하나의 독립된 학문으로 자리매김하자 정서는 인지cognition, 즉 생각으로부터 구분되었을 뿐만 아니라 동기motivation, 즉 욕망으로부터도 구분됐다. 다시 말해 인간의 마음 상태는 세 갈래로 나뉜다. 하나는 느끼고, 다른 하나는 원하며, 마지막 하나는 생각한다. 내가 봤을 때 이 분류는 전혀 옳지 않다. 있지도 않은 것들을 인위적으로 나누어 놨을 뿐이다. 여기도 고대 플라톤 때부터 비롯된 인간에 관한 생각이 관련되어 있는데 이것 역시 틀렸다. 플라톤은 비유법을 사용해 마차를 끄는 두 말, 즉 욕망(동기)과 감정(정서)이 올바른 길로 달리도록 마부(이성)가 이끌어 준다고 설명했다. 플라톤의 인간상을 이어받은 아리스토텔레스는 영혼을 식물적 영혼, 동물적 영혼, 인간의 영혼으로 구분했다. 이렇게 세 가지로 구분된 영혼의 형태는 지금까지도 한 치의 의심 없이 받아들여지고 있다. 고대 초기 이상주의에서 비롯된 이러한 인간상은 데카르트, 칸트, 스피노자 등이 감정이란 것이 가능한 한 인간으로부터 사라져야 한다고 주장하면서 더욱더 확고히 자리매김한다.

이에 대해 뭐라고 말하고 싶은가? 어떻게 느끼는가? 어떻게 생각하는가? 어떤 감정이 들어야 당신은 생각하기를 멈추는가? 미분 방정식이나 피타고라스의 법칙 등 당신 삶에 아무 의미도 없는 것들만 생각하는가? 아니면 당신의 감정까지 생각하는가? 감지되는 것들만 느끼는가 아니면 당신의 생각도 느끼는가? 실험 심리학에서는 감정과 사고를 인위적으로 구분하고자 이런저런 규정들을 정해 놓았지만, 나는 일상생활에서 인간의 감정과 사고를 딱 잘라 구분할 수 없다고 확신한다. 슬픔, 분노, 두려움 등이 느껴질 때마다 생각, 바람, 희망, 평가 등의 과정이 동반되는 건 당연하다. 무언가를 생각하거나 계획한다는 것은 단지 그 자체로만 존재하는 것이 아니라 대부분 무언가를 얻고 싶은 마음에서 비롯된다. 예를 들어 나중에 먹으려고 미리 장을 보고, 월말에 급여를 받으려고 일을 하고, 시험을 잘 치르려고 공부를 한다.

내가 볼 때 생각이란 현재 상태를 호전시키거나 일어날 수 있는 위험들을 사전에 방지하기 위한 것이다. 이 중에는 요리처럼 빨리 이룰 수 있는 계획도 있지만 전문 교육처럼 시간이 아주 많이 흐른 뒤에야 달성할 수 있는 목표도 있다. 발생한 사건이나 자기 자신과 다른 사람들을 평가하고 이해하며 이에 관한 견해를 밝히고자 과거를 다시금 떠올려 볼 수도 있다. 그러나 이런 생각도 지나간 일들을 평가하면서 일어나는 현재의 감정 상태 혹은 미래와 관련하여 생겨나는 감정들(희망과 두려움)과 관련이 있다.

인간의 정서와 사고를 분리할 수 없다는 관점은 지난 5억 년간 계속 발달해 온 뇌의 모습을 확인 함으로써 더욱더 확실해졌다. 원래 우리 뇌는 냄새에만 관여했다. 그런데 뇌가 점점 더 복잡해지고 상황 변화에 유연해지면서 2억 년 전 무렵에 포유동물에게 정서란 것이 생겨났다. 그런데 냄새를 맡는 행위와 감정을 느끼는 행위는 구분이 안 된다. 냄새를 맡는 행위는 감정을 느낄 때 가장 먼저 나타나는 기본적인 행위로 이를 통해 여러 감정이 생겨난다. 냄새를 맡는 행위와 감정을 느끼는 행위의 공통점은 두 경험적 행위 모두 한순간에 사람들의 행동을 결정짓는다는 것이다. 그래서 즉시 배우자의 냄새를 향해, 사랑을 향해 나아가게끔 하거나 화재나 부패의 냄새로부터 혹은 위협적인 사람들로부터 피하도록 한다. 포유동물의 사고 능력은 훨씬 나중에야 발달했다. 미국의 심리학자이자 신경학자인 조지프 르두에 따르면 인간의 뇌는 최대 95퍼센트까지 정서 기능과 관련되어 있다. 이러한 뇌 안에서 인간의 사고 능력은 정서적 행동을 유연하게 만드는 데 의의가 있다. 느끼는 것과 생각하는 것은 행위상 똑같다. 다른 대다수 동물과 달리 인간은 생각을 통해 훨씬 더 복잡하게 느끼는 것 뿐이다. 핵심만 추려 말하면, 후각뇌가 없었다면 감정 뇌는 발달하지 못했다. 그리고 감정 뇌가 없었다면 이성 뇌는 절대 발달할 수 없었다. 인간의 생각이 건강한 삶과 관련해 의미 있을 때는 바람이나 달성하려는 목표 등과 관련될 때뿐이다. 감정 없이 생각하는 사람들에 대해서도 뒤에서 다루겠지만 이들은 영혼 없는 좀비나 다름없다.

벌주듯이 후각을 무시해 왔던 일반 심리학에서 인간의 정서는 1980년대를 지나 1990년대에 이르도록 그저 공백에 불과했다. 요즘에는 감정과 정서가 인간의 행동에 얼마나 중요한지 모두 잘 안다. 인간의 정서는 냄새를 따르고, 인간의 행동은 정서를 따른다. 편안한 냄새는 편안한 정서 상태를 유발하고 우리는 긍정적으로 행동한다. 즉 그곳을 향하고 더 많이 원한다. 반면 불편한 냄새는 불편한 정서 상태를 유발하고 우리는 이를 거부한다. 즉 멀리하려 한다.

이처럼 냄새는 반응 양식response styles에 결정적인 영향을 미친다. 그런데 우리가 명확하게 아는 건 의식적으로 지각하는 냄새들뿐이다. 대부분 무의식적으로 냄새를 맡고 이에 따라 행동한다. 게다가 행동의 이유를 모르니 더 문제다. 의식적으로 냄새를 맡는 행동과 무의식적으로 냄새를 맡는 행동을 어떻게 구분하는가는 차차 자세하게 이야기하자. 지금은 정서 상태가 우리를 행복하게도 혹은 불행하게도 만들 수 있을 만큼 삶에서 너무도 중요하다는 사실만 분명하게 기억하자.

임상 심리학에서는 보통의 일상적 행동보다 병리적 행동을 더 많이 연구한다. 그래서 인간의 정서 상태도 우울증이나 불안 장애 등 특정 정신 질환들과 연결하여 주목해 왔다. 어떤 임상 심리학자들은 최근까지도 인간의 인지 능력만을 굉장히 강조하여 엄청난 고통에 시달리는 조현병 환자들을 인지 및 주의 집중력 장애로 정의한다.

이 경우에는 연구자들이 환자들보다 더 정신 나간 듯하다. 물론 조현병 환자들이 주의 집중력을 유지하는 걸 어려워하긴

하지만 이는 보통 이상의 강도로 느끼는 두려움 때문에 지극히 당연하게 나타나는 현상이다. 위협을 받거나 쫓긴다고 느끼면 다른 문제를 제대로 생각하기 힘들다. 이처럼 임상 심리학역시 명확하고 확실한 이성에 비해 감정은 가치가 없다고 간주하기 일쑤였다. 하지만 이성이 이끄는 방향이 터무니없을 수도 있다. 그런데도 이성은 여전히 우리 삶에서 큰 비중을 차지한다. "각각의 장단점을 객관적인 관점에서 충분히 생각해 봤고 결국 이렇게 결정했어" 하고 누군가가 이렇게 말하면 다들고개를 끄덕인다. 확고한 결심에 **기분**이 좋다. 하지만 누군가가 "그냥 이렇게 해야 할 것 같아"라고 말하면 그 사람은 실패자가 된다. 결정해야 할 사안이 중요할수록 우리는 이성에 더 의존한다. 이는 칸트와 그의 제자들이 후손들에게 물려준 유산이다. 받기만 할 게 아니라 이성이 우리를 어디로 이끌었는지 의문을 제기했어야 했는데! 지금까지도 존경받는 칸트와 그의제자들의 발언은 여기저기 자주 인용된다. 그런데 내 생각은다르다. 그들은 틀렸다. 최고의 조언자는 우리의 직감이다. 그리고 직감은 코에서 비롯된다.

그런데 주관적인 존재가 어떻게 객관적인 결정을 내릴 수있을까? 이 딜레마를 지도층은 일찌감치 알고 있었다. 그래서이들은 게임의 법칙을 이용했다. 즉 코와 가슴이 시키는 대로 결정했음에도 합리적 분석에 의한 것처럼 행동했다. 그렇게 그들은 총장으로, 학장으로, 본부장으로 이 세상에 군림한다. 그런 용기가 가끔은 내게도 있었으면 좋겠다. 보여 주기 효과로 영리한 척도 할 수 있지 않겠는가. 헬스장에서 복근만 키울 수 있는 게 아니다. 행동 훈련을 통해 직감도 훈련한다면 우리의 삶은 분명 더 나아질 것이다. 아침에 일어나 인간과 사회에 무엇이 필요한지 고민하는 사람은 실상 용기 있는 자다. 우리는 앞서 사망 원인 1위가 외로움이라는 사실을 접했다. 우리 사회와 다른 구성원들을 지지하는 데는 분명 엄청난 노력이 필요하다. 그런데 우리는 이렇게 용감한 사람들을 되레 몽상가 혹은 이상주의자라고 생각한다. 사람들이 고독사에 이르는 건 삼차 미분 방정식을 정확하게 풀지 못해서가 아니다. 사흘이 넘도록 자신의 냄새가 밖으로 새어 나갈 때까지 아픈 몸으로 홀로 누워 있었기 때문이다······.

∴ 사회적 정서와 외로움의 관계

정서라는 것은 외로운 사람에게 얼마나 도움이 될까? 저녁에 혼자서 범죄 영화를 볼 생각에 느끼는 설렘도 정서에 해당하지만 지금부터 이야기하는 정서는 흔히 대인 관계 속에서 일어나는 정서 상태를 의미한다. 우리는 우리에게 중요한 사람들에게 상냥하게 말을 건넨다. 자연 속에서 혼자 산책을 하거나 음악을 들을 때 혹은 선한 일을 행할 때도 기분은 좋아지기 마련이다. 하지만 우리를 정말 풍요롭게 만드는 건 결국 사회다. 설령 그 사회가 짜증 나고 스트레스인 때가 있을지라도 말이다. 오랜 세월을 함께한 부부는 휴전과 교전이 반복되는 전쟁터에서 살아간다. 죽기 살기로 싸우면서도 재산이나 아이 등여러 이유를 대며 헤어지지 않는다. 그리고 둘 중 한 사람이 먼저 세상을 뜨면 고통스러워한다. 배우자가 죽으면 자유로워지거나 행복해지는 게 아니라 깊은 수렁에 빠진다. 힘겨운 상황에도 생겨나던 사회적 정서들이 사라진 것이다. 이는 스스로도느끼고 다른 사람을 만날 때도 느낀다. 아무런 사회적 관계도맺지 않고 오랫동안 홀로 살아가는 이들은 정서적으로 배고프다. 노인들만 그런 게 아니다. 어느 연령대건 타인과의 접촉 없이 살아가는 사람들은 쉽고 빠르게 우울증에 걸린다는 사실이여러 연구를 통해 밝혀졌다.

정서는 완전히 해결하거나 무시할 수 있는 문제가 아니다. 인간은 정서적 존재고, 우리 삶은 처음부터 끝까지 정서적이다. 우리가 바라고 행하고 생각하는 모든 것이 감정과 정서의영향을 받는다. 이성적인 것들도 마찬가지다. 무언가를 생각하거나 배우거나 혹은 바쁘게 작업할 때도 정서 상태는 켜져 있다. 오히려 무언가를 정서적으로 학습하면 기억에 더 오래 남는다. 지금 나는 이 책을 쓰고 있음에 기쁘다. 조금 있다가 반려견과 산책하러 나갈 생각에, 그리고 나서 햇살이 드는 내 방에서 커피 한 잔을 마실 생각에 즐겁다. 우리가 인간인 이유는 바로 **정서**가 있기 때문이다. 만약 정서가 없다면 무언가를 행할 생각 자체를 하지 못하고 아무것도 해낼 수 없다. 정서는 우리에게 동기를 심어 주고 하나의 동력 장치로서 활력을 불어넣어 준다. 그런데 왜 굳이 정서를 억제하려고 드는가? 전혀 그럴 필요가 없다. 오히려 분명한 목표를 가지고 행동 훈련을 하면서 우리가 느끼는 정서 상태들을 잘 알고 더 가까워질 필요가 있다. 그래야 우리 삶을 더 잘 이끌어 나갈 수 있다.

정서와 기억을 연구하는 사람 중에는 심지어 정서 없이는 우리 자신도 없다고 표현하는 이들도 있다. 심리학에서 이야기하는 자신이란 사람들이 자기 자신, 제 인격, 제 개성, 저만의 특별함, 제 다양성 등을 그려 나가는 데 활용하는 구인construct(눈으로 직접 관찰하지는 못하나 이론상 존재할 것으로 가정하는 존재적 특성. 구성 개념이라고도 한다. ─옮긴이)을 의미한다. 조지프 르두는 현대 감정 및 정서 연구에 엄청나게 큰 영향을 미쳤다.[22] 그는 정서에 관한 생물학적 모델을 고안하여 인간의 정서가 생각과 행동에 얼마나 중요한가를 여실히 보여 주었다. 덕분에

1990년대 말부터 다른 심리학자들도 정서의 중요성을 점차 이해하기 시작했고 정서 심리학이 마침내 하나의 독립된 학문으로 받아들여졌다. 르두에 의하면 각 상황에 최적화된 행동을 하고 자신을 유일무이한 존재로 받아들이려면 의식을 조정해야 하는데, 이때 중요한 역할을 하는 것이 바로 정서다. 다시 말해 자기 자신과의 정서적 연결 없이는 우리를 나타내는 생각도 없다. 중앙 본부가 없어지거나 분해되어 사라지는 셈이다. 그렇게 되면 우리는 우리 스스로를 유지할 수 없다.

내 연구들은 일화 기억episodic memory 및 자서전적 기억autobiographical memory과도 부분적으로 관련이 있다. 자기 자신과 연관된 기억이나 살면서 경험한 일들, 좋고 나빴던 순간들……. 일화 기억은 수차례 반복해 암기하는 단어 공부와는 완전히 다르다. 단 한 번 겪었던 일이라도 평생 기억할 수 있다. 이러한 기억들은 그 일을 겪은 당사자의 감정에 의해 계속 유지된다. 나는 연구를 통해 이를 증명해 냈다.[23] 감정 없이 어떤 일을 겪으면 결혼과 같은 특별한 사건도 2년 전이나 세 달 전 혹은 닷새 전 아침에 먹었던 달걀 요리와 별반 다를 바 없다. 즉 별일 아닌 사건으로 기억된다. 그러므로 정서적 일화 기억 역시 시간이 지나도 자신을 일관되고 적절하게 받아들이는 데 필요한 전제 조건인 셈이다. 이를 통해 시간이 지남에 따라 예전과는 아주 다르게 생각하고 느끼고 행동할지라도 우리는 자신을 계속해서 똑같은 존재로 받아들이며 인생의 이야기를 써 내려간다.

∴ 후각은 시간 측정기

언젠가 맡아 봤던 냄새에 나도 모르게 이끌린 경험을 누구나 한 번쯤 해 봤을 것이다. 갑자기 훅 스쳐지나간다. 창문을 통해 갓 구운 사과 파이 냄새가 솔솔 풍겨 온다. 맞아, 할머니 집에서 맡았던 냄새랑 똑같아! 가구점을 지나다가 마법의 세계처럼 어린 시절로 되돌아가기도 한다. 새집을 짓는 데 필요한 널빤지를 선물해 준 파란 가운을 입었던 할아버지 이름이 뭐였지? 그런데 이게 무슨 냄새지? 이 냄새는 꼭……. 열 살 초등학교 시절로 돌아간다. 선생님이 뭐라고 쓰인 건지 도통 알 수 없는 종이들을 나눠 준다. 노란색 종이 위에 쓰인 파란 글씨. 표음 문자인가? 이처럼 냄새는 타임머신이다. 순식간에 과거로, 특히 어린 시절로 우리를 데려간다. 그러고는 잠시 머물렀다가 현재로 되돌아와서 이 아름다운 기억들에 관한 이야기를 들려준다. 프랑스 작가 마르셀 프루스트는 냄새를 통해 되돌아갔던 과거의 기억을 수천 페이지에 걸쳐 회상했다. 그의 이야기는 늘 멜로디 한 가락이나 어른이 되어 차 한 잔에 찍어 먹던 쿠키 한 조각으로 시작됐다. 냄새가 불현듯 그를 과거로 데려갔고 혀의 맛봉오리들처럼 어린 시절 기억들도 몽글몽글 피어올랐다. 그리고 그의 지난 시절은 《잃어버린 시간을 찾아서》에서 제 모습을 드러냈다.[24] 후각 덕분에 그는 잃어버렸던 시간을 되찾을 수 있었다. "쿠키 맛과 뒤섞인 차 한 모금이 혀를 감싸는 그 순간, 나는 움찔했고 내 안에 들어온 낯선 무언가 때문에 혼이 나가 버렸다. 이유를 알 수 없는, 스스로 생겨난 엄청난 행복감이 나에게 밀려들었다."

이러한 현상을 학술적으로 프루스트 효과 또는 마들렌 효과라고 부른다. 그런데 이런 시간 점프 현상은 음악을 들을 때도 일어나지 않나? 특별한 일과 관련된 노래가 어디선가 들려오면 그때 그 시절로 되돌아간다. 맞는 말이다. 하지만 그 효과는 냄새만큼 집약적이지 않다. 게다가 음악은 페이드아웃도 가능하다. 음악이 흘러나오는 라디오 볼륨을 줄이거나 꺼 버리면 된다. 그렇지만 냄새는 불가능하다. 그보다 훨씬 더 중요한 건 음악은 문화나 경험에 따라 학습되는 정도가 다르다는 점이다. 전 세계에 똑같이 적용되면서 동시에 모든 문화를 반영한 음계는 없다. 반면 화재나 부패 냄새는 지구 어디서나, 어느 문화권에서나 똑같이 위험 신호로 받아들여진다.

냄새의 이러한 유일무이한 특성은 프루스트가 경험했던 것처럼 특히 우리의 일화 기억과 관련이 많다. "사람이 죽고 난 뒤나 물건들이 없어진 뒤 예전 기억들은 하나도 남지 않더라도 비범한 영혼들처럼 냄새와 맛은 홀로 그리고 약하지만 생동감 있게, 비물질적이지만 지속해서, 항상, 믿음직스럽게 우리 삶을 오래도록 이끌어 줄 것이다. 남아 있는 모든 파편 조각을 기억하고 기다리고 희망하며, 비현실적으로 자그마한 항아리 속에 한 치의 실수도 없이 엄청나게 큰 기억의 덩어리를 담고서는 이고 지고 갈 것이다."

우리 기억에는 많은 '서랍'이 있다. 기억은 보통 의미 기억 (사실 혹은 지식에 관한 기억)과 일화 기억으로 구분하는데, 사람의 일화 기억은 자서전적 기억이라고도 부른다. 정서적인 일화 기억은 해마와 편도체에 자리 잡은 뒤 아주 오랫동안 보존된다. 미국의 후각 심리학자 레이첼 허츠는 냄새에 관한 일화 기억이 다른 일화 기억들이 형성되는 뇌 영역, 바로 해마와 편도체에서 일어난다는 사실을 알아냈다.[25] 첫 키스, 실연, 대학 입학 시험, 출산, 장례 등 강렬한 감정과 함께 경험한 사건들은 자서전적 기억으로 남는다. 냄새는 우리를 과거로 데려가고 자서전적 기억을 떠올리게 만드는 크나큰 유발 인자이자 신호탄이다. 이처럼 어떤 사건을 아주 오랫동안 기억하려면 냄새와 연결되어야만 한다. 냄새는 사건을 찍어 내는 도장과도 사뭇 비슷하다. 그 도장은 감정으로 덧칠되어 있다. 냄새는 단기 기억으로 들어가는 비밀번호이자 장기 기억으로 가는 부가 조건이다. 이래야만 딱딱한 학교 수업 내용도 더 잘 기억할 수 있다. 풋풋한 젊은 커플이 함께 영어 단어를 암기한다면 혼자서 달달 외우는 사람보다 더 오랫동안 기억할 수 있는 것처럼. 아, 물론 풋풋한 중년 커플도!

∵ 인간은 왜 점점 우위를 잃어 가는가

뇌 구조와 기능들, 특히 정서를 담당하는 영역을 자세히 살펴보다가 놀라운 사실이 알려졌다. 다수의 척추동물, 무엇보다 인간을 포함한 포유동물에게서 정서를 지각하는 뇌 영역이 똑같이 발견된 것이다. 앞서 한번 언급했지만 인간은 동물을 자신보다 훨씬 뒤떨어진 존재로 생각하기에 이처럼 사람과 동물을 동일시하면 많이들 불편해한다. 데카르트는 동물을 영혼이 없고 생각하지 못하며 고통조차 느끼지 못하는 존재, 이른바 감정 없는 기계로까지 묘사하며 아주 끔찍할 정도로 괄시했다. 그는 많은 사람에게서 존경받는 사상가이기에 철학에서 인간과 동물 사이의 골이 더 깊어지는 데 섬뜩하리만큼 크게 일조했다. 이 깊은 골은 최근에서야 동정심과 함께 점차 메워졌다. 동물과 인간이 점점 더 가까워질수록 둘 사이의 간극이 점점 좁아진다. 그렇다고 이 변화를 모든 사람이 바라는 것은 아니다. 지금까지 동물에 취하던 행동 방식을 바꿔야 할 뿐만 아니라 수익이 줄어드는 사람들도 생긴다. 하지만 바로 그래서 더더욱 중요한 문제다. 이미 사회 곳곳에서 동물에 관한 생각이 점차 달라지고 있는 만큼 아주 중요한 문제다. 학술계도 마찬가지다. 동물 실험만 봐도 그렇다. 다들 개정된 동물 보호법에 동의하며 확실히 예전보다 더 주의 깊은 태도로 동물들에게 접근한다. 내가 대학생일 때만 해도 동물 복지는 실험실에서 전혀 언급되지 않았다. 요즘은 동물원에서도 예전과 달리 동물들이 활동하는 공간을 넓히고 한 공간에서 생활하는 개체 수를 줄이는 등 동물 친화적 환경을 조성하려 노력한다.

만물의 영장에게 주어졌던 우위는 이제 줄어들었다. 개, 고양이, 코끼리, 사자 같은 동물의 뇌는 미세한 차이만 있을 뿐 인간의 뇌와 거의 흡사하다. 가장 늦게 발달한 뇌 영역인 전두엽에서만 몇몇 특성이 다르게 나타난다. 전두엽은 정서적 행동을 상황에 따라 적절하고 유연하게 조절하는 일에 관여한다. 정서 및 감정과 관련된 뇌 구조가 똑같은데 서로 경험하는 바는 다르다? 솔직히 동의하기 어렵다. 그러나 학문적으로 쉽게 증명해 낼 수 있는 논제는 아니기에 지금은 포유동물이 다른 동물과는 차별화된 방식으로 정서를 지각한다는 정도만 이해하자. 새, 악어, 개구리 같은 단순 척추동물도 정서를 느끼는 데 필요한 조건을 인간 못지않게 갖추고 있다. 심지어 벌레도 고통 같은 기본 정서를 느낄 수 있다. 이러한 경험 때문에 위험 상황을 피하는 게 가능하다. 얼마 전에 세상을 떠난 신경학자이자 정서 연구자인 야크 팡크세프는 생존 필수 요인인 정서가 분명 동물에게도 있다고 보았다.[26] 세상을 탐색하려면 호기심이 필요하고 다른 동물들과 맞서려면 분노와 화가 필요하다. 두려움은 위험에 대한 경고로 기능한다. 쾌감 없이는 번식도 힘들다. 배려, 이별의 슬픔, 사회적으로 함께 어울리는 즐거움 등은 생존을 위한 보증 수표다. 사람과 동물은 이 주요 정서들을 나눌 줄 안다. 팡크세프는 바로 이러한 특성 때문에 사람과 동물이 때때로 정서적으로 공감할 수 있다고 말했다. 지난 몇 년간 팡크세프는 긍정적인 정서들을 연구해 왔는데 그 결과가 매우 흥미롭다. 그는 쥐, 특히 어린 쥐들이 다른 쥐와 싸우거나 사람들이 간지럽히는 걸 되레 즐긴다는 사실을 발견했다. 이때 쥐들은 우리 귀에는 거의 들리지 않는 소리를 냈는데 이는 인간이 내는 웃음소리와 매우 비슷했다.

1980년대까지 사람들은 집에서 키우는 반려동물 외에는 동물들의 삶에 거의 관심을 두지 않았다. 요즘에는 동물과 함께하는 삶, 동물 보호가 사회의 주요 이슈 중 하나가 되었다. 어떻게 하면 가축을 좀 더 나은 환경에서 사육할 수 있을까 고민하는 사람도 점점 더 늘고 있다. 우리는 고기와 달걀을 주는 소,

돼지, 닭 등이 끔찍한 대우를 받으며 죽어 가고 있다는 사실을 잘 안다. 그러나 팡크세프 같은 행동 생물학자들의 연구 덕분에 학계에서도 새로운 관점으로 동물을 대하게 되었는데, 그 사실은 그다지 많이 알려지지 않았다. 연구자들은 지적 및 정서적 능력 면에서 동물과 사람 사이에 엄청난 차이가 존재하기보다는 오히려 비슷한 연결 고리가 있다는 사실을 알게 됐다. 오늘날에는 동물과 인간 사이에 사고와 감정, 즉 경험하는 과정에 확연한 차이가 있다고 말하는 사람이 없다.

후각이 오랫동안 베일에 싸인 채 연구되지 못했던 세 가지 이유 가운데 두 가지는 이미 시대에 뒤떨어진 이야기가 되어 버렸다. 동물의 냄새를 오해하여 그저 코를 막게 하는 악취로만 생각한다면 자신의 냄새도 똑같이 생각할 수밖에 없다. 후각 연구가 불가능하다는 이야기는 후각 식별 테스트기 덕분에 이제 과거사가 되었다. 마지막 세 번째 이유는 바로 후각 신호가 무의식적으로 전달된다는 것이다. 하지만 내가 전 세계에 최초로 증명해 보인 방식으로 이 문제도 해결할 수 있다. 엄청나게 신비로운 후각의 세계로 향하는 문이 활짝 열렸다. 이제 들어갈 준비가 되었는가?

네덜란드의 프란스 드 발 같은 동물 행동 연구자들 덕분에 어떤 동물에게는 인간과 비슷하거나 때로는 인간을 넘어서는 능력이 있다는 사실이 밝혀졌다.[27] 단기 기억 테스트에서 침팬지가 인간보다 더 높은 점수를 받았고 보노보의 상징 언어를 통한 의사소통 능력은 상당수 인간보다 확실히 더 좋았다. 전前 사회적 능력과 공감 능력에서 많은 동물이 확실히 더 높은 수준을 보인다. 특히 자기 자신의 존재를 알고 있는 동물들, 다시 말해 자기 자신이 아닌 것들과 자기 자신을 구분할 줄 아는 동물들에게서는 타인을 돕는 능력이 발견되었다. 그러한 동물들은 동족의 입장에서 생각할 줄도 안다. 유인원과 코끼리가 대표적이다. 까마귀와 개도 그러리라 예상되지만 실험 설계에 따라 결과에 차이가 있었다. 보통 실험들은 흐릿한 색상들이 동물의 이마에 비치게끔 시각적으로 구조화한 환경에서 진행된다. 거울을 보고 불빛을 인지한 원숭이나 돌고래들은 이를 없애려고 노력했지만 개들은 그러지 않았다. 사실 개는 시각적으로 그다지 특출난 동물이 아니다.

문제는 우리가 인간의 특성을 기준으로 동물에 관해 추측하고 판단하려 할 때 발생한다. 불과 얼마 전까지만 해도 사람들은 동물이 말을 할 줄 모르기에 멍청하다고 생각했다. 하지만 동물도 소리를 내면서 아주 잘 소통한다. 우리가 그들의 언어를 모르니 무슨 뜻인지 이해하지 못할 뿐이다. 모든 게 견해 차이에 불과하다. 동물 사육자 중 다수가 자신이 키우는 동물들이 인간의 언어를 아주 잘 이해한다고 생각한다. 앞서 언급한 실험을 시각적 자극 대신 냄새를 활용하여 개들에게 실행하면 돌고래나 코끼리, 유인원 못지않은 결과가 나온다. 이는 우리가 동물들을 대상으로 하면서도 여전히 인간 중심적으로 연구하고 있음을 보여 준다. 진작에 인지하고 주의했어야 하는 부분이다. 우리는 인간에게 적용할 수 있으면 다른 모든 대상에도 적용할 수 있을 거라고 쉽사리 생각해 왔다. 그러고는 나중에야 인간이 아닌 동물에게 맞는 실험을 설계한 다음 이들에게서 완전히 새로운 능력을 찾았다며 아주 놀라워한다. 동물들도 그들의 능력을 활용해 우리를 실험해 보고 싶을 듯하다. 동물들에게 우리는 삶을 극복하려는 능력조차 없는 어리석은 존재로 보이지 않을까. 저 깊은 곳에서 들려오는 목소리…… '쯧쯧, 보고 듣는 것에 관해 아는 게 하나도 없는 가엾은 인간들.'

반려동물을 키우는 사람들은 집에서 키우는 동물에게 공감 능력이 있다고 이야기한다. 그간 발표된 많은 연구에 따르면 개는 사람에게 공감할 줄 안다. 또 말은 사람의 얼굴에서 감정을 읽을 줄 안다. 다른 존재의 관점을 받아들일 수 있는 능력, 즉 공감 능력이 동물에게도 있다는 사실이 수많은 연구에서 발표되었다. 코끼리, 돌고래, 유인원은 동족이 배가 고프거나 도움이 필요할 때 혹은 우리에 갇혀 있을 때 반응을 보이는데, 위기 상황을 인지하고 음식을 가져다주는 등 적극적으로 돕는다.

처한 상황이나 상태에 따라 냄새가 달라졌을 것이고 이때 동물들은 서로 냄새로 소통했을 것으로 보인다.

동물학자이자 행동 연구자인 드 발은 공감을 세 단계로 구분했다. 첫 번째는 오로지 감정만 전달되는 단계로 모든 동물에게서 십중팔구 찾아볼 수 있다. 이때 한 개체의 감정은 대부분 냄새로 다른 개체에 전달되지만 시각이나 청각으로도 가능하다. 파리도 마찬가지다. 파리 여러 마리가 들어 있는 병을 꽉 닫고 흔들면 이들은 스트레스를 받는다. 이렇게 파리들에게 스트레스를 준 다음 무슨 일이 벌어지는지 살펴보자. 보통 병뚜껑을 열면 파리들은 넓은 공간을 찾아 날아간다. 그런데 스트레스를 받은 파리들이 들어 있던 유리병 위로 다른 파리들을 보내면 이들은 순식간에 그곳에서 달아나 버린다. 흔들렸던 병 안에서 파리들이 받았던 스트레스가 그들이 내보내는 분자들을 통해 화학적으로 전달된 것이다. 이와 유사한 실험을 쥐를 가지고 해 보았다. 결과는 마찬가지였으나 쥐에게서는 특이점이 하나 발견되었다. 쥐들은 서로 몰랐던 사이일 때보다 예전부터 알던 쥐가 스트레스 받는 모습을 지켜볼 때 확실히 스트레스를 더 많이 받았다.

하품도 다른 사람에게 자동으로 옮는다. 다른 사람이 하품을 하면 원하지 않는데도 같이 하품하는 경우가 번번이 일어난다. 포르투갈 연구팀은 개들이 사람이 하품하는 모습을 보고 자동으로 같이 하품을 한다는 사실을 발견했다. 개들은 잘 모르는 사람보다 제 주인이 하품할 때 더 자주 같이 하품을 했다. 사람도 마찬가지다. 낯선 사람보다 잘 알거나 가까운 사람의 하품 전염력이 더 강하다. 또한 지인이나 친구가 보내는 경고 신호에 우리는 더 강한 반응을 보인다.

드 발이 말한 두 번째 공감 단계는 타인에 대한 걱정과 우려다. 이 단계에서는 자신과 타인을 구분하지 못한다. 하지만 다른 사람(동물)이 고통받는 걸 알면 그를 거둬들이거나 안아 주거나 핥아 준다. 이런 모습은 개나 개코원숭이 등에서도 찾아볼 수 있다. 동족이 직면한 곤란한 상황을 변화시키지는 못하지만 가까이 다가가 핥아 주거나 털을 골라 주며 위로해 줄 수는 있다. 그러한 행동으로 "내가 너를 돌봐 줄게"라는 메시지를 보여 준다. 이 단계에서의 도움은 위로를 건네는 이가 자신의 스트레스를 줄이는 데 근본적인 목적이 있는 것으로 보인다. 동족이 겪는 스트레스, 특히 가까운 지인이 경험하는 스트레스는 이를 지켜보는 사람에게도 스트레스다. 추측건대 도움이 필요한 이는 그에 맞는 화학 신호를 내보내고 있다. 어느 날 한 학생이 이렇게 말한 적이 있다. "사람인 나도 주변에 슬퍼하는 사람이 있으면 설령 잘 모르는 사이더라도 그 감정을 느낄 수 있어." 이를 듣던 다른 학생이 "표정 때문이지"라고 대답하자 "아니야, 어두울 때도 마찬가지였어"라고 반박했다. 다른 학생이 다시금 "그렇다면 목소리 때문일 거야"라고 말하자 이렇게 반박했다. "아니, 아무 말하지 않아도 마찬가지야."

나도 아무런 말을 하지 않았다.

드 발이 정의한 공감의 세 번째이자 마지막 단계는 주변 환경을 능동적으로 바꾸는 행위다. 이때는 타인의 관점을 제 것처럼 받아들일 수 있는 능력이 필요하다. 그러기 위해서는 자신과 타인이 서로 다른 존재임을 알아야 할 뿐만 아니라 욕구와 목표가 각자 다를 수도 있음을 이해해야 한다. 정서적 근심 정도만 표현할 줄 알던 아기들도 약 두 살 때부터 세 번째 공감 능력을 갖추기 시작한다. 자기 자신을 인지하는 순간부터 다른 사람을 적극적으로 돕기 시작한다. 동물의 세계에서도 찾아볼 수 있는 현상인데, 일례로 코끼리는 동족에게 길을 터 주고자 강물을 막고 있는 나무 뭉치를 옆으로 치워 준다.

가끔 학생들이 각 단계에서 "냄새가 나나요?"라고 질문한다. 그러면 나는 그런 정보들이 첫 번째 단계에서 화학적으로 전달되었을 거라 확신한다고 대답한다. 첫 번째 단계가 없다면 두 번째, 세 번째 단계도 없다.

동물에서는 찾아볼 수 없었지만 유인원에게만 예외적으로 나타나는 현상이 있다. 바로 무감각한 인지적 감정 이입이다. 이는 정신 질환자나 반사회적 인격 장애를 앓는 사람들에게서 나타나는 특성으로 흔히 알려져 있다. 이런 특성을 보이는 사람들은 지도자 같은 권위적인 위치에서 일하는 경우가 매우 많다. 정치권에 뛰어들거나 대학교수로 재직 중인 경우도 꽤 된다. 영상술을 활용한 뇌 연구 결과, 이들에게는 타인을 배려하거나 걱정하는 정서적 공감 능력이 결여되어 있었다. 그런데 이들은 **인지적**으로 다른 사람의 입장에서 생각을 아주 잘할뿐더러 이런 능력을 능수능란하게 발휘해 끝내 자신의 목표를 이뤄 낸다. 상대방이 무엇을 생각하고 어떻게 느끼는지 사회적으로 아주 영리하게 이해하지만 어떤 감정도 수반되지 않는다. 상대방의 감정을 잘 이해하기에 오히려 그의 약점을 본인에게 최대한 유리하도록 전략적으로 이용한다.

물론 완전히 다르게 생각하는 사람들도 많다. 그 가운데에는 인간과 동물 사이의 경계 영역을 연구하는 이들도 있다. 이들은 유인원에게도 인권이 적용되어야 한다고 강력하게 주장한다. 진화 생물학적으로 봤을 때, 우리는 인간과 동물을 명확하게 구분할 수 없다. 기껏해야 인간과 그 외의 동물들로 구분할 따름이다. 동물학적으로 보면 인간은 우리와 가장 많이 닮은 이들, 즉 유인원과 같은 부류에 속한다. 하지만 털이 없는 유인원은 대부분 이 사실을 쉽게 받아들이지 못한다.

미국에서는 현재 유인원의 인권이 활발히 논의되고 있다.

물론 원숭이가 자동차를 운전한다거나 식당에서 밥을 먹는다거나 여권을 들고 휴가를 떠날 수 있다고 이야기하는 건 아니다. 그렇지만 유인원들에게도 본성에 맞게 살아갈 권리는 있다는 것이다. 다시 말해 그들의 자유를 함부로 앗아 갈 권리가 인간에게 없다는 의미다. 유인원에게 인권을 적용한다면 이들에 대한 비존엄적 행위, 사냥, 생활 공간 침해, 유해 가능성이 있는 실험에 강제로 참여시키는 행위 등은 모두 처벌 대상이다. 게다가 권리를 침해당할 경우 변호사를 통해 고소할 수도 있다. 사람들이 때로 자기 자신을 직접 대변하지 않는 것과 마찬가지로 말이다. 개인적으로는 이러한 엄청난 변화들을 경험할 날이 그리 멀지 않았다고 본다. 길어 봐야 100년 이내다. 반세기 안에 얼마나 많은 변화가 일어날지 흥미롭지 않은가. 반세기라 해 봤자 금방이다. 학창 시절만 돌이켜 봐도 어떤 연구 분야들은 완전히 다른 세상 이야기가 된 것 같다. 이처럼 우리는 지금까지 대단히 많은 것을 이뤄 냈다. 하지만 아직 멀었다. 후각 연구가 지금과는 완전히 다른 새로운 세상을 열어 줄지 아닐지는 누구도 확신할 수 없다.

ALLES
GERUCHSSACHE

제5장

늘 간발의 차로
앞서 나가는 후각

○   다른 감각에 비해 후각에만 있는 특별한 특성은 적
지 않다. 흥미로운 후각 세계로의 여행은 이제 막 발을 뗐을 뿐
이다. 얼마나 놀라운 사실들이 기다리고 있을지 이미 충분히
짐작하고 있으리라. 이 역시 후각 때문이다. 후각뇌에서 정서
적 뇌가 발달했다는 사실을 떠올려 보면 알 것이다. 후각과 정
서는 한 명이 없으면 나머지도 살아남지 못하는 샴쌍둥이 같
다. 냄새는 항상 존재하며 늘 정서와 연결된다. 냄새가 거의 나
지 않을 때 말고는 중립적인 냄새란 없다. 그런데 냄새가 없다면
정서도 생겨나지 않는다. 냄새와 감정은 둘 다 매우 예민하다.

수정으로 만든 궁전에서 자랐다면 아무런 냄새도 맡지 못할
것이다. 유리, 다이아몬드, 수정은 휘발성 분자를 만들어 내지
못한다. 냄새, 이 녀석은 휘발성이다. 기체 형태로 바뀌면서 공

기 중으로 사라진다. 그렇지 않고서야 어떻게 냄새가 나겠는가. 거의 모든 물질은 기체, 액체 혹은 고체 형태를 띤다. 물리적 응집 형태는 온도와 압력에 따라 달라진다. 열을 가감하는 정도에 따라, 누르는 힘을 달리하는 정도에 따라 응집 상태가 변한다. 커피 한 잔을 마신다고 가정해 보자. 이때 우리 손에는 세 가지 응집 형태가 모두 모여 있다. 컵은 고체이고 물이나 커피는 액체에서 기체로 바뀌면서 후각 세포를 자극한다. 그러면 우리는 무언가를 느끼게 된다. 그러나 우리 모두 수용체가 다르기에 느끼는 바도 다르다. 더군다나 커피에 대한 기억도 성격도 저마다 다르니 커피에 대한 평가도 다를 수밖에 없다.

∴ 냄새는 정서를 유발한다

그런데 다른 감각도 정서를 유발하지 않나? 음악을 들으면 기분이 고조된다. 누군가 고함을 지르면 우리도 화가 나서 덩달아 소리친다. 우는 아이를 보면 슬퍼진다. 영화를 보며 웃는다. 가열된 가스레인지를 만지면 아프다. 고양이를 쓰다듬으면 목을 그르렁거린다……. 맞다. 감각은 정서를 일깨우고 이는 행동으로 이어진다. 그런데 보고 듣고 만지는 행위는 우리가 통제할 수 있다. 안 쳐다보면 된다. 무언가를 더는 보기 싫을 때 아이들은 눈을 꼭 감지 않던가. 음악은 끄면 된다. 다시 말해 소리의 원천을 차단하면 된다. 접촉도 피하면 된다. 그런데 냄새에서는 벗어날 수 없다. 냄새를 더 맡지 않으려면 숨을 쉬지 말아야 한다. 감각 중에서 유일하게 통제하지 못하는 게 후각이다. 난민이 가득 탄 배의 사진을 더는 보고 싶지 않다고 결정하면 사진을 덮거나 책장을 넘기면 그만이다. 특정 이야기를 "관심 없어"라며 인지적으로 배제해도 된다. 통제의 한 형태로 "모두 가짜 뉴스야. 사진도 조작됐어"라고 자체적으로 검열할 수도 있다. 그러나 냄새는 속일 수 없다. 여기에 냄새의 놀라운 힘이 있다. 냄새는 끊임없이 우리에게 감정을 유발한다. 우리는 코에 조작당하고 있는 셈이다. 물론 여기에는 깊은 뜻이 담겨 있다. 어떤 냄새는 맡자마자 곧장 주의를 기울이게 한다. 그 예로 위험을 알려 주는 화재나 부패 냄새 혹은 상한 식자재에서 나는 역겨운 냄새 등이 있는데, 이러한 경고들은 차단할 수 없다. 냄새는 호흡할 때마다 공기와 함께 코로 들어온다. 코를 막는다 한들 소용없다. 냄새는 입으로도 맡을 수 있기 때문이다. 후각은 코를 통한 전비강성orthonasal과 입을 통한 후비강성retronasal으로 구분되며 후각 수용체는 코안의 상단에 있다. 따라서 공기는 코를 통해 앞쪽에서 들어와 수용체를 자극할 수도 있고 입으로 호흡할 경우 뒤쪽에서 들어와 수용체를 자극할 수도 있다. 구강과 부비강은 서로 연결되어 있다. 이 통로는 구개

범palatine velum이 올라가면서 잠깐 차단될 수 있지만 보통 냄새는 막히지 않는다. 앞 사례에 적용해 보면, 잔은 커피로 가득 차 있고 여전히 뜨겁다. 전비강성으로 커피 향을 맡는다. 휘발성 분자들이 후각 세포에 다다른다. 이제 커피를 한 모금 마시며 후비강성으로 향을 맡는다. 목구멍의 액체 분자들이 기류에 의해 뒤에서부터 후각 수용체에 다다른다. 상이한 기류와 격동에 의거해 똑같은 냄새 분자도 앞에서 들어오는가 혹은 뒤에서 들어오는가에 따라 전체적으로 느껴지는 바는 완전히 달라진다. 하르츠(독일 전통 흰 곰팡이 치즈―옮긴이)처럼 말이다. 하르츠 냄새는 좋아하지 않으면서 맛은 좋다고 평하는 사람이 많은 것을 떠올려 보자.

후각은 중요한 감각 정보를 다루는 데 핵심 역할을 한다. 이때 주로 시상thalamus이 관여한다. 시상은 간뇌(대뇌 반구와 중간뇌 사이에 있는 부분―편집자)에서 오래전부터 존재한 조직체로, 전두엽frontal lobe과 긴밀한 연결망을 형성하고 있다. 시상과 전두엽, 이 두 조직이 우리 지각을 함께 조절한다. 중요한 정보는 골라내고 중요하지 않은 정보는 모두 감각 기억으로 들여보낸다. 감각 기억으로 들어온 정보는 몇 초 내로 완전히 사라져 버린다.
간단한 실험을 해 보자. 눈을 잠시 감고 주변에서 뭘 보았는지 떠올려 보자. 이제 다시 눈을 뜨고 진짜로 주변에서 뭐가 보이는지 확인해 보자. 그런 다음, 조금 전에 의식적으로 기억하려 애쓴 정보와 비교해 보자. 우리 세상은 수십억 개의 감각 정보로 이루어져 있다. 주변 모든 것을 중요하게 여겨 모두 의미를 부여하고 모두 기억한다면 10분의 1초도 채 지나지 않아 과잉 자극에 미쳐 버릴지도 모른다. 우리가 감당할 수 있는 범위를 벗어나므로 말로든 느낌으로든 그게 뭔지 더는 그려 내지 못한다. 심리학자들의 추측에 따르면 우리는 시간 단위별로 딱 한 가지 정보에만 집중할 수 있다. 음악가는 악보를 보며 동시에 손과 발로 곡을 연주하는 것처럼 보인다. 하지만 실제로는 극히 짧은 순간에 악보를 보는 행위와 손과 발을 움직이는 행위를 순서에 따라 각각 하나씩 집중하는 것이다.

시상은 과잉 자극으로부터 우리를 보호한다. 건강 파수꾼이나 다름없다. 모든 감각 자극은 이 파수꾼을 지나 편도체라는 문을 통과해야만 의식에 도달할 수 있다. 보통 경험에 근거하여 우리에게 꽤 중요한 것이 자극으로 남는다. 오랫동안 우리를 지켜봐 온 시상은 우리가 특히 무엇을 좋아하는지 안다. 따라서 정보를 미리 선별해 놓는다. 파티에 참석했다고 가정해 보자. 많은 사람이 서로서로 다양한 이야기를 나누고 있다. 점차 주변의 잡다한 소리는 희미해지고 함께 이야기하는 상대에게만 집중하게 된다. 그런데 어디선가 제 이름을 부르는 소리가 들리면 우리는 금세 귀를 기울인다. 친절한 파수꾼 시상은 우리가 무엇에 주의를 기울여야 할지를 전두엽과 함께 결정한다. 나에 대해 좋게 말하나 나쁘게 말하나? 반응이 필요한가? 등을 말이다.

앞서 인간의 모든 감각을 편도체가 통제한다고 이야기했는데 한 가지 예외 사항을 깜빡했다. 놀랍지도 않겠지만 바로 후각이다. 후각은 편도체라는 문을 지날 필요가 없다. 후각은 정서적 뇌로 직접 전달되어 우리가 느끼는 바를 순식간에 변화시킨다.

과잉 감각 자극 때문에 미치지 않도록 스스로를 보호하는 기능 말고도 우리에게는 의식적으로 받아들인 다양한 자극을 중요성에 따라 통제하는 능력이 있다. 너무 슬프거나 너무 무서워하지 않는, 이른바 건강한 사람들은 자신의 감정을 어느 정도는 알아서 다스릴 수 있다. 예를 들어 영화를 거의 보지 않던 사람이 텔레비전에서 살인 장면을 보게 되면 큰 충격을 받는다. 주인공의 상황이 나빠지면 함께 괴로워한다. 반면 인터넷이나 텔레비전에서 폭력적인 영화를 자주 접한 이들은 본인의 감정을 아주 잘 통제한다. 그동안 영화 내용이 허구라는 사실을 학습했기 때문에 오싹한 장면에서도 감정을 억누를 수 있다. 확실히 이들은 폭력에 둔감해졌다. 이처럼 폭력에 둔감해진 이들은 폭력적인 장면에 예민하게 반응하는 이보다 더 공격적인 성향을 보인다.

감정 조절 능력은 아주 중요하다. 우유가 끓어 넘치지 않게 하거나 교육 과정을 이수하기 위해 꾸준히 공부하는 등 장·단기 목표를 달성하려면 집중이 필요하다. 슬픈 노래를 들을 때마다, 주변 환경이 파괴됐다는 안타까운 소식을 접할 때마다 마음이 크게 동요하면 지금 당장 중요한 사안에 집중하지 못한다. 우유는 넘쳐흐르고 우리는 공부에 집중하지 못한다. 즉 우선은 우유가 끓어 넘치지 않게 조치한 다음에 다른 것에 관심을 둬야 한다. 목요일에는 목표한 단원을 끝까지 공부하고 금요일에는 학교 친구들과 환경 보호 운동을 벌이면 된다. 이 모든 일은 정서 상태를 잘 통제할 때 가능하다.

하지만 여기에도 예외는 있다. 이미 예상했겠지만 바로 냄새다! 뒤셀도르프에서 나와 함께 박사 과정에 있었던 디르크 아돌프와 실험한 결과, 우리는 사진으로 유발된 감정이 의식적으로 아주 잘 통제될 수 있음을 증명해 냈다. 이때 사용한 사진에는 바퀴벌레, 거미, 쓰레기 등 역겨운 장면이 담겨 있었다. 간단한 훈련을 마친 참가자들은 그런 사진을 보더라도 주의를 분산시키며 흥분을 가라앉혔다. 그러나 상한 버터 냄새나 꿉꿉한 땀 냄새 같은 역겨운 냄새가 코를 찔렀을 때는 달랐다. 그들은 흔한 말로 감정이 이끄는 대로 행동했다. 역겨운 냄새는 역겨운 채로 남고 감정은 의식적으로 억제되지 못했다. 냄새는 감정을 곧바로 일으킨다.[28] 통제할 방법이 없다! 후각뇌와 정서적 뇌가 서로 얼마나 얽히고설켜 있는지를 다시 한번 확인한 셈이다. 냄새는 정서의 어머니요 아버지다.

∴ 냄새를 많이 맡을수록 더 강하게 기억한다

지금까지 읽은 내용 중에서 얼마나 기억하고 있는가? 어떤 것은 기억하고 어떤 것은 잊어버리는 이유는 무엇일까? 이는 99퍼센트 사회적 상호 작용과 관련되며 뇌가 기능하는 방식에 따라서도 영향을 받는다. 앞에서 우리가 인지하는 대부분이 일차로 단기 감각 기억 속에 저장된다고 설명했다. 별로 중요하지 않은 정보라면 이와 관련된 기억은 바로 지워진다. 아침에 먹은 달걀을 기억할 수도 있지만 생전 본 적도 들어 본 적도 경험해 본 적도 없는 것처럼 잊어버릴 수도 있다. 어느 정도는 중요한 정보여야만 의식적으로 인지하여 단기 기억 속에 저장된다. 생각지도 못했는데 딸깍 소리가 들리면 순간적으로 주의를 기울인다. 그 소리가 공을 갖고 놀던 고양이 때문임을 알고 나면 언제 신경을 썼나 싶게 주의가 흐트러진다. 어디에서 딸깍 소리가 났는지 확인해야 하기에 공은 우선 단기 기억에 머무른다. 중요한 경고일 수도 있어서다. 그렇지만 잘못 울린 경보음으로 판단되면 더는 장기 기억으로 들어가지 않는다. 고양이가 놀고 있는 아주 평화로운 상황이며 이제 신경 쓸 필요가 없다고 방금 결정했기 때문이다.

간략하게 다시 한번 정리해 보자. 감각 기관으로 받아들인 정보는 중앙 정보실로 보내진 다음 우선은 모두 단기 기억에 저장된다. 이름에서 이미 알 수 있듯이 이곳에 머무르는 시간은 짧다. 이른바 직인이 찍혀야만 문서 저장실인 장기 기억으로 들어갈 수 있다. 그렇지 않으면 휴지통으로 던져져 바로 지워진다. 복원 불가다. 영원히 안녕.

정보를 골라내는 과정에서 청각과 시각은 단 6초밖에 머무르지 않는다. 그런데 뇌파 유도 장치를 활용해 실험한 결과 후각은 최소 다섯 배가 넘는 시간 동안 단기 기억에 남아 있었다.[29] 왜 그럴까? 이유는 아주 간단하다. 냄새에 관한 단기 기억 자체가 없기 때문이다. 의식 속으로 파고들 만큼 중요한 냄새라면 잊어버릴 확률은 현저히 낮아진다. 이는 노르웨이의 후각 연구자 트뤼그 엔옌이 1980년대에 이미 증명했다. 냄새를 다시 알아차릴 확률은 3초 뒤나 30초 뒤나 1년 뒤나 모두 같다. 스웨덴의 마리아 라르손은 최근에 냄새에 관한 기억력과 얼굴에 관한 기억력이 얼마나 비슷한지 연구했다. 그 결과 어떤 사람의 얼굴은 한 번밖에 보지 못했지만 오랜 시간이 지난 뒤에도 곧장 기억해 냈다. 냄새 역시 그런 몇몇 사람과 비슷하다. 어떤 냄새는 한번 겪으면 영원히 기억된다.

∴ 후각은 학습 가능하다

얼마 전까지만 해도 뇌세포가 새롭게 생겨나지 않는다고 생각했다. 다른 모든 신경 세포처럼 점점 없어지기만 한다고 여겼다. 그런데 예외가 있었다. 이젠 놀랍지도 않겠지만 바로 후각에 관여하는 신경 세포들이다. 후각 세포 재생이 제일 유명한데, 이 후각 세포도 신경 세포 중 하나로 30~60일마다 완전히 새롭게 만들어진다.

앞에서 살펴봤듯이 후각 세계는 항상 똑같은 형태로 존재하지 않는다. 어디에 있는가에 따라 느껴지는 냄새가 모두 다르다. 독일 북부와 남부 지방의 냄새가 다르고 스웨덴과 스페인의 냄새가 다르다. 세계 곳곳마다 그 지방 특유의 분자들이 공기 중에 떠다닌다. 각 환경에 잘 적응하려면 후각 세포는 매번 달라지는 환경 변화에 세심하고 유연하게 대응할 필요가 있다. 실제로도 그들은 그렇게 하고 있다. 그것도 대가의 실력을 발휘하면서 말이다. 만약 시각이라면 계속해서 매번 다른 눈을 만들어 내야 할 것이다. 사막 한가운데에 있느냐 알프스산맥 위에 있느냐에 따라 다르다. 눈 몇 개는 하얀 눈으로 뒤덮인 산에 두고 다음 주에는 모래사막에 눈 하나를 그리고……. 후각 세포는 이보다 훨씬 더 유연하다. 환경에 맞춰 필요한 만큼 당장 몇 개씩이고 새로운 세포를 만들어 낸다. 우리가 알프스에 있다면 그곳 공기에 맞는 수용체를 만들고 인도양에 있다면 또 그곳에 맞는 수용체를 준비해 낸다. 이때 다른 수용체의 생성 활동은 저하되거나 잠시 멈춘다. 이 엄청난 유연성 덕분에 후각은 훈련이 가능하다.

∴ 코의 재생 능력

시시각각 바뀌는 환경에 적응하려는 목적 말고도 코에서 후각 세포가 계속 새롭게 생겨나는 또 다른 이유가 있다. 냄새 분자는 공기를 통해 몸속에 들어오므로 후각 세포는 주변 환경과 직접 맞닥뜨린다. 즉 후각 세포는 어떠한 방어막도 없이 주변 환경의 영향을 바로 받는다. 후각 세포를 파괴하는 해로운 물질이 흡입될 수도 있다. 그럴 경우 신경 세포가 새롭게 형성된다. 다른 신체 부위에서는 불가능한 일이라 아쉽지만 코에만 특허권이 있다. 우리가 오랫동안 이해하지 못했던 이 엄청난 계획과 서서히 드러나는 섬세한 면모에 나는 학자로서 매번 매료당한다. 아직 그 계획을 완전히 파헤치지는 못했지만 그래도 제대로 쫓아가고 있다는 건 안다. 화학적 의사소통에 관해서도 분명 서서히 가까워지고 있다. 이에 대해서는 한 치의 의심도 없다. 흥미롭기도 하지만 위험하기도 하기에 우리가 잘못된 방향으로 가고 있다면 코가 진작 알려 주지 않았을까.

∴ 뇌를 변화시키는 정서들

후각에는 학습 능력이 있다. 뇌의 학습 능력은 익히 알려져 있다. 자전거 타기, 영어 단어 외우기, 바흐의 푸가 악보 보기 등 이 세상에 우리가 못 배울 건 없다. 이를 비정서적인 인지 학습이라 부른다. 그런데 우리는 여기서 더 나아가 정서적으로도 학습한다. 정서적으로 학습한 경험은 영원히 기억에 남는다. 만약 내가 인간의 기억력이 얼마나 다양한지 나열한다면, 그리고 이들을 당신이 모두 기억하려고 한다면 이건 인지 학습이다. 여기에는 개인적 의미가 전혀 없다. 이처럼 학습은 인지적 학습과 정서적 학습 두 가지로 크게 구분된다. 정서적 학습은 고전적 조건 반사와 조작적 조건 반사 과정에 기반하며 일화 기억 속에 저장된다. 전반적으로 뇌, 즉 신경 세포의 주된 특성은 학습이다. 학습이야말로 우리에게 뇌가 필요한 이유가 아닐까 싶다. 물론 더 깊은 의미가 있을 수도 있겠지만 말이다.

정서적 학습은 신경 세포가 새롭게 형성된다는 특성에 근거하지 않는다. 이 특성은 냄새를 맡을 때만 발생한다. 정서적 학습에서는 더 많은 전달 물질이 세포 사이를 오간다. 이때 그전부터 있었던 신경 세포 간의 연결이 더 강해지거나 약해지거나 새롭게 만들어지기도 하지만 신경 세포가 새로 생겨나지는 않는다. 정서적 학습은 정서적 뇌의 중심부인 편도체와 기억 장치라 할 수 있는 해마에서 주로 일어난다.

정서적 학습이 도대체 무엇인지 구체적으로 생각해 보자. 살면서 특히 중요했던 경험들, 두려움이나 슬픔을 안겨 주었던 상황들, 여느 때보다 용감했고 그래서 스스로에게 자랑스러웠던 순간들. 그러한 사건은 모두 일화 기억 속에 저장되어 우리를 한 명의 사람으로 존재케 한다.[30] 정서적 학습은 늘 조건 반사 과정을 거친다. 즉 주요 환경 요건과 관련되어 일어난다. 이 과정에는 주로 우리가 겪은 경험을 선사한 인물들이 관련되지만 스스로 떠올린 본연의 생각이 조건이 될 수도 있다. 그 사람 혹은 그 생각을 굉장히 정서적으로 겪고 나면 이에 따라 행동도 달라질 수 있다.

우리가 정서적으로 달라질 수 있는 데는 기본적으로 두 가지 반응 방식이 관여하는데 바로 고전적 조건 반사와 조작적 조건 반사다. 고전적 조건 반사는 친한 친구의 애정 어린 포옹이나 술 취해 집에 돌아온 아버지의 성난 표정과 같은 무조건 자극을 경험하면서 처음으로 시작된다. 이러한 자극은 행복하거나 두려운 감정을 **무조건** 일으킨다. 학습을 하는 동안 친구와 결부됐던 자극이 지각되면서 이후 그 자극만 주어져도 친구에게서 얻은 평온함을 느낄 수 있다. 친구가 좋아하던 음악을 우연히 들으면 얼굴에 미소가 떠오른다. 이때 그 음악은 조건 자극이 된다. 술 취한 아버지가 집에 돌아왔을 때 풍기던 특유의 맥주 냄새도 마찬가지다. 이때는 미소가 아닌 두려움이 생긴다. 맥주 냄새는 늘 폭력과 결부되었기에 이제는 냄새만으로도 충분히 두려움이 생긴다. 두려움은 충분히 유발 가능하다. 자, 여기서 냄새의 또 다른 특성을 만났다. 일반적으로 무조건 자극(폭력적인 아버지)은 조건 자극(맥주 냄새)과 쌍을 이룬다. 그래서 조건 자극만 주어져도 두려움이 일어나는 것이다. 파블로프의 실험에서는 개가 종소리만 들어도 침을 흘리도록 음식과 쌍을 이뤄 종소리를 계속 들려줘야 했다. 그런데 후비강성인 냄새와 맛은 다르다. 한 번으로 족하다. 한 번만 쌍을 이뤄도 중립적 자극(맥주 냄새)은 충분히 부정적 감정을 불러일으킬 수 있다. 유일무이하다! 우리가 학습하는 다른 모든 감각은 서로 연관될 때에만 이러한 반응들을 일으키기에 이는 후각만의 고유한 특성이라 할 수 있다. 이완 훈련을 해 본 사람은 특정 음악이나 생각, 신호음만으로 몸이 효과적으로 이완되려면 오랫동안 꾸준히 연습해야 한다는 사실을 잘 알 것이다. 그런데 모든 게 아주 긍정적이었던 상황에서 어쩌다 딱 한 번 맡은 어떤 냄새는 나중에도 그때의 좋았던 기분을 재차 느끼게 해 준다. 봄의 기운을 아주 행복하게 만끽했던 그날, 딱 한 번 맡았던 은방울꽃 냄새가 그 후에도 그 봄날의 기분을 즉각 다시 느끼게 해 준다. 아주 잠깐 맡은 냄새도 괜찮다. 굳이 그날의 모습을 떠올리려고 거듭 애쓰지 않아도 된다. 음악처럼 온통 주의를 기울이지 않아도 된다. 그저 냄새에 우리를 맡기면 된다. 냄새는 우리 안으로 흘러 들어와 깊고 편안한, 때로는 행복한 기분을 선물해 준다. 물론 불편한 기분을 유발하는 냄새도 있다. 생선 비린내는 처음 그 냄새를 맡았을 때의 역겨웠던 기분을 금세 불러일으키지 않던가.

이런 현상을 발견한 사람은 1950년대 미국 심리학자 존 가르시아다. 그는 맛과 향이 역겨움을 유발하는 물질과 한 번만 섞여도, 설령 그 물질이 나중에 없어져도 계속 역겨움을 유발한다는 사실을 밝혀냈다. 그는 단 한 번의 경험에 의한 학습이라는 엄청나고도 새로운 현상을 발견했지만 안타까운 실수를 했다. 냄새와 맛으로 실험했다는 이유로 어디서도 이 연구 결과를 출간하려 하지 않았다. 가르시아는 수년간 계속 실험을 반복했고 똑같은 연구 결과를 얻어 냈다. 그리고 마침내 한 학술지에 그의 연구가 발표되었다.

유감스럽게도 오늘날까지 여전히 학술계에서 있어서는 안될 일들이 번번이 일어나고 있다. 지구가 평평해야만 한다면 반대 결과를 보여 주는 연구 결과가 아무리 많아도 지구는 그저 평평한 것이다. 요즘 우리는 가르시아가 발견한 사실이 얼마나 중요한지 잘 알고 있다. 또한 모두 잘 알고 있지 않은가. 꼭 생선이 아니더라도 잘못된 음식을 먹고 한 번 탈이 나면 이후에는 그 냄새만 맡아도 속이 울렁거린다. 몇 년이 지나도록 계속될 때도 있다. 항암 화학 요법을 시도했던 환자 중에는 건강해진 다음에도 병원 냄새만 맡으면 토할 것 같다고 말하는 이들이 있다.

정서적 학습의 또 다른 유형은 평가, 즉 행동에 따른 결과와 관계된다. 어떤 일을 특히 더 잘 해내 부모님이나 친구들이 자랑스러워할 때 혹은 스스로 뿌듯해할 때 그 일을 즐길뿐더러 더 자주 하게 된다. 게다가 시간이 지날수록 더 잘 해낸다. 반면 사제가 되려 한다거나 동성에 관심을 가지는 등 다수의 기대에 어긋난 행동으로 친구들과 부모님으로부터 부정적인 평가를 받거나 스스로가 자신의 가치를 깎아내리면 두렵고 불행한 상태로 성당에 가지 않거나 동성애 관계를 거부하게 된다. 이러한 정서적 학습의 두 번째 유형을 조작적 조건 형성이라고도 부른다. 비둘기 실험을 통해 이 현상을 발견한 심리학자 스키너는 세계적으로 유명해졌다. 스키너의 이론은 인간의 행동이 이성에 좌우되지 않으며 행동에 따른 결과가 즐거움이냐 고통이냐에 따라 달라진다고 본다. 사실 이런 생각은 훨씬 더 이전인 로크 시절부터 거론되어 왔다. 그런데 여기서 중요한 점은 정서적 학습 과정에서 인간의 뇌가 끊임없이 변화한다는 사실이다. 행복한 상황을 재차 반복해서 경험하면 그러한 긍정적 경험으로 형성된 신경 세포 연결이 점점 더 강해진다. 즉 행복함을 느끼고 의기양양한 태도를 보이는 게 시간이 지날수록 훨씬 더 쉬워진다는 뜻이다. 부정적 경험도 마찬가지다. 두려운 상황에 계속해서 봉착하면 두려움을 유발하는 신경 세포가 더 강하게 연결되고 그 감정이 더욱 빠르게 우리를 장악해 버린다.

비非후각적 학습에는 인지적 학습, 즉 비정서적 학습이 포함된다. 예를 들어 단어나 전문 지식 학습, 가로세로 낱말 퀴즈 풀이 등이 그렇다. 이때는 정서적 뇌인 편도체가 활성화되지 않고, 신경 세포의 구조나 연결 체계 내에서 그다지 큰 변화가 일어나지 않는다. 인지적 학습 과정에서는 무엇보다 두정엽parietal lobe(대뇌 반구의 가운데 꼭대기 — 편집자) 신경 세포 무리의 활동이 변화한다. 진화 역사상 나이가 제일 어린 뇌 영역에서 이른바 신경 세포 네트워크가 새롭게 만들어지는 것이다. 이렇게 학습한 내용은 정서적 학습으로 익힌 것보다 훨씬 더 쉽게 잊힐 가능성이 크다.

∵ 후각은 우리를 똑똑하게 만든다

후각 세포를 연구하는 과정에서 냄새 및 후각에 주로 관여하는 뇌 영역도 새롭게 발견되었다. 이곳의 신경 세포들은 주변 환경과 직접 연결된 것이 아닌데도 새롭게 만들어진다. 많은 전공 서적에서 신경 세포는 새로 만들어질 수 없다고 이야기해 왔고 이는 수십 년간 유효하게 받아들여졌다. 그런데 이 사실이 반박된 것이다. 신경 세포는 새롭게 만들어진다! 단, 냄새를 다루는 작업과 연관되어야 한다. 냄새는 뇌를 튜닝하는 작업과도 같다. 이는 완전히 새로운 사실 아닌가. 이미 예전부터 알고 있었던 코의 감각 세포만 이야기하는 게 아니다. 뇌 안의 신경 세포도 새롭게 만들어진다. 단 후각과 관련될 때만!

성인의 신경 세포가 새롭게 형성되는 것으로 추측되는 첫 번째 영역은 후각 망울이다.[31] 여기에서 과립 세포granule cell가 새로 만들어지는데, 이는 후각 정보가 뇌에서 더 강하게 대조될 수 있도록 해 준다. 잘 모르는 냄새는 처음에는 뇌에서 그저 막연한 개념이나 상징으로 다루어진다. 냄새가 반복해서 경험되고 의미 있는 것으로서 학습되면 그 냄새와 관련해서 세워 놓은 가설들이 시간이 지날수록 점점 더 확고해진다. 하지만 후각 망울은 냄새를 지각하는 일만 하지 않는다. 척추동물의 초기 뇌를 형성했고 바로 이곳에서부터 감각의 중추인 변연계가 진화했다. 그렇기에 후각 망울은 정서적 뇌의 모든 주요 부위와 밀접한 관계를 이루고 있다. 후각 망울이 자기 본연의 역할에 충실히 기능한다면 기분만이 아니라 기억에도 영향을 줄 수 있다. 예를 들어 우리가 외롭거나 우울하다면 감정 중추인 후각 망울 역시 현재 효과적으로 작동하지 못하고 있다고 간주할 수 있다.

뇌의 중앙에 위치하며 성인의 경우 규칙적으로 세포가 생겨나는 두 번째 영역은 치상회dentate gyrus로[32] 우리의 기억 장치인 해마의 한 부분이다. 새롭게 들어온 내용이나 정보는 해마에서 처리된 후 장기 기억으로 들어간다. 전공 서적에서는 치상회를 보통 해마로 들어가는 입구라고 소개한다. 그렇지만 캐나다 신경학자 코닐리어스 밴더울프는 치상회가 후각뇌에 속하며 이곳에서 후각과 운동 행동이 연결된다고 주장한다. 나 역시 이에 동의한다. 우리는 이미 냄새가 맛있는 음식이나 사랑하는 사람에게 다가가도록 만들고, 화재나 부패 등 위협적인 요인들로부터 멀어지게끔 하는 것이 후각의 주된 기능임을 잘 알고 있다. 그러니 소중한 무언가가 불타고 있으면 행동 반응 역시 즉각 나타나야만 한다.

　지금까지 후각, 학습, 신경 회복, 신경 가소성 등에 관해 알아봤다. 그렇다면 후각의 유연성과 적응력은 어떤 점에서 특별할까? 행동이 강하게 고착될수록 적응력과 학습력은 더욱 저하된다. 곤충, 벌레, 해파리 등 포유류가 아닌 동물의 행동은 비교적 자동적이고 유전자로 프로그램화되어 있다. 이들의 학습 능력은 굉장히 제한적이다. 동물의 뇌가 크면 클수록 행동은 더 유연해진다. 즉 천차만별인 주변 환경에 잘 적응할 수 있고 학습할 수 있으며 때로는 직접 경험한 바를 전해 줄 수도 있다. 이러한 면에서는 인간이 상당히 많이 진화한 듯하다. 어쩌면 돌고래와 같이 진화했는지도 모르겠다. 돌고래의 전뇌는 인간보다 훨씬 많이 주름져 있고 신경 세포가 자리할 공간도 더 넓다. 우리 뇌에서 주변 환경 변화에 특히 유연하고 강하게 반응하는 곳은 냄새를 다룰 수 있는 영역들이다. 후각 영역에서 우리는 최고의 탄력성을 발휘한다. 양적으로나 질적으로나 후각 학습은 다른 학습보다 빠르고 효과적이다. 또한 뇌세포 생성이라는 중차대한 임무까지 수행 한다.

∴ 후각 상실

아무런 냄새도 못 맡는 사람을 두고 후각 상실증 anosmia 을 앓는다고 말한다. 흔한 현상은 아니다. 후각을 잃은 사람이라도 보통 '모든' 냄새에 '무감각'하지는 않다. 특정 냄새만 못 맡는 경우가 더 많다. 특정 분자를 지각해 내지 못하는 경우인데 대부분 자신이 그렇다는 사실을 모른 채 살아간다. 알지도 못하는 존재를 어떻게 아쉬워하겠는가? 연구에 따르면 후각 상실증을 앓는 사람들은 먹는 즐거움을 잘 모른다고 한다. 이들은 입맛이 별로 없다. 게다가 우울하거나 두려워하는 성향도 크다.[33] 자신을 둘러싼 사회적 환경 속에서도 번번이 불안함을 느낀다. 사회적 고립과 외로움도 더 많이 경험한다. 냄새와 뇌의 관련성을 보여 주는 또 다른 증거다. 여기에 관해서는 '제10장 지능은 코에서 시작된다'에서 더 자세하게 다루겠다.

후각 상실증의 특성은 1960년대 존 아무어에 의해 처음으로 체계적으로 연구되었다. 요즘에는 특정 분자의 냄새를 못 맡는 것이 문제가 되지 않는다고 이야기한다. 이는 사람마다 수용체 구조가 각기 다르다는 사실과 관련이 있다. 수용체 특성에 따라 어떤 분자의 냄새를 인지하지 못할 수도 있다. 그 냄새만큼은 무향인 셈이다. 우리가 냄새를 맡을 수 없는 분자의 종류는 사람마다 다를 것으로 추측된다. 게다가 어떤 분자의 냄새는 비교적 많은 사람이 맡지 못하고 또 어떤 분자의 냄새는 극히 소수만 맡지 못하기도 한다.

이처럼 특정 후각이 상실되었더라도 학습을 통해 후각을 익힐 수 있다는 사실이 우연한 기회로 밝혀졌다. 1980년대 말 찰스 위소키는 안드로스테논androstenone 분자를 연구하고 있었다. 남성 호르몬인 테스토스테론의 영향을 받아 생겨나는 이 물질은 보통 남성 겨드랑이의 땀에서 분비되지만 여성에게서도 아주 소량으로 생성된다. 이 냄새를 찰스 위소키는 맡지 못했다. 특정 냄새를 맡지 못하는 후각 상실증은 눈에 보이는 것을 지각하는 시각에는 문제가 전혀 없으나 특정 색깔만 알아보지 못하는 색맹과도 비슷하다. 그런데 어느 날, 위소키는 몇 달이고 아무런 냄새가 나지 않던 시약병에서 갑자기 냄새를 느끼는 놀라운 경험을 하게 된다. 이전에는 무無였던 물질이 비로소 지각된 것이다. 이를 논리적으로 설명할 길은 사실 딱 하나밖에 없었다. 위소키는 매일같이 이 분자를 마주하면서 자기도 모르게 후각을 훈련했던 것이다. 가설을 입증하기 위해 그는 자기처럼 특정 냄새에 대한 후각 상실증을 앓고 있는 사람들을 연구팀과 함께 찾아냈다. 그러고는 이들에게 매일 세 번씩 특정 분자의 냄새를 맡게 했다. 6주간의 훈련 후, 다수의 실험 참가자가 그간 맡지 못했던 특정 분자의 냄새를 지각할 수 있게 되었다. 같은 방식이되 다른 분자, 다른 실험 참가자들로 재차 진행한 연구들에서도 똑같은 결과를 얻었다.

후각 훈련의 효과에 나는 오래전부터 흥미가 많았다. 특히 단일 물질의 냄새만 익혀도 혼합 물질의 냄새를 느끼는 후각 능력이 전반적으로 달라지는지, 또 보통은 안드로스테논 냄새를 맡지 못하는 여자가 후각 훈련을 받으면 남자 냄새를 다르게 받아들이는지 궁금했다. 그런데 나의 가설이 맞았다. 실제로 그랬다! 4주 동안 후각 훈련을 받은 여성들의 뇌는 남자들의 냄새에 이전보다 훨씬 더 강하게 반응했다. 심지어 그 냄새를 좀 더 긍정적으로 평가했다. 딱 하나의 분자 냄새를 익혔을 뿐인데 수백 개의 물질로 이루어졌을 체취와 같이 아주 복합적인 혼합 냄새를 지각하는 능력도 달라졌다![34]

이후 연구를 지속해 나가며 우리가 쉼 없이 접하는 주변 냄새들을 식별해 낼 수 있는 건 후각 신경 세포의 재생 능력 및 학습 능력 덕분임을 알게 되었다. 만약 우리가 후각 상실증을 앓지 않고 냄새를 아주 잘 맡는다면 훈련을 통해 냄새를 더 잘 인지해 낼 수 있다. 즉 그동안 거의 자각하지 못했던 냄새도 알아채고 세심하게 반응할 수 있다. 이러한 학습 능력은 파킨슨병이나 치매 등으로 후각이 손실된 환자들에게 굉장히 유용하다. 독일 드레스덴의 이비인후과 의사 토마스 훔멜은 이미 오래전

부터 환자들을 위한 후각 훈련의 실질적 효과를 수차례 입증해 오고 있다.[35]

그런데 후각 능력은 나이를 먹을수록 저하된다. 나이 많은 사람들은 후각이 약해지면서 입맛도 없어졌다고 자주 한탄한다. 아주 연로한 사람들이 식욕을 완전히 잃어버리는 이유이기도 하다. 고령자들은 흔히 말랐다. 그들은 먹을거리든 마실 거리든 그 맛이 그 맛이라고 이야기한다. 심한 독감을 앓는 사람과 비슷하다. 나이가 들면서 후각뿐만 아니라 미각도 잃어버리는 이유는 아직 완전하게 연구되지 않았다. 감각을 지각하려면 많은 에너지가 필요한데 전반적으로 에너지가 감소한 고령자들은 세포 복구 및 신진대사 작용에 남은 에너지를 모두 써야 해서 그런지도 모른다. 코가 사회적 관계망 형성에 유용할 뿐만 아니라 이렇게 얻은 네트워크가 고령화와 함께 점차 심각해지는 노인 고독이란 사회 문제를 어느 정도 해결해 줄 수 있기에 안타까운 일이다.

어떤 사람은 약 쉰 살부터 후각이 약해지기 시작한다. 반면 어떤 사람은 후각 능력이 훨씬 더 오랫동안 활성화되어 있다. 이러한 측면에서는 시각이나 청각과 별반 다르지 않다. 그런데 나이가 들면서 사람들이 돋보기안경과 보청기를 찾는 일은 흔한 반면 후각 보조기는 없다. 후각 훈련만 있을 뿐이다.

∴ 후각 훈련

후각 신경 세포가 새로 생성되도록 자극하고 싶다면, 더 나아가 뇌, 후각 망울, 치상회의 신경 세포까지 새로 생겨나길 바란다면 방법은 비교적 간단하다. 바로 후각 훈련이다. 자기 자신의 후각 능력을 좋다고 생각하든 별로라고 생각하든 그건 중요하지 않다. 이렇든 저렇든 간에 훈련을 통해 이전보다 냄새를 더 잘 맡을 수 있을 테니까.

후각 훈련에는 지금껏 잘 알지 못했던 복합 냄새, 특히 인위적으로 만들어지지 않은 천연 냄새를 활용하길 바란다. 그래야 그동안 불필요했던 후각 세포가 훈련될 확률이 높아진다. 여태껏 요리할 때 거의 사용해 보지 않았던 향신료, 예를 들어 베트남 음식이나 멕시코 음식이나 인도 음식에 흔히 쓰이는 향신료가 좋겠다. 꽃이나 과일 냄새도 괜찮다. 후각 훈련을 위해 재료를 새로 살 필요는 없다. 말라 버린 과일이나 꽃을 활용해도 좋다. 자, 이제 향신료, 꽃, 과일처럼 서로 완전히 다른 냄새를 풍기는 세 가지 물질을 골라 보자. 그래야 가능한 한 많은 후각 수용체를 자극할 수 있다. 맡으면 기분 좋아지는 편안한 냄새를 고른 다음 하루에 두세 번씩 매회 몇 초간 맡아 보자. 이게 전부다. 그렇게 최소 세 달간 해 보자. 길면 길수록 더 좋다. 훈련을 오래 하면 할수록 후각에 미치는 긍정적 효과는 더더욱 높아진다. 만약 세 달 후에 더는 그 냄새들을 맡기 싫다면 다른 냄새를 고르면 그만이다.

후각은 훈련만 하면 확실히 예전보다 좋아진다. 후각이 손상된 환자나 노인뿐만 아니라 젊고 건강한 사람도 마찬가지다. 이것 말고도 후각 훈련으로 얻을 수 있는 효과는 더 크다고 생각한다. 물론 다른 효과들은 앞으로 더 체계적으로 연구되어 입증될 필요가 있다. 후각 망울에서의 세포 활성화는 변연계나 정서적 뇌의 활성화 상태가 계속 균형을 이루거나 다시금 균형을 잡을 수 있도록 도와준다고 여겨진다. 좀 더 상세하게 다루겠지만 슬프거나 우울한 기분이 오래되면 후각 망울의 신경 세포 활성화 상태가 부분적으로 기능 이상을 나타낸다. 이는 다수 연구에서 발표되었다. 그렇기에 후각 망울이 제대로 기능하면 반대로 슬픔을 완화할 수도 있다. 그뿐만 아니라 치상회의 신경 세포들이 활성화되도록 자극할 수 있다면 후각 훈련을 통해 기억력까지 향상할 수 있다. 치상회는 기억을 하는 데 가장 중요한 장치인 해마로 들어가는 입구와도 같기 때문이다. 하지만 이건 어디까지나 내가 세운 가설이다. 가설 검증을 위한 후속 연구들은 추후 이루어질 것이다.

∴ 변덕쟁이 후각

후각에 관한 획일화된 논리나 보편적으로 받아들여지는 이론은 아직 없다. 이에 관한 답 역시 그리 쉽게 찾지 못한다! 후각은 우리 손에 쉽게 잡히지 않는다. 색깔에는 색채론이 있고, 음악의 단조와 장조는 5도권(12음의 배열 관계를 파악할 수 있도록 원형의 그림으로 나타낸 것 — 편집자)을 활용해서 표현할 수 있다. 이처럼 다른 감각 체계들은 그럭저럭 잘 분류되어 있는데 후각은 여전히 미궁에 빠져 있다. 어쩌면 영원히 그럴지도 모른다. 후각은 너무 복잡하다. 우선 분자를 어떻게 범주화하겠는가? 어떤 분자는 사람마다 완전히 다른 냄새로 지각된다.[36] 남자의 땀에 들어 있는 고농축 물질인 안드로스테논만 해도 어떤 사람은 약간 단내가 난다고 하고 어떤 사람은 사향 냄새, 또 어떤 사람은 오줌 냄새와도 비슷하다고 말한다. 사과와 체리를 씹으면 입에서 트랜스-2-헥센알trans-2-hexenal(수소 원자 10개, 탄소 원자 6개, 산소 원자 1개로 구성된 화학 물질 구조 — 옮긴이)이 생기는데, 어떤 사람은 이를 초록 풀 내음이 난다고 표현하지만 어떤 사람은 쓴 아몬드 맛이라고 이야기한다. 이러한 예는 셀 수 없이 많다.

요즘에는 담당 수용체의 형태에 따라 지각되는 냄새 분자의 질도 달라진다고 여겨진다. 일례로 첫 번째 후각 수용체_{Olfactory receptor 1, OR 1}는 다섯 가지 형태로 나타날 수 있는데, 그 가운데 어떤 형태가 활성화되는가에 따라 우리가 지각하는 냄새도 달라진다.

그런데 이걸로도 충분치 않다! 분자들은 정확히 똑같은 구조를 가질 수는 있지만 이 구조는 원천적으로 두 개의 거울상으로 존재한다. 우리 손을 생각하면 된다. 두 손은 똑같이 생겼지만 위아래로 나란히 포개지는 못한다. 이는 왼손과 오른손이 서로에게 거울상이 되기 때문이다. 이러한 분자들을 거울상 이성질체_{enantiomer} 또는 입체 이성체_{stereoisomer}라고 부른다. 휘발성 기름의 주성분인 카르본 분자의 경우, 한쪽은 캐러웨이 향이 나고 다른 쪽은 페퍼민트 향이 난다. 또 강황이나 샐비어, 두송주(노간주나무 열매로 만든 과실주 — 옮긴이) 등에 들어 있는 알파-테르피네올은 한쪽에서는 달콤한 라일락 향이 나지만 다른 쪽은 타르 냄새와 비슷해서 옛날 파이프 담배를 연상시킨다. 또 다른 문제는 농도에 따라서도 냄새의 질이 달라질 수 있다는 점이다. 색이나 소리는 일정하다. 빨간색은 항상 빨간색이다. 피아노 건반으로 라 음을 치면 세게 누르든 살살 누르든 늘 라 음이 난다. 그런데 냄새는 그렇지 않다. 예를 들어 재스민 오일에 쓰이는 인돌은 묽게 하면 꽃 냄새가 나지만 진해지면 전형적인 똥 냄새가 난다. 물론 농도가 진하다고 냄새가 다 역해지는 건 아니다. 캠퍼(캠퍼나무, 사철나무 등에서 얻을 수 있는 유기 화합물 성분으로 의약품이나 화장품, 비닐 등을 제조하는 데 쓰인다. 장뇌라고도 한다. ― 옮긴이)는 이와 반대다. 연하게는 오줌 냄새가 나지만 진하게는 향긋한 나무 향이 난다. 여기에서 어떻게 규칙을 찾아낼 수 있을까? 그러니까 인간의 시각에서 말이다. 전반적으로 봤을 때, 우리가 지금껏 알아보지 못한 더 큰 규칙이 분명 어딘가에 있을 것이다. 어떤 의미에서 냄새는 늘 우리에게서 도망 다닌다. 붙잡히지 않는 존재다. 시각적 자극이나 청각적 자극은 많은 사람이 상상력을 발휘해 재현해 내지만 냄새는 대부분의 사람들이 이미지화하지 못한다.

  이러한 어려움은 후각이 끊임없이 변화하기 때문이기도 하다. 주관적인 지각으로 냄새를 객관적으로 맡는다는 것은 불가능하다. 냄새는 각자 성장해 온 문화적 배경이나 개별적인 학습 경험에 따라서도 달리 해석된다. 개개인의 경험 정도에 따라 분위기 자체가 바뀐다. 냄새를 인식하는 정도는 통계화하지 못한다. 늘 달라지기에 범주화해 봤자 소용없다. 연구를 시작할 기반 자체가 마련되어 있지 않은 셈이다. 게다가 냄새는 주변 환경의 영향만 받는 게 아니다. 맡는 사람마다 다른 의미를 부여한다. 오늘날 우리는 후각 망울에서 지각되는 냄새들이 각각의 유사성을 기준으로 분류되지 않고 각 개인이 판단하는 주관적 의미나 영향력 정도에 따라 해석된다는 사실을 잘 알고 있다. 개인적으로 이 냄새가 내게 좋은가? 아니면 나쁜가? 이 냄새를 더 맡고 싶어서 가까이 가는가? 아니면 이 냄새를 피하고 싶어서 거리를 두는가? 이 냄새를 전에 어디에서 맡아 봤는가? 이는 냄새가 우리에게 주는 중요한 정보다. 둘 중 하나다. "내가 널 지켜 줄게, 내 곁에서는 안심해도 돼" 혹은 "위험하니 조심해!"

냄새 수용체에 관한 연구로 2004년 노벨 생리의학상을 받은 린다 벅은 2001년에 연구팀과 함께 냄새 분자의 일반화에 관한 논문을 발표했다. 분자와 수용체에 따라 뇌에서 특정 경로가 형성된다는 내용이었다. 이 말인즉슨 각기 다른 사람들의 분자라도 뇌에서는 늘 똑같이 다루어진다는 뜻이다. 당시 나는 이 연구 결과를 도무지 믿을 수 없었다. 냄새에 관해 내가 지금껏 알고 있던 내용과 모두 정반대였기 때문이다. 냄새와 그 의미는 항상 주관적이지 절대 객관적일 수 없다! 이후 린다 벅 팀은 자신들이 발표한 연구 결과를 반복해서 도출할 수 없었기에 논문을 철회해야만 했고 내 마음은 그제야 비로소 한결 가벼워졌다. 끊임없이 날아가 버리는 냄새를 적어도 쫓아는 가 보려는 시도에 린다 벅 팀의 연구 결과는 분명 잘못된 방향을 제시하고 있었다.

∴ 익숙해지는 냄새

이게 어떤 상황인지 다들 알 것이다. 친구들과 방에 있는데 뒤늦게 도착한 친구가 이렇게 말한다. "공기가 안 좋아. 환기 좀 시켜." 우리는 아무 냄새도 맡지 못하기에 그 친구의 말에 공감하기 어렵다. 이는 우리가 주변 냄새에 아주 빨리 익숙해 져서 그렇다. 어느 정도 시간이 지나면 후각 세포는 냄새 자극 에 더는 반응하지 않는다. 좋지 않은 냄새에도 마찬가지다. 나 중에 온 친구가 알려 줘도 그 냄새를 맡지 못한다. 다른 감각과 는 다르게 후각만이 갖는 또 다른 특성이다. 우리가 보거나 듣 는 대상은 쉽게 사라지지 않는다. 가릴 수는 있겠지만 그 자리 에 그대로 있다. 탁자 위에 손을 올려놓고 있으면 얼마 지나 그 사실을 잊어버린다. 하지만 탁자를 만지고 있는 그 감각은 다 시금 의식 속으로 즉각 불러낼 수 있다. 하지만 후각은 다르다. 얼마 지나면 냄새는 스스로 사라져 버리고 더 이상 불러내지 못한다. 그 냄새가 계속 그 자리에 있더라도 아무런 소용이 없 다. 지각이 계속되는데도 새로운 무언가를 얻을 수 없다. 시각 적 자극이라면 좀 더 가까이, 좀 더 자세히 들여다보며 더 많은 정보를 얻을 수 있다. 좀 더 귀를 기울여 들어 볼 수도 있고 무 슨 소리인지도 알아볼 수도 있다. 그렇지만 냄새는 한번 맡으 면 그만이다. 이미 결정이 났다. 냄새를 맡은 그 순간, 이게 편한 냄새인지 불편한 냄새인지가 정해진다. 이에 따라 우리의 행동도 결정 난다. 냄새는 서서히 사라지고 다른 새로운 냄새가 들어온다. 냄새의 강도는 중요하지 않다. 결정적 요인은 냄새의 질, 즉 우리의 감정 및 행동과 관련된 냄새의 의미다. 새로운 냄새로 인식을 전환하는 일이 예전에 맡은 냄새를 하나하나 분석하려고 계속 붙잡아 두는 일보다 훨씬 더 중요하다. 새로운 사람, 새로운 동물, 새로운 냄새. 편안함 혹은 불편함. 행동을 결정지을 정서들이 불러일으켜진다. 이 모든 과정이 멈추지 않고 끊임없이 계속된다. 만약 우리가 어떤 냄새에만 집착한다면 위험에 빠질 것이다. 우리는 환경에 맞춰 계속 유연하게 반응할 필요가 있다. 냄새를 맡는 그 순간에 딱 올라오는 느낌이 항상 제일 중요하다. 그 느낌으로 우리의 행동, 경험, 더 나아가 정서 상태가 결정된다. 냄새를 맡는 순간 그때 받은 느낌이 바로 전달되고 냄새는 곧바로 사라져 버리기에 이에 대한 추가적 인지 작업은 필요하지 않다.

제6장

바로 코앞에!

○　　　　지금까지 열심히 냄새와 후각에 관해 살펴보았다. 하지만 이건 빙산의 일각에 불과하다. 후각은 사람마다 확실히 상당한 차이를 보이지만 이 '슈퍼' 코는 여전히 베일에 싸인 존재다. 이 책을 읽으면서 당신은 주변을 '쿵쿵거리며' 냄새를 맡고 있을 수도, 또 흥미로운 일들을 개인적으로 경험했을 수도 있다. 주위를 지각하는 방식이 달라졌을 수도 있고 좀 더 주의를 기울이게 됐을지도 모른다. 하지만 이 역시 아주 커다란 후각 세계의 극히 일부분만 맛본 것에 불과하다. 우리는 이미 엄마 배 속에서부터 후각의 세계를 경험해 왔다. 왜냐고? 태아도 냄새를 맡을 수 있으니까!

∴ 아기는 어떻게 냄새로 엄마를 찾는가

태어난 지 몇 시간이 채 지나기도 전에 아기는 엄마의 냄새를 지각한다. 엄마의 냄새는 아기를 편안하게 만든다. 설령 엄마가 옆에 없어도 그렇다. 신생아의 초기 반응을 보면 우리가 태어나기 전부터 이미 냄새를 학습하고 있음을 가늠할 수 있다. 프랑스 디종의 브누아 샤알 연구팀은 신생아들이 임산부가 섭취했던 음식의 냄새를 선호한다는 사실을 발견했다.[37] 실험에서 실험 집단의 임산부들은 아니스(유럽에서 빵, 과자, 케이크 등에 쓰는 향신료—편집자)를 많이 먹었고 통제 집단의 임산부들은 먹지 않았다. 그 결과 실험 집단 임산부의 아기들에게서 아니스 냄새를 더 선호하는 경향이 나타났다. 약 한 살 된 아이들을 대상으로 진행한 또 다른 연구에서는 임신 중에 치즈나 생선을 자주 먹은 엄마의 아이들이 다른 아이보다 유독 치즈나 생선 냄새를 더 좋아한다는 사실을 알아냈다. 냄새 분자가 이미 자궁 속에서부터 태아의 후각 수용체로 전달되기에 태아는 태어나기 전부터 후각 세계를 접하고 있었던 셈이다.

특히 엄마의 냄새는 아이와 엄마의 관계를 돈독하게 해 준다. 엄마 냄새에는 아이를 위험으로부터 지켜 주는 기능도 있다. 왜냐하면 아이는 냄새로 자연스레 엄마를 찾고 엄마 곁에 가장 있고 싶어 하기 때문이다. 출생 후 약 이틀만 지나도 신생아들은 낯선 여자보다 엄마의 가슴과 젖 냄새를 선호하고 더 찾는다. 한편 엄마도 아이의 체취에 반응한다. 엄마의 뇌 사진을 보면 아이의 냄새를 맡을 때 보상 센터가 반응한다. 이는 엄마의 정서 상태가 아주 긍정적이고 좋다는 의미다. 냄새는 이처럼 연결 고리를 만든다. 엄마는 신생아의 냄새를 맡으며 행복해하고, 신생아는 엄마의 편안한 냄새로 엄마를 느끼며 편안해한다. 보통은 그렇다.

자폐 아동은 어떨까? 자폐아는 사회적 관계망을 형성하지 못하고 자기만의 세계에 갇혀 살아간다. 엄마처럼 자신에게 신뢰를 줄 수 있는 사람이 곁에 있어도 개의치 않는 듯하다. 다수의 연구가 자폐아에게 정서적 공감 능력이 결여됐다고 말한다. 앞서 상세하게 설명했듯이 공감의 기본 형태는 자신의 감정을 자동으로 전달하는 것이다. 그런데 특별한 형태도 있다. 바로 타인의 행동을 자동 모방하는 것으로, 어린아이들에게 전형적으로 나타나는 특성이다. 아이들은 부모의 행동을 잘 따라 한다. 이탈리아의 심리학자 발렌티나 파르마가 연구한 결과, 건강한 아이들보다 자폐 아동들이 타인의 행동을 확실히 더 느리게 모방해 냈다. 대상이 낯선 사람이든 엄마든 상관없었다. 그런데 아이가 엄마의 냄새를 맡고 나면 모방 속도에서 다른 아이들과 차이가 없었다. 정말 흥미로운 결과이지 않은가! 자폐 아동이 기본적인 공감 능력을 형성하는 데 기여할 만큼 냄새의 영향력이 컸던가? 냄새가 없으면 불가능하고? 이 가설을 확실히 하기 위해서는 후속 연구가 필요하다.

아이들뿐만 아니라 가족들도 냄새로 알아낼 수 있다. 부모는 자기 아이의 냄새를 알고 아이는 자기 부모의 냄새를 안다. 형제자매도 서로의 냄새를 안다. 냄새 테스트 결과, 서로 전혀 알지 못하는 사람들도 티셔츠 냄새로 누가 서로 가족인지 알아낼 수 있었다. 이른바 '타고난 냄새'inherent smell로 알게 되는 것이다. 가족에게는 냄새라는 강한 자국이 새겨져 있다.

우리는 사람들이 서로 도움을 주고받을 때 가족 관계가 특히 많은 영향을 미친다는 사실을 진화 생물학에 의거해 잘 알고 있다. 관계가 가까울수록 더 적극적으로 돕는다. 인간뿐만 아니라 곤충류나 포유류도 마찬가지다. 누군가를 돕는 행동은 그 자체로 위험할 수도 있고 때론 본인도 위험해질 수 있다. 그렇기에 도와야만 한다면 자신과 유전자 구조가 비슷한 이를 더 돕고자 한다. 자기가 속한 무리가 생존하길 바라기 때문이다.

자기 자신의 냄새는 어떨까? 본인 냄새를 알아차릴 수 있을까? 후각적 자아는 어떻게 받아들일까? 오래전부터 이를 궁금해했던 나는 여성 실험 참가자들에게 본인 냄새와 다른 여성들

의 냄새를 극히 소량만 맡게 한 다음 뇌파를 측정해 보았다.[38]
실험 참가자들은 자기 냄새와 다른 여성의 냄새를 거의 분간하
지 못했다. 그런데 뇌는 달랐다. 본인 냄새를 맡자 훨씬 강하고
빠르게 반응을 보였다. 예상했던 바와는 달랐다. 사람은 자신
의 냄새와 늘 함께하지 않는가. 본인 고유의 화학적 정보를 받
았을 뿐인데 뇌는 왜 그토록 중요한 것처럼 반응할까? 첫 번째
가능성은 본인 고유의 체취가 제 호르몬처럼 몸에 반응을 일으
킨 것이다. 예전에는 신체 반응을 유발하는 사회적 냄새를 엑
토 호르몬ectohormone, 즉 외분비 호르몬이라고 불렀다. 타인에게
나 자신에게나 몸의 전반적인 상태를 알려 주는 많은 물질이
분비되는 듯하다. 우리 몸에는 여러 대사 체계가 있어서 혈당
치를 정상 범위 내로 유지하거나 산소를 공급한다. 이는 우리
의 각성 상태에 따라 달라진다. 면역 체계와 다양한 호르몬 그
리고 기타 물질들이 서로 정확하게 맞아떨어져야만 한다. 이
모든 게 우리 몸 안에서 일어난다. 이 밖에도 체내에는 수천조
개의 세포가 매초 수백만 가지의 신진대사 작용을 처리하고 있
다. 몸 어딘가에 결함이 생기면 호출이 날아오고 심각한 정도
에 따라 이를 곧장 깨닫기도 하고 나중에 알아차리기도 한다.
집중력이 떨어지고 피곤하며 속도 편하지 않다. 그러면 우리
몸은 "베티나, 이제 좀 쉬어"라고 신호를 보낸다. 신호에 바로
반응할 수도 있고 무시해 버릴 수도 있다. 하지만 장기적으로

봤을 때는 우리 몸이 항상 옳다. 그렇기에 우리 몸과 팀을 이뤄야 한다. 몸의 전반적인 건강 상태는 피부샘을 통해 밖으로, 더 넓은 순환계로 전달된다. 뇌는 대문 앞 문지기인 코를 통해 몸 상태를 전반적으로 두루 살펴본다. 세부 정보가 이곳, 코에 많이 밀집되어 있다. 온갖 곳에서 전해 오는 수백만 가지의 이야기 대신 뇌는 대국大局을 보며 반응하고 마스터플랜을 짠다. 우리 몸은 지금 현 상태에 관한 모든 정보를 갖고 있기에 각 대사 체계와는 별도로 지금 당장 중요한 게 무엇인지 독자적으로 결정할 수 있다. 영양분을 더 많이 비축하거나 면역 체계를 더 강화하거나 몸의 각성 상태와 반응도를 높여야 할지도 모른다. 이는 우리 몸이 호흡을 통해 지금 당장 중요한 게 무엇인지 가늠할 수 있을 때만 가능하다.

인간의 체취가 아무것도 유발하지 않기란 사실상 불가능하다. 한 사람의 화학(케미)은 뇌에 아주 중요하다. 예를 들어 하품 충동은 "베티나, 지금 진짜 쉬어야 해"라는 신호다. 그런데 불현듯 냄새가 달라진다. 예를 들어 나와 상반된 의견으로 논쟁하길 좋아하는 직장 동료가 방에 들어왔다. 코는 당연히 그 냄새를 바로 알아차린다. 그러면 편안함은 사라지고 순식간에 초집중 상태가 된다. 사이가 좋은 동료도 처음 한 번은 우리의 신경을 곤두서게 한다. 실험 결과, 스트레스를 받고 있거나 기분이 별로 좋지 않을 때 낯선 사람의 냄새는 특히 우리를 불안하게 만들었다. 한 실험에서는 여성 참가자들에게 오디션 같은 상황을 주고 심사 위원 앞에서 아주 자신감 넘치는 긍정적인 자기소개를 부탁했다. 이는 참가자 전원에게 심리적 스트레스를 주었고 자기소개를 하는 동안 스트레스 호르몬인 코르티솔 수치가 상승하게 만들었다. 그런데 이런 상황에서 배우자의 체취를 맡자 스트레스 호르몬이 그리 급격하게 상승하지 않았다. 배우자의 냄새에 진정 효과가 있었던 것이다. 주관적이지만 참가자들 역시 이때 스트레스를 덜 받았다고 평가했다. 이는 앞서 엄마와 아이 관계에서 찾아볼 수 있었던 현상과도 비슷하다. 사랑하는 사람의 체취에는 진정 효과가 있다. 그런데 통제 조건 상황에서 실험 참가자들에게 영향을 미치는 또 다른 요인이 있었다. 한번은 배우자 말고 낯선 남자의 냄새를 풍겨 봤다. 실험 참가자들이 주관적으로 지각하는 스트레스 정도는 아무런 냄새를 맡지 않았을 때와 비슷했다. 그런데 스트레스 호르몬 수치는 아무런 냄새가 나지 않았을 때보다 확실히 더 많이 올라갔고 배우자의 냄새를 맡았을 때와 비교해 보면 훨씬 더 많이 증가했다.[39]

즉 낯선 냄새는 우리를 더욱 불안하게 한다. 체내 스트레스 시스템에서 경고음이 울리면 몸은 각성 상태로 준비 태세를 갖춘다. 흠, 낯선 사람에 대한 아주 오래된 두려움이 있나? 진화 생물학자들은 옛날에는 이방인을 향한 두려움이 아주 중요했을 거라고 이야기한다. 서로 잘 모르는 두 무리의 침팬지들이 한 공간에서 마주하면 피 터지게 싸우는 모습을 볼 수 있다. 승리한 무리의 수컷 침팬지들은 새로운 암컷과 새로운 새끼를 만들기 위해 패배한 무리의 어린 침팬지들을 죽여 버린다.

이주민에 대한 선입견이 잘못됐다는 전제하에, 방금 언급한 연구 결과가 편견이 생겨나는 이유를 적절하게 설명해 주는 건 아닐까? 유감스럽게도 그렇다. 하지만 이건 근시안적 사고다. 다들 선입견이 쉽게 생겨날 거라고 생각하지만, 인간의 이성과 상황(운명)에 따라 마음먹은 대로 없앨 수도 있는 것이 선입견이다. 선입견을 제거하는 데는 인간에게 유리하고 유용한 기준을 적용하는 정치력과 사회 능력이 중요하게 작용한다. 첫째, 이민자나 동성애자, 노숙인 같은 사람들과 계속 만나며 서로를 알아 가는 게 중요하다. 거리를 둔 채 이들을 멀찍이서 바라보거나 텔레비전 같은 미디어 매체를 통해 간접적으로 접하는 건 옳은 방식이 아니다. 이러한 집단의 사람을 가능한 많이 접촉하는 것, 그러니까 이들의 냄새를 맡아 보는 것이 중요하다. 둘째, 서로 다른 정치 집단의 사람들이 공통된 목표를 중심으로 함께할 수 있는 활동이 필요하다. 예를 들어 운동장, 공연장, 시장 등 사회적 공용 시설들을 짓는 것이다. 물론 선입견을 없애는 방법은 훨씬 다양하다. 하지만 사람들이 평화롭게 어울려 살아가는 데는 이 두 가지 방법이 가장 효과적이다. '결국 한쪽에만 좋은 일을 시켜 주는 게 아닌가?' 이렇게 생각한다면 이 또한 근시안적 사고다. 그런 의도로 접근한다면 언젠가는 본인이 속한 집단도 위험에 빠진다. 지난날의 역사가 말해 주지 않는가. 서로서로 평화롭게 잘 어울려 사는 게 이러나저러나 모두의 건강에 더 좋다!

심한 스트레스는 특히 임산부에게 좋지 않다. 산모가 임신 중에 계속해서 스트레스를 받으면 아이가 별 탈 없이 세상에 태어난다고 하더라도 신경계 질환이나 약한 면역 체계를 타고 날 가능성이 크다. 극심한 스트레스는 유산이나 조산의 위험을 높인다. 그렇다고 흥분되거나 자극적인 활동을 무조건 피해야 한다는 소리는 아니다. 임산부 대부분이 술과 담배를 피하듯 지속적인 스트레스 역시 주의해야 한다는 뜻이다.

하지만 두려움과 같은 화학적 스트레스 신호를 임산부가 어떻게 막는단 말인가? 이를 임산부가 막아 낼 방법은 없다. 다만 임산부의 신체 조직 기관이 스트레스에 더는 반응하지 않음으로써 임산부를 보호한다. 스트레스 자극을 처리하는 작업이 더 이상 뇌에서 이루어지지 않는 것이다. 스트레스는 이른바 대기 줄에 서게 된다. **지금은 빈자리가 없으니 다음에 다시 와 주세요.**

이는 임신(초기와 말기) 중인 직장인과 임신하지 않은 직장인을 대상으로 진행되었던 실험 결과로 알아볼 수 있다. 실험 참가자들에게 냄새를 거의 맡을 수 없는 화학적 스트레스 자극을 부여한 다음 반응도를 살펴보았다. 그 결과, 임신하지 않은 실험 참가자들은 스트레스 자극에 강하게 반응했지만 임산부들의 뇌는 거의 반응을 보이지 않았다. 특히 임신 말기인 실험 참가자들에게서는 그 차이가 뚜렷하게 나타났다. 스트레스가 이른바 인지 장벽을 부수고 뇌로 진입하는 데 실패한 것이다. 임산부 본인은 전혀 인지하지 못한 채 정작 스스로는 막아 내지 못할 스트레스로부터 보호받고 있었다. 물론 화재나 담배 냄새처럼 명확하게 인지되는 분명한 위험 요인들은 대부분 즉시 방어하게 된다.[40, 41]

∴ 동시 지각: 암묵적 후각

암묵적 후각은 자동으로 지각되는 것이다. 꼭 뭔가가 알아서 우리를 피해 가는 것처럼 들리는데, 이는 정말 독창적인 필터 기능으로 살아가는 데 꼭 필요하다. 감각 기관을 통해 끊임없이 들어오는 정보를 전부 평가하고 판단해야 한다면 우리는 절망적인 과부하 상태에 빠질 것이다. 앞서 각기 다른 기억 체계에 관해 알아보았는데 그 이야기를 다시 해 보자. 지금부터는 우리가 의식적으로 신경 쓰지 않던 것이 때로는 우리에게 영향을 줄 수도 있다는 이야기를 하려고 한다. 의식적으로 유념하지 않기에 단기 기억으로 들어가지 않고 장기 기억으로 들어갈 가능성도 없다. 바로 암묵적 지각이다.

우리는 매초 수십만 개의 자극을 받아들인다. 보고 듣고 냄새 맡고 맛보고 느끼는 것들 그리고 자동으로 '삭이는' 신체 지각body perception 가운데 아주 소량의 자극만 처리된다. 사람마다 각기 다른 필터를 사용하기에 똑같은 상황도 사람마다 받아들이는 정도가 조금씩 다르다. 보고 듣고 느끼고 맛보고 냄새 맡는 게 사람마다 조금씩 다른 것이다. 누가 나쁜 영화 속에 살고 있느냐고 묻는다면, 사실은 우리 모두 다. 그렇다고 **좋은** 영화란 것도 없다. 모두가 저마다 자기만의 영화 속에서 살아간다. 물론 공통점, 즉 일치되는 면도 있다. 그런데 다른 사람이 본인과 다르게 지각한다는 사실을 너무 자주 의식하면 서로 간의 갈등이 더 깊어질 수 있다.

다시 한번 혼자서 실험을 해 보자. 우선 주변을 여러 번 둘러보자. 이번에는 들을 수 있는 것을 모두 들어 보고 느낄 수 있는 것을 모두 느껴 보자. 지금 정확히 어떻게 앉아 있는지 혹은 어떻게 누워 있는지 느껴 보는 거다. 내면의 상태도 살펴보자. 지금 내 안에서는 무슨 일이 이루어지고 있지? 호흡은 편한가? 속이 쓰리진 않나? 그러고 나서 이제 냄새를 맡아 보자…….

자, 얼마나 빨리 그만뒀는가? 그렇다. 의식적 지각은 아주 힘든 작업이다. 처음부터 실패할 줄 알았다. 의식적 지각 메커니즘은 한 번에 하나의 자극만 다룬다. 그 외 대부분은 의식 밖에 있다. 그런데 다는 아니지만 그중 일부는 암묵적으로 지각되어 우리의 사고나 행동에 영향을 미칠 수도 있다.

냄새가 의식 속으로 들어오려면 다음의 세 가지 요건 중 하나에 부합해야 한다. 첫째, 냄새가 아주 좋거나 둘째, 화재가 발생할 때나 음식이 상했을 때처럼 고약한 냄새가 나거나 셋째, 장소별로 예상했던 냄새와 전혀 다른 냄새가 나야 한다. 냄새가 우리를 혼란시키면 오류 신호가 송출된다. 그러면 곧바로 그 냄새는 우리 의식 안으로 들어온다. 일반적으로 우리가 더 주의를 기울이는 시각적 자극이 의식적 지각 메커니즘 밖에 머무를 때도 있다. 예를 들어 친구와 기분 좋게 이야기를 나누었다고 가정해 보자. 그런데 나중에 누가 이런 질문을 던진다. 그 친구는 어떤 옷을 입고 있었어?

몰라.

날씨는 어땠어? 이야기할 때 비가 내리진 않았어?

날씨가 어땠지? 이야기에 집중하느라 밖을 쳐다볼 겨를도 없었어.

밥은 어느 자리에서 먹었는데?

창가.

어떤 곳을 가더라도 그 장소에서 기대했던 냄새가 나면 편안함을 느낀다. 아무 문제 없다. 성당에는 성당 냄새, 병원에는 병원 냄새 그리고 부엌에는 부엌 냄새가 있다. 냄새는 늘 그곳에 있고 우리는 그 냄새를 맡는다. 그런데 냄새는 암묵적으로만 지각된다. 그리고 이러한 암묵적 지각 역시 우리에게 영향을 미친다. 우리를 편안하게 만든다. 모든 게 기대했던 대로다. 걱정할 필요도 신경 쓸 이유도 없다. 그런데 성당에서 부엌 냄새가 나고 부엌에서 병원 냄새가 난다면? 아뿔싸! 이때는 종소리가 아닌 경고음이 울린다.

냄새는 사회적으로 학습되는 것이기도 하다. 특히 일상에서 나는 냄새가 그렇다. 체육관이나 백화점 냄새, 도로 냄새 혹은 계절의 냄새를 모르는 사람은 없다. 하지만 사람마다 서로 지각하는 바는 다르다. 사람들은 서로 다르고 동일한 냄새도 다르게 느낀다. 신문을 자주 보고 기사도 많이 스크랩하는 엄마의 아이들은 오래된 종이 냄새에 익숙하다. 하지만 재활용 센터에서 근무하는 사람들은 종이 냄새를 다르게 느낄 것이다. 정향나무 냄새의 경우, 어떤 사람은 크리스마스 시장이 연상되어 좋아하지만 어떤 사람은 이가 아플 것만 같아서 싫어한다.

예전에는 치과에서 치료를 할 때 부분 마취제로 정향나무를 사용했기 때문이다. 이러한 개별적 지각 과정은 일상적 후각 환경에서 속임수에 빠지는 걸 막아 준다. 한편 일상의 냄새는 나라마다 다르다. 서양인은 보통 장미 향을 사랑, 연인, 우정 등과 연결하지만 예전 동양 사회에서는 음식의 향신료로 자주 사용했다. 꽃향기가 누군가에게는 가슴보다 입에서 더한 반응을 불러일으키는 셈이다.

한번은 네덜란드 위트레흐트 출신의 심리학자 에곤 쾨스터가 이렇게 멋진 표현을 했다.[42] "냄새는 우리가 세계 어느 곳에 있든 집에 있다고 느끼게 해 준다." 냄새를 전혀 의식하지 못하는 때가 실상 가장 편한 순간이다. 우리 기대에 꼭 들어맞는 냄새가 나면 의식적으로 지각할 필요가 없다. 숲에서는 숲 냄새가, 수영장에서는 수영장 냄새가 난다. 소독제와 감자튀김 냄새가 섞인 정도일 거다. 누군가는 "이게 여름 냄새지"라고 말할지도 모른다. 어떤 사람은 그릴 바비큐 향과 소시지 샐러드 냄새가 여름 냄새라고 할 수도 있다. 사람들은 예상했던 냄새가 풍기면 안전함과 편안함을 느낀다. 이 모든 게 우리의 생각과 지각된 후각 정보가 일치한 덕분이라는 사실은 전혀 눈치채지 못한다. 왜 편안함을 느끼는지 묻는다면 우리는 그에 걸맞은 긍정적인 이유를 숱하게 찾아낼 것이다. 이 책을 아직 읽어 보지 않은 사람 가운데 "냄새가 이곳, 이 상황에 딱 들어맞으니까요"라고 답할 이는 거의 없다. 그런데 이게 사실이다.

이는 산업 시장에도 공공연하게 알려진 사실이다. 판매업자들은 소비자가 기대하는 냄새가 나도록 생산품을 개조한다. 인간에게 있는 냄새 탐지기를 활용하는 것이다. 소비자는 새 차에서 새 차 냄새가 나야 수긍한다. 그런데 새 차 냄새가 뭐냐고? 아무도 모른다. 사실 그런 냄새는 없다. 새 차 냄새는 이럴 것이라며 고객이 만족하게끔 차에 작업을 한다. 하지만 눈에 띄지는 않는다. 고객은 자동차 판매원에게 "멋지네요. 딱 내가 기대한 대로예요"라고 말한다. 만약 누군가가 어떤 점이 그렇냐고 묻는다면 외관, 착석했을 때의 편안함, 색깔 등을 언급할 것이다. 하지만 냄새를 전혀 언급하지 않더라도 그는 특히 냄새에 반응했다. "이번에 산 차는 새 차 냄새가 나서 마음에 쏙 들어"라고 말한다면 이상하게 들리지 않겠는가. 그래서 제조사들은 논란거리가 되지 않는다고 생각할 거다. 서비스 마인드로 작업한 셈이니까. 고객이 바라는 대로 제공하는 것. 가죽 냄새가 나는 인조 가죽 의자.

아이스크림 가게에서 파는 딸기 향의 딸기 아이스크림은 또 어떤가! 얼음은 냄새가 없다. 우선은 그렇다. 냄새 분자가 퍼져 나가려면 좀 더 따뜻해야 한다. 그래서 겨울 냄새는 매우 약하고 봄은 그토록 향기롭다. 온기 속에서 분자는 기체 상태로 변한다. 그러면 냄새가 퍼져 나간다. 그렇다면 아이스크림 제조 업자들은 딸기 향을 어떻게 얼음 속에 넣는 것일까? 가장 쉬운 방법은 아이스크림 포장지에 방향 물질을 뿌려 두는 것이다. 산딸기 요구르트에 산딸기가 들어 있지 않다는 사실은 요즘 아이들도 안다. 포장을 벗겼더니 산딸기가 없다며 화낼 사람도 없다. 하지만 냄새가 기대와 다르다면? 생각하고 싶지 않다.

집에도 고유한 냄새가 있다. 어떤 사람이 집 안에 들어와서 냄새가 달라진 경우를 제외하고 사람들은 자기 집 냄새를 잘 모른다. 집에서 기대했던 냄새가 나지 않으면 불편감이 올라온다. 영화 속 여주인공(일반적으로 여자가 남자보다 민감하므로 여주인공으로 설정했다.)이 형사에게 이렇게 말한다. "누군가 이 집에 들어왔던 게 분명해요. 저는 확실히 알 수 있어요." 형사는 미심쩍은 표정으로 그녀를 훑어본다. 여자들의 육감이라……. 형사의 말대로 그녀는 민감했고 직접 보진 않았어도 냄새를 맡아 냈다. 그리고 그녀에게서 육감을 이끌어 낸 것이 바로 냄새다.

조향사들은 백화점에 쇼핑 온 손님들을 자극할 만한 냄새를 만들어 낸다. 안정감을 주는 냄새로 웰니스 센터의 안락함을 책임지고, 크리스마스 시즌에는 백화점 곳곳에서 크리스마스 기분을 유도하는 성분이 조명이나 향초에서 풍겨 나온다. 그렇지만 이러한 냄새가 모든 사람에게 똑같이 편안하게 다가오는 것은 아니다. 음악과 비슷하다. 어떤 사람은 하프 소리를 들으면 마음이 편안해진다고 좋아하지만 어떤 사람은 되레 불안감을 느낀다고 말한다. 게다가 어떤 사람은 하프가 연주되었는지도 모른다. "뭐? 캐비닛에서 음악이 흘러나왔다고?"라며 놀라워할 수도 있다. 완전히 헛들은 것이다.

냄새도 마찬가지다. 사람마다 반응하는 민감도가 다르다. 만약 인간이 냄새에 의해 로봇 과처로 강등될 수도 있다는 사실을 깨닫는다면 우리는 엄청 화가 나서 우리를 조종하려고 했던 회사들을 보이콧할 것이다. 하지만 모든 사람에게 이런 일이 일어날 가능성은 전혀 없으리라. 다수가 손사래 치며 싫어하더라도 그 냄새를 좋아하는 사람이 꼭 한 명씩은 있는 법이니까. 어떤 사람에게는 그 냄새가 아주 강하게 다가오지만 어떤 사람은 그저 그렇게, 또 어떤 사람은 무덤덤하게 반응한다. 모든 사람이 각기 다른 냄새에 각기 다르게 민감하다는 사실을 기억하자. 모든 사람의 마음에 드는 냄새를 만드는 일은 유토피아에서나 가능하다. 계속 그렇기를 바란다.

ALLES
GERUCHSSACHE

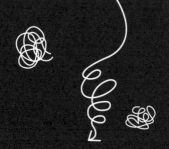

제7장

코가 냄새에
접근하는 방식
: 후각의 비밀

○   요즘 나와 연구팀이 주시하는 냄새는 대부분 ODT 이하인 것이다. 냄새의 밀집도가 낮을수록, 공기량 속 분자 수가 적을수록 후각 자극은 약하다. 우리는 ODT 이하의 냄새를 맡지 못한다. 냄새를 지각하려고 얼마나 노력하는지와는 상관없다. 또한 그런 냄새를 맡으려고 훈련할 수도 없다. 가슴에 손을 얹고 생각해보자. 약 100페이지 전에만 해도 ODT 이하에서 냄새가 꿈틀대고 있는지조차 전혀 모르지 않은가. 말로는 구체적으로 표현하기 힘든 이 현상은 암묵적 후각과는 또 다르다. 숲속을 산책하며 맡는 숲 냄새나 대도시에서 장을 보며 맡는 자동차 배기가스 냄새도 거의 인식하지 못한다. 이 경우는 그러한 냄새가 그곳에서 날 거라고 예상했기 때문에 따로 신경 쓰지 않는 것이다. 냄새와 환경이 딱 맞아떨어진다. "멋져, 이

향기로운 솔방울 냄새!"혹은 "오늘도 숨이 막히는군!"이라며
주의를 기울인 순간에야 불현듯 의식 속으로 들어온다.

　그 정도는 괜찮다. 하지만 이제부터 설명할 냄새는 우리가
의식하지 못하는 것이다. 밀집도가 너무 낮아서 **지각할 수 없었
던** 냄새다. 앞서 어린 쥐를 간지럽혔더니 이들이 킥킥거리며
웃었다는 이야기를 기억하는가? 지각할 수 없는 냄새는 이처
럼 인간의 귀로는 듣기 힘든 너무도 조용한 소리, 캄캄해지면
사람의 시각에서 사라져 버리는 색깔, 사람의 눈으로 좇기에는
너무도 빠른 박쥐의 날갯짓에 비교할 수 있다. 하지만 중요한
차이점이 하나 있다. 너무 작은 소리나 어둠 속에서 보이지 않
는 색깔은 삶에서 그다지 중요하지 않다. 행동을 비롯해 어디
에도 영향을 미치지 않는다. 반면 맡지 못하는 냄새는 우리가
진화하는 데 굉장히 중요했고 지금까지도 계속 영향을 미친다.
이는 나뿐만 아니라 다른 학자들의 연구에서도 찾아볼 수 있는
결과다. 사람들은 서로 의사소통하면서 무의식적으로 정보를
주고받는다. 호흡을 통해 들어온 분자들은 코의 특정 감각 세
포에 도달하고 계속해서 뇌로 정보를 전달한다. 추측건대 사회
적 분자social molecule도 자신이 가진 냄새가 명확하게 지각될 때 비
밀 통로, 즉 후각 세포의 일반적인 후각 수용체에 도달한다. 예
외적으로 아주 강한 냄새를 풍길 수도 있다. 예를 들어 운동을
마친 직후처럼 우리가 의식적으로 알아챌 만큼 굉장히 농축된

화학 물질을 뿜어내는 경우도 있다. 하지만 일반적으로는 코의 후각 영역과 후각 세포에는 또 다른 전문 수용체들, 이른바 사회적 냄새 전문가들이 자리하고 있다 추측된다. 단지 이 전문가들이 후각 수용체가 아닐 뿐이다. 이들은 사회적 본성에 따라 각각의 화학적 열쇠로만 열리는 자물쇠와 같다. 인간에게는 인간이, 개에게는 개가, X에게는 X가, Y에게는 Y가 맞는 것처럼 말이다. 여러 사람이 한 회사 건물에서 함께 일하지만 각자 담당하는 업무는 다른 상황을 생각하면 된다.

코를 건물로 생각해 보자. 정말 탁월한 비유다! 코는 마천루와도 같은데 그중 우리가 아는 건 그저 몇 층 정도겠구나에 불과하다. 린다 벅은 10여 년 전 처음으로 쥐에게서 특정 수용체를 발견했다. 이 수용체는 동식물체가 부패하거나 분해된 흔적에 존재하는 아민 단백질을 찾아내는 TAARs Trace-Amine-Associated-Receptors(미량 아민 관련 수용체)다. 세포 내 TAARs는 예전부터 그 존재가 알려져 있었지만 후각 세포 속 TAARs는 그렇지 않다. 그래서 이들을 발견하고 우리는 깜짝 놀랐다. 체내 세포 속에 있어야 하는, 즉 외곽 지역인 코에 있을 것들이 아니기 때문이다. 여기서 뭐 하는 거지? 도망친 건가? 더 흥미로운 건 TAARs가 무엇에 의해 활성화되었는지다. 후각 세포에 잡혀 있으니 냄새에 의해 활성화된 건가? 그리고 정말로 TAARs는 냄새에 반응했다. 더군다나 사회적 신호로서 다른 쥐의 냄새에도 반응을 보였다. 놀라운 사실이다!

몇 년 후 후속 연구를 통해 TAARs라는 이 전문가들이 인간의 코에서도 활성화된다는 사실이 밝혀졌다.[43] 인간의 TAARs도 쥐와 마찬가지로 사회적 신호로서 들어온 냄새에 관여할까? 그렇다면 다른 후각 세포와는 다른 행동이 나타나야 한다. 냄새는 개개인의 경험에 따라 각기 다르게 받아들여지지만, 두려움이나 공격성 같은 사회적 위험 신호는 미리 학습하거나 익숙해질 필요가 없다. 호감이나 친밀한 관계를 형성하고 싶은 마음과 같이 우리가 무의식적으로 받아들이는 후각 메시지도 익숙해질 필요가 없다. 이러한 냄새는 빨간 응급 신호처럼 늘 그때그때 즉각 반응해야만 한다. 우리에게 익숙한 냄새는 틀림없이 냄새 이상의 의미가 있다. 주변에서 비일비재하게 맡을 수 있거나 문화적으로나 개별적으로 그 냄새와 연결되어 있기 때문이다. 앞서 예로 들었던 장미꽃(로맨틱 대 음식)이나 정향나무(크리스마스 대 치과)처럼 말이다. TAARs는 전 세계의 무의식적 메시지들을 해석해 낸다. 갓 태어난 아기도 여기에 반응한다. 어느 나라에서나 공통이다. 추측건대 사회적 냄새는 대부분 무조건 자극이다. 두려움이나 폭력에 대한 냄새처럼 학습할 필요가 없다. 꽃향기나 식료품 냄새는 문화에 따라 다르게 받아들여질 수도 있지만, 전 세계에 걸쳐 생물학적으로 중요한 냄새는 그러한 냄새와는 다르게 처리된다. 이에 대한 첫 번째 증거는 일본에서 쥐를 대상으로 진행한 실험 결과에서 찾아볼 수 있다. 쥐는 인간처럼 상한 음식물 냄새에 반감을 보인다. 게다가 여우나 표범 냄새를 굉장히 꺼려서 이들의 냄새를 맡으면 두려움에 그 자리에 얼어붙거나 최대한 빠르게 도망친다. 야생에서 한 번도 살아 본 적 없는 실험용 쥐도 마찬가지다. 상식적으로도 맞는 반응이다. 지금까지 상한 음식이나 여우를 접해 본 적이 없다고 해도 그러한 위험의 냄새를 맡으면 무조건 도망쳐야 하니까 말이다. 생물학자와 의학자로 구성된 연구팀은 후각 망울에서 특정 세포군이 제대로 기능하지 않으면 쥐가 맹수 냄새나 부패 냄새에도 반응하지 않는다는 사실을 알아냈다. 그러한 냄새를 맡으면 도망치도록 훈련시킬 수는 있었지만 생전 처음 그 냄새를 마주한 쥐는 중립적인 반응을 보였다. 후각 망울에는 역겨운 냄새(부패)와 두려움을 유발하는 냄새(맹수)에 반응을 보이는 세포가 있다는 것을 설명한다.

관련 증거를 요약해 보자면 생존에 필수적인 냄새는 꼭 학습할 필요가 없다. 추측건대 우리 코에는 특성화된 수용체, 즉 TAARs가 있고 후각뇌에는 특정 세포군이 있어 태어날 때부터 우리에게 무엇이 위험한지를 이미 알고 있다. 그렇기에 냄새를 맡는다고 해서 다 똑같은 게 아니다. **무엇**의 냄새를 맡는가에 따라 모두 다르다.

그런데 눈치챘는가? 쥐 실험은 사실 역겨움과 두려움이라는 정서에 관한 것이다. 연구자들은 이 두 가지 정서 상태가 이미 초기 단계부터 뇌의 서로 다른 세포군에서 해석된다는 사실을 알아냈다. 하지만 뇌에서 두려움과 역겨움을 상이하게 받아들인다는 이 연구 결과의 혁신적 의미를 해당 연구자들도 제대로 깨닫지 못했다. 안타깝게도 이 점에 주의를 기울인 심리학자는 극히 소수에 불과하다. 지금까지도 심리학자들은 인간에게 하나하나 구분되는 기본 정서들이 있는지 아니면 정서를 생물학적으로 좋거나 좋지 않은 상태로만 구분할 수 있는지 여전히 논쟁 중이다.

내가 깊은 관심을 가지며 눈여겨보는 질문도 바로 이거다. 인간의 정서는 구분할 수 있는가? 만약 그렇다면 생물학적으로 어떻게 분류해야 하고, 그중 어떤 정서가 문화적 차이를 보이며 학습되는 것인가? 이 물음에 답할 수 있다면 우울증, 불안, 강박, 트라우마 등에 관해 새로운 지식을 상당히 많이 알 수 있을뿐더러 획기적인 치료법도 찾아낼 수 있을지 모른다. 지금까지 확실하게 입증된 사실은 생물학적으로 중요함에도 ODT 이하인 냄새들에 반응하는 방법은 따로 학습할 필요가 없으며 이는 인간에게 기본적으로 갖춰진 조건이라는 것이다. 이제부터 우리는 우리의 직감이 그냥 그러한 기분이나 심적 상태가 아니라 이른바 전문가들이 파악해 낸 경고나 응원임을 증명해 내야만 한다.

사업 파트너에게서 4퍼센트의 두려움과 72퍼센트 정도의 공격 성향이 보인다는 식의, 전문가들이 쓸법한 세련된 표현은 아니지만 우리는 이렇게 표현할 것이다. "뭔가 이상한 기분이 들어."

물론 학자인 나에게도 직감이 있다. 그래서인지 정서의 구분과 관련한 확실한 직감이 느껴진다. 동시에 내게서 뛰고 있는 연구자의 가슴이 정서의 기본 구조에 관해 더 확실한 증거를 찾아 나가게 한다. 이 연구 영역에서 나는 여러 차례 새로운 현상을 처음으로 찾아냈다. 말했다시피 나는 운이 좋았다. 물론 냄새가 푸대접받는 세상이라 함께 연구하는 동료가 그렇게 많지는 않다. 새로운 연구 주제를 찾아내면 달로 탐험을 떠나는 듯한 기분이 든다. 엄청나게 흥분되고 행복하다. 몇몇 연구 결과는 아직 발표하기에는 이르지만, 훗날 지능에 대한 우리의 생각을 재검토하고 수정하도록 할 듯하다. 사람은 정말로 지능검사에서 높은 점수가 나올 때, 엄청나게 복잡한 수들의 덧셈과 뺄셈을 잘할 때만 가치 있는 걸까? 내 눈에는 그다지 효용성이 없어 보이는 검사다. 이에 관해서는 '제10장 지능은 코에서 시작된다'에서 좀 더 자세히 다루어 보자. 다른 오감보다 이른바 이성의 영향을 덜 받는 후각 덕분에 우리는 직감이란 것을 갖는다. 사고에서 느낌으로의 변화는 새로운 심리학 영역을 만들어 낼지도 모른다. 다양하고도 아주 많은 정보가 다루어지는 이 복잡 미묘한 영역을 연구하는 일은 엄청난 도전이 아닐 수 없다.

∴ 냄새 확대경

냄새를 맡지 못하는 대상을 어떻게 연구하느냐고 물을 수 있다. 사회적 냄새를 어떻게 얻을 수 있을까? 도대체 사회적 냄새는 어디에서 나오는 걸까?

우리가 뿜어내는 사회적 냄새는 체액에서 휘발되는 분자들로 구성된다. 물리적 응집 상태는 고체, 액체, 기체 형태라는 사실을 기억하는가. 공기 중으로 날아가 코로 들어오는 기체 형태의 물질 분자들은 땀, 침, 눈물, 질 분비물, 정액, 똥, 오줌 등의 액체에서 비롯된 것이다. 냄새가 나올 수 있는 액체를 만드는 피지선에는 아포크린샘과 에크린샘 두 종류가 있다. 몸 전체에 골고루 분포한 에크린샘은 묽은 분비물을 만들어 내며 체온을 조절하는 역할을 한다. 더우면 땀이 나면서 체온이 내려가는데, 이는 우리가 과열 상태에 놓이는 것을 막는다. 아포크린샘은 생식기, 항문, 겨드랑이처럼 털이 난 신체 부위에 많이 분포해 있고, 지방이 함유된 친親유성 물질을 만들어 낸다. 아포크린샘은 체온 조절과는 전혀 관련이 없고 태어날 때부터 형성되어 있지만 사춘기가 될 무렵에야 할 일이 생긴다. 이러한 이유로 성호르몬 함유량과 연관된 사회적 정보는 아포크린샘을 통해 전달되는 것으로 추측된다. 이 샘에서 생성된 분자들은 우선 전구물질(어떤 물질에 선행하는 물질 ─옮긴이)이 된다. 휘발성이 없는 분자는 날아가지 않거나 극히 소량만 공기 중으로 전달된다. 그다음에는 박테리아가 필요하다. 박테리아가 부족할 일은 없다. 박테리아는 우리 몸 곳곳에 대량으로 존재한다. 신체 부위에 따라 각각 다른 박테리아가 살고 있다. 어떤 박테리아든 이 전구물질을 좋아한다. 좋아하다 못해 동화된다. 마지막으로 공기 중으로 날아가 코에 들어가게 되는 휘발성 분자가 형성되는데, 그 수가 아주 많으면 우리도 냄새를 맡을 수 있는 화학적 정보가 된다. 새콤한 냄새, 땀내, 매운 냄새, 코를 찌르는 냄새, 달콤한 냄새, 향기로운 냄새, 젖내, 썩는 냄새, 기름내, 완두 수프 냄새, 쉰내 등 사람마다 다른 체취가 풍기는데 이는 신체 부위별로 존재하는 각각의 박테리아군 때문이다. 사람마다 몸에 있는 박테리아군은 다르다. 성별이나 문화, 유전적 배경에 따라서도 차이가 있고 식단 역시 영향을 미친다. 무엇을 먹는가에 따라 각기 다른 박테리아가 형성되기 때문이다.[44]

겨드랑이에서만 100여 개의 물질이 만들어진다. 가스 크로마토그래피라는 화학 기술을 활용하면 기체 안에 얼마나 다양한 물질이 들어 있는지 알 수 있다. 그렇지만 기술이 아무리 정확하다 해도 사람 코만큼은 아니다. 이 분석법으로 100여 개의 물질 가운데 상당수를 식별해 내지만, 사람 코는 이보다 더 많은 수의 물질을 알아낼 수 있다. 게다가 현재 기술력으로는 감지하기 힘든 아주 희미한 물질도 식별 가능하다. 분자 수가 너무 적어 가스 크로마토그래피로는 구분할 수 없지만 사람의 코로는 파악할 수 있는 몇몇 단일 분자를 보면 이를 확언할 수 있다.

우리 습관 역시 냄새에 영향을 미친다. 몇몇 질병이 풍기는 '특정 표시'를 기억하는가. 이와 동일한 방식으로 식습관도 냄새 속에서 깃발을 흔들어 대고 있다. 밀집도가 아주 낮으면 기술로는 감지해 내지 못한다. 하지만 코는 속일 수 없다. 그런 의미에서 코의 승리다. 그런데 이건 우리가 자주 경험하는 것 중 그저 하나에 불과하다.

∵ 나는 냄새로 당신이 뭘 먹었는지 안다

유감스럽게도 코는 말을 못 한다. 설사 말할 수 있다고 해도 "어제 돈가스를 먹은 채식주의자의 냄새가 나"라고 말할 리는 없다. 그런데 누가 육식주의자인지 혹은 채식주의자인지는 냄새로 지각해 낼 수 있다. 육식주의자의 냄새가 더 불쾌하고 강한 반면 채식주의자의 냄새는 더 부드럽고 약하며 더 매력적이다.[45]

연구에 따르면 상대방에게서 편한 냄새가 날수록 그 사람에게 가까이 다가갈 가능성이 커진다. 반면 상대방에게서 불편한 냄새가 나면 거리를 두고 빗장을 내건다. 냄새가 매혹적이면 마음의 문을 열고 그 사람에게 다가간다. 상호 작용을 넘어서로 이야기를 나누며 우정과 사랑을 쌓고 심지어 결혼까지 한다. 그러나 우리는 대부분 이를 깨닫지 못한다. 상대방과 어떻게 처음 대화를 나누게 되었냐고 물으면 장난기 가득한 눈이 다정해 보였다, 누군가를 떠올리게 했다는 등 여러 이유를 말한다. 모두 사실일 수 있다. 하지만 무엇보다 그 사람에게서 풍긴 냄새가 결정적인 역할을 했다. 만약 그 사람에게서 좋지 않은 냄새가 풍겼다면 거리를 뒀을 것이다. 냄새가 강할수록 거리를 둘 가능성은 커진다. 그런데 어째서 육식주의자의 냄새는 채식주의자의 냄새보다 강하게 인식될까? 진화 역사와 관련지어 설명해 보자. 먼 옛날, 서구 사회는 채소 위주로 식사했고 고기를 먹는 건 예외적인 일이었다. 고기는 냉동고에 보존할 수 없어 그때그때 사냥으로 얻어야 했으며, 그러려면 아드레날린이 많이 분비되어야 할뿐더러 공격 태세도 갖춰야 했다. 채소를 수확하는 일은 그렇게 위험하지 않았다. 즉, 위험의 냄새를 유발하지 않았다. 이처럼 냄새를 지각하는 일은 늘 우리 생존과 관련된다는 사실을 잊어서는 안 된다. 위험한가 아니면 안전한가?

코는 아침이든 저녁이든, 월요일이든 일요일이든 똑같아 보인다. 코에 뾰루지가 났거나 성형 수술로 변화를 줬다면 다른 문제겠지만 말이다. 그런데 앞서 언급했듯 냄새는 휘발성이다. 오늘 다르고 내일 다르다. 내 상태가 어떤가에 따라 냄새도 달라진다. 그리고 이렇게 달라진 냄새는 다른 사람들이 금방 알아차린다. 단 열두 시간의 단식으로 체취가 달라진다! 나는 독일 오스나브뤼크 출신의 우르줄라 슈토크호르스트와 함께 이에 대한 실험을 한 적이 있었다. 실험 참가자들에게 단식 중인 사람의 냄새를 맡게 했고 동시에 뚱뚱하고 마른 사람들의 실루엣을 보여 주었다. 뇌파 측정 결과 피실험자들의 뇌는 뚱뚱한 사람과 마른 사람에 서로 다른 반응을 보였다. 반대로 마른 사람의 사진을 보여 주며 뚱뚱한 사람의 체취를 풍기자 그들의 뇌는 뚱뚱한 사람을 봤을 때와 같은 반응을 보였다. 한 사람의 전체적 인상은 결국 그 사람이 풍기는 체취에 따라 달라지는 것이다. 심지어 사람의 풍채조차 지금 그가 배가 부른지 단식 중인지에 따라 다르게 인식한다.[46]

∴ 단식 향수

코는 상대방이 방금 뭘 먹었는지 아닌지를 알아내는 아주 훌륭한 탐정꾼이다. 코는 아주 짧은 단식 기간도 알아낸다. 체코 프라하의 행동 연구자인 얀 하블리체크는 실험을 위해 체취 기증자들에게 이틀 동안 단식을 부탁했다.[47] 이들의 겨드랑이 냄새를 단식을 시작하기 전, 단식을 하는 동안, 단식이 끝나고 사흘 뒤 총 세 차례에 걸쳐 채취했다. 단식을 끝낸 사흘 뒤 채취한 냄새는 단식 시작 전이나 단식하는 동안 풍긴 냄새보다 덜 강했다. 더 편하고 좋은 냄새가 났다. 이를 어떻게 설명할 수 있을까?

거의 모든 동물이 규칙적으로 단식 생활을 한다. 어느 때건 음식을 꺼내 먹을 수 있는 냉장고가 동물에게는 없다. 식량을 비축할 수 없으니 매번 새로 구해 와야만 한다. 우리 선조들도 마찬가지였다. 열매를 모으거나 사냥을 나가야만 했다. 열매를 모으더라도 다 익은 열매만 먹을 수 있었고, 주변에 저 말고는 그 열매를 따려는 경쟁자가 없어야 했다. 사냥 역시 쉽지 않았다. 먹잇감이 크고 강한 동물이면 되레 뿔과 이빨을 들이대며 공격해 올 수도 있었기에 위험이 따랐다. 따라서 예전에는 단식이 이례적인 행위라기보다는 지극히 당연한 일이었을 것이다. 유기체는 100만 년 이상의 시간 동안 단식에 익숙해졌고,

따라서 단식이 필요하기도 하다. 그간 우리는 수백 개의 연구를 통해 단식하는 동안 특히 체세포가 회복되고 독소가 몸에서 빠져나간다는 사실을 알게 됐다. 회복 상태에 접어들려면 최소한 반나절, 가능하다면 좀 더 긴 시간 동안 아무것도 먹지 않아야 한다. 규칙적으로 단식하는 동물이나 사람이 더 건강하게 오래 사는 이유도 이 때문이다. 뇌도 더 건강해지며 파킨슨병이나 알츠하이머 같은 질환도 덜 발병한다.[48] 하블리체크의 연구 결과를 바탕으로 우리는 건강 상태에 따른 냄새도 맡을 수 있을 것으로 예측한다. 체취는 세포가 회복된 다음에야 비로소 달라진다. 세포가 회복되는 동안 우리 몸은 미약하게나마 스트레스를 받는다. 저장 에너지를 사용하는 일이 꽤 번거롭기 때문이다. 하지만 단식이 끝나면 유기체는 이전보다 더 건강해진다. 이는 냄새로 판단 가능하다.

언젠가는 단식 향수라는 것도 출시되지 않을까 싶다. 뿌리기만 하면 주변 사람들 눈에 체중이 2~3킬로그램 정도 적게 나가는 것처럼 보이는 향수 말이다. 아니면 아시아인과 유럽인이 비슷한 냄새를 풍기게 하는 통합 향수! 아시아인과 유럽인에게는 서로 다른 체취를 풍기게 하는 유전학적 차이가 있다. 이러한 체취의 대부분은 식단 차이에서 비롯한다. 유럽인이 아프리카에 살며 현지 음식을 즐겨 먹으면 체취도 바뀐다. 반대의 경우도 마찬가지다. 이러한 관계성을 인지하는 것이 중요하다. 단지 한발 앞서 나가기 위해서만이 아니라, 이를 통해 우리가 거부하거나 꺼리는 대상을 다른 관점에서 접근해 살펴볼 수 있기 때문이다. 무의식적으로 맡은 냄새가 우리를 혼란스럽게 한다는 사실을 의식적으로 인지하게 되면 비이성적인 선입견들을 합리화할 만한 '이성적인' 근거들을 굳이 찾아낼 필요가 없어진다.

물론 학술적인 실험 규정을 하나하나 후각 세계에 적용할 필요는 없다. 생선 냄새 혹은 채소 냄새만 풍기는 사람은 없다. 모두가 냄새 꾸러미를 가지고 있고, 냄새 다발을 동시에 발산한다. 게다가 냄새의 발신자만 문제인 것도 아니다. 냄새는 수신자에 의해서도 좌우된다. 이들도 각기 개별적으로 갖춘 후각 세포(추측건대 앞서 언급한 여러 전문가들)에 따라, 또 개개인의 경험과 문화적 배경에 따라 냄새를 다르게 받아들이고 평가하기 때문이다. 실제로 냄새만을 근거로 이렇게 말할 사람은 절대 없다. "그의 테스토스테론 수치는 Y야. 두 시간 전에 크뇌델(감자, 빵, 고기 등을 뭉쳐 완자 형태로 만든 독일 전통 음식—옮긴이)을 곁들인 소고기 스테이크를 먹었어. 서른세 살이고 인후통이 있어." 물론 대화를 통해 이 모든 정보를 파악할 수도 있다. 하지만 대화라는 것도 서로 좋은 냄새를 맡을 수 있을 때나 자발적으로 이루어진다는 점을 기억하자.

∴ 코는 평화의 대변인

서로의 냄새를 잘 맡으려면 종종 함께 식사하는 게 도움이
된다. 예전부터 사람들은 밥을 함께 먹으면서 문제를 해결해
나갔다. 식사를 함께하면 대화로는 잘 풀리지 않던 문제의 매
듭이 풀리기도 한다. 이는 이른바 신뢰 기반 처치법으로 우리
에게 평화를 선사한다.

자신의 음식을 다른 사람들과 나눈다는 것은 나쁜 의도가
전혀 없음을 상대방에게 보여 주는 의미이기도 하다. 게다가
식사를 함께하면 쾌적한 분위기가 형성되어 평상시에는 쉽게
꺼내기 힘든 대화 주제나 이야기도 좀 더 편하게 나눌 수 있다.
부분적으로 이는 음식물을 섭취하는 동안 몸에서 일어나는 과
정에 기인한다.

켈트족은 이에 관해 자세히 알지는 못했지만 짐작은 했던
듯하다. 켈트족 지도자들은 자기에게 예속된 사람들을 위해 엄
청난 파티는 아니더라도 연회를 베풀어 술과 고기를 대접하고
이들을 편하게 해 주고자 노력했다. 가끔은 칼을 빼 드는 것보
다 배를 채워 주는 게 더 큰 평화를 불러온다. 하지만 사실 배보

다 코가 우위에 있다. 코는 상대방의 타협 의사를 아주 잘 감지해 낼 뿐만 아니라 화학적 의사소통으로 제 주인의 타협 의사도 전달해 주기 때문이다.

ALLES
GERUCHSSACHE

제8장

사랑은
코를 타고

○   '사회적인 화학적 의사소통'이란 말을 한 번이라도 들어 본 사람은 보통 머릿속에 딱 한 가지를 떠올린다. 페로몬! 바로 성적 호르몬이다. 다른 때보다 봄에 많이 분비되고 매년 똑같은 패턴이 반복된다. 자연은 잠에서 깨어나고 새들은 짝을 부르고 언론 매체들은 내게 전화를 걸어온다. "교수님, 뭐 새로운 거라도 있나요?" "성적 매력을 어필하는 로션이 드디어 출시됐나요?" 해마다 같은 사람이 질문한다. 전화를 처음 건 사람은 좀 더 조심스럽게 질문한다. "어떤 사람은 성적으로 특히 매력적인 냄새를 풍긴다는데 맞나요? 잠자리가 너무 쉽게 끝나서 걱정인 사람들에게 도움이 될 향수나 알약 혹은 스프레이가 있을까요?"

∴ 섹스 스프레이

적지 않은 후각 연구자가 섹스 스프레이를 발명하고 싶어
한다. 만들기만 하면 돈방석에 앉을 것은 자명한 일이다. 사람
들은 파트너를 몸 둘 바 모르게 할 기적의 스프레이를 바라는
지도 모른다. "모든 사람이 나를 비범하고 매력적이며 관능적
이라 여기겠지. 다른 사람과의 만남도 쉬워지고, 사업할 때도
내가 원하는 조건대로 협상할 수 있을 거야. 만나는 사람마다
이 유혹의 물질 때문에 마냥 기분이 좋고 모든 게 향기롭게만
느껴질 테니까." 이러한 환상에 빠진 사람들이 흔히 잊고 있는
사실이 한 가지 있다. 자, 그런 게 있다면 나 혼자만 쓰겠나? 더
군다나 두 번째 만남부턴 가까이하고 싶지 않은 사람도 관능적
으로 계속 나를 자극해 댈 수 있다. 그렇다 한들 끊임없이 도망
치면 되니까 그런 일은 절대 일어나지 않겠지만. 이런 스프레
이를 누군가가 만든다면 그 마법 같은 힘을 혼자서만 사용하고
싶을 테니 부자도 못 될 거다.

어른들을 위한 동화는 여기까지다. 성적 매력을 어필하는
스프레이란 없다. 생물학적으로 불가능하니 앞으로도 이런 스
프레이는 만들어지지 않을 거다.

3년 전, 상당수의 페로몬 연구를 바탕으로 리뷰 논문(특정

주제에 관한 여러 논문의 연구 결과들을 요약하거나 연구 동향 등을 개괄적으로 살펴보는 논문―옮긴이)을 발표하면서 이게 얼마나 무의미한 일인가를 이야기한 적이 있다.[49] 후각 연구자라는 사람들이 보이는 정직하지 않은 모습에 종종 화가 치밀어 오른다. 늘 바라는 일이지만, 연구자라면 무엇보다 진실과 마주해야 한다. 그러나 어떤 연구자들에게는 돈과 명성이 영순위이곤 했다. 이러한 사실을 알기 싫은데도 어쩔 수 없이 마주해야만 했다. 코에 대해 제대로 알지도 못하는 사람들의 이야기는 내가 봤을 땐 완전히 사기다.

몇 년마다 활개를 치는 이런 식의 이야기는 매번 똑같은 수법으로 일어난다. 한 연구자가 사람에게서 페로몬 YXZ 분자를 발견했다고 발표한다. 하지만 이에 관한 어떠한 정보도 밝히지 않는다. 되레 사업상 기밀인 것처럼 행동한다. 자세하게 말 한마디도 못 하면서 YXZ 분자에 의해 야콥손 기관이 활성화된다는 식의 헛소리만 늘어놓는다. 꽤 학술적으로 들리니 언론 매체가 좋아하고, 이 주제로 후속 연구를 해 보고 싶은 다른 후각 연구자들도 좋아한다. 연구자들은 우호적인 태도로 그에게 언젠가는 세부적인 내용을 얻으리라 기대하며 연구에 관해 질문한다. 하지만 이처럼 완전히 새롭게 알려진 사실을 증명하려면 많은 후속 연구와 결과가 필요하다. 몇 년에 걸쳐 연구하고 연구하고 또 연구한다. 그런데 아무런 결과도 없다. 발견한 게 없으면 발표할 것도 없다. 발표하지 못하면 명예도 돈도 아무것도 얻는 게 없으니 짜증만 난다. 그간 공식적으로 발표된 건 아무것도 없다. '성적 유혹 물질이 있을 수도 있다'에서 '성적 유혹 물질이 있다'라고 주장한 이 초짜 골드 디거gold digger(돈을 목적으로 연애나 결혼하는 사람을 일컫는 말―옮긴이)는 후각 학회에서 더는 모습을 보이지 않는다. 사실 이런 미심쩍은 분자에 관해 연구했다고 인정하는 일은 그 자체로 부끄럽다. 발표된 연구 결과가 이상할 대로 이상하다는 것은 모두가 잘 알고 있다. 사람에게는 더는 있지도 않은 야콥손 기관에 영향을 미치는 최상의 페로몬을 발견했다니…….[50]

그러한 결과가 어떤 데이터를 바탕으로 어떻게 나왔는지 궁금하지 않을 수 없다. 무無에서 페로몬이 생기는 방법, 흥미로운 연구 주제 아닌가? 아홀로틀(멕시코도롱뇽 또는 우파루파로 명명되는 도롱뇽―옮긴이)이라도 되나? 이 도롱뇽목目 양서류는 동물계에서 유일무이한 존재인데, 잘려 나간 손발뿐만 아니라 척추, 심장, 뇌 일부까지 재생할 수 있다.

선행 연구들의 오류는 무엇 때문에 발생했을까? 몇 가지를 찾아냈는데, 연구 모두 자연적으로 생겨나는 페로몬보다 밀도가 약 100만 배 높은 페로몬을 사용했다. 16세기 파라셀수스 시대 이후 우리는 전 세계 어떤 물질이든 용량에 따라 영향력이 다르다는 사실을 알고 있다. 일례로 우리 몸에는 소금이 반드시 필요하지만 지나치면 목숨이 위태로울 수 있다. 영양분, 무기질, 비타민, 햇빛 등 거의 모든 것이 그렇다. 우리 몸에는 항상 일정량이 필요하다. 지나치게 적거나 지나치게 많으면 몸은 아프다. 독성 물질도 마찬가지다. 농도가 적당히 옅으면 더는 유독하지 않다. 스위스의 화학자 아무레올루스 파라셀수스가 말하길, **약과 독의 차이는 용량**이다. 화학적 신호의 농도가 부적절하면 전혀 반응하지 않거나 예상과는 완전히 다른 반응을 보이는 동물도 있다. 농도가 적절하다면 개미들은 다른 개미가 보내는 위험 신호에 대부분 반응한다. 즉 도망간다. 개미들은 엄청난 분자 더미 너머로 거대한 개미 한 마리가 있다고 생각할 것이다. 약학과 학생이라면 1학년 때 배우는 기본적인 내용이다. 동료 교수들은 어째서 이를 간과했을까? 추측건대 그들은 이런 사소한 주제에는 관심이 없었다. 가능한 한 빨리 다수의 논문을 발표함으로써 엄청난 부와 명예를 안겨 줄 성적 매력 가득한 주제가 더 중요했던 게 아닐까.

오류를 정정하는 일은 기만행위만큼 매력적이지 않다. 기껏해야 유명한 신문이나 저널에 자투리 기사로 한 줄 나가는 게 전부다. 덕분에 페로몬에 관한 이 황당무계한 소문은 그렇게 대중 사이로 퍼져 나간다. 그리고 봄이면 봄마다 사람들은 꽃을 피워 달라고 내게 부탁한다. 코끼리 상아가 성욕을 높여 준다는 내용을 학술적으로 증명하는 연구들과 별반 다르지 않다. 인간이 저지른 오류로 코뿔소, 고래, 곰 등 수많은 동물이 잔혹하게 죽어 간다. 동물들에 관해 이야기하고 있으니 한마디만 덧붙이자. 동물은 대부분 저만의 유혹 물질에 관한 비밀을 가지고 있다.

∴ 극비 사항: 유혹의 물질

대부분의 동물이 성적 매력을 어필하거나 교미할 채비가 되었음을 알리는 데 냄새를 활용한다. 이때 거의 모든 동물이 특정 농도와 조합을 갖춘 다수의 분자를 사용하는데, 예외적인 경우도 있다. 아주 흔치 않은 예지만 누에나방의 성적 유혹 물질은 단수 분자로 구성되어 있다.

누에나방의 페로몬은 1950년대 말에 처음 발견됐다. 이들은 단수 분자를 사용하는 만큼 이에 관한 연구 진행은 어렵지 않았다. 다른 종은 더 조심히 다뤄야 한다. 후각적 의사소통은 다른 종의 동물에게 방해받지 않도록 극도의 주의를 필요로 한다. 그렇지 않으면 연구 목적에서 벗어날 수도 있다. 여느 때와 지극히 다를 바 없는 비밀 루트가 보장되어야 한다는 뜻이다. 누구나 무리 내 고유 코드가 유지되길 바란다. 특히 동물에게는 생존과 관련된 문제이기에, 그들만의 의사소통 방식이 포식자에게 들통나선 안 된다. 동종끼리 주고받는 사회적 신호는 그들끼리만 알고 있어야 한다. 후각적 의사소통 역시 사회적 신호 중 하나다. 같은 종의 동물은 교미 시기 등 자신이 싸울 채비가 덜 된 때를 다른 동물들이 모르길 바란다. 이때는 이른바 잠에서 덜 깬 상태라 쉽게 먹잇감이 될 수 있다. 동종 간이라도 성적 의사소통에 관련된 분자들은 몰래 알아채기 힘들다. 누에나방과는 달리 대부분 다수의 분자로 이루어져 있기 때문이기도 하다. 이례적으로 하나 혹은 적은 수의 분자로 정보를 주고받는 동물은 흔히 잘 알려지지 않은 분자를 활용한다. 그래야 그들만의 냄새 언어를 다른 종의 동물들이 이해하지 못한다.[51]

인간은 누에나방이 아니다. 우리의 유혹 물질은 한 번도 풀린 적 없는 비밀번호처럼 아주 잘 암호화되어 있다. 그러므로 앞으로도 섹스 스프레이, 러브 스프레이 같은 건 나올 수 없다. 우리는 아무런 도구 없이 짝을 찾아야 한다. 어떻게 생겼든, 어떤 냄새를 풍기든 다 자기 짝을 찾는다. 짚신도 제 짝이 있는 법이다.

❖ 아름다움의 냄새

아름다움이란 뭘까? 일반적으로 정의하는 미美의 개념이
란? 평가 기준은 뭘까? 이러한 질문에 답하고자 아주 많은 연
구가 시행되었는데 공통된 결론은 이렇다. 외형적인 측면에서
는 매력적이라고 판단하는 기준이 있다. 사람들은 보통 대칭형
얼굴을 예쁘다 혹은 잘생겼다고 생각한다. 그리고 대칭형 얼굴
은 젊은 사람에게서 더 많이 나타난다. 대칭형 얼굴을 신체적
건강의 척도로 간주하는 생물학자들도 있다. 어쨌든 얼굴이 대
칭형일수록 매력적이다라는 말은 맞다. 이후 연구에 따르면 대
칭형 얼굴을 가진 사람들은 체취 역시 대체로 더 좋게 평가받
았다.[52] 이렇게 생각할지도 모르겠다. '쳇, 멋지네! 그럼 내 얼
굴은 그다지 대칭형이 아니니까 내 몸에서 나는 냄새도 별로라
는 소리잖아. 내 기분을 엉망으로 만들어 줘서 눈물 나게 고맙
군.' 아니다. 이렇게 결론 낼 필요가 전혀 없다. 이 연구 결과들
은 이른바 피그말리온 효과(자기 충족적 예언. 본인이 생각하거나
기대한 바가 행동에 영향을 미쳐 결국 자기 예언이 현실이 되는 상황
을 의미한다.—옮긴이)로 설명할 수 있다. 이해를 돕기 위해 다
음 실험을 살펴보자.

남자 실험 참가자들이 매력적인 여성의 사진을 본 후 한 여
성과 통화했다. 참가자들은 사진 속 사람과 통화한 사람이 동

일인이라 믿었지만 실제로는 다른 사람이었다. 이후 그들은 매력적이지 않은 여성의 사진을 본 후 다시금 통화했는데, 실험 참가자들은 상대 여성을 매력적이라고 **믿는가** 아닌가에 따라 더욱 솔직하고 친절하게 대하거나 아니면 완전히 정반대로 행동했다.[53]

사회 심리학자들은 잘생기고 예쁜 사람에 대해 사람들이 일반적으로 갖는 고정 관념이 있다고 말한다. 잘생기고 예쁜 사람이 더 다정다감하고 우호적이라고 흔히들 생각한다. 어떤 면에서는 맞는 말이다. 잘생기고 예쁜 사람들은 타인에게 좀 더 다정하게, 착하게, 우호적으로 행동한다. 그런데 다른 사람들의 기대 때문에 먼저 친절하게 대하는 것일 수도 있다. 잘생기고 예쁜 사람은 이른바 환경에 맞는 반응을 보인 것이다. 이러한 경우는 사실 주변에서 자주 찾아볼 수 있을뿐더러, 이미 1960년대부터 알려진 사실이다. 당시 연구자들은 학습에 관한 오류를 범했다. 이들은 특정 학생들에게 단시간 내에 영리해지는 능력이 있다고 믿었다. 하지만 틀렸다. 이들은 실험에서 임의 표본 추출법에 따라 선별한 학생들의 지능 변화를 살펴보았다. 자, 무슨 일이 일어났을까? 무작위 선별이었지만 실제로 어떤 학생들은 더 영리해졌다! 실험을 시작한 지 8개월 뒤, 영리해질 거라 추측했던 학생 가운데 약 50퍼센트가 지능 지수를 20점 높게 받은 것이다. 통제 집단에서는 지능 점수가 높아진 학생들이 19퍼센트에 불과했다. 이런 결과를 어떻게 설명할 수 있을까? 교수 중에 점쟁이라도 있었던 걸까? 아니다, 연구자들은 조만간 영리해질 것으로 기대된 아이들을 확연히 다르게 대했다. 더 자주 칭찬하고 더 많이 격려했으며 더 큰 믿음을 줬다. 이에 아이들도 자기 자신을 신뢰하면서 스스로 가치 있는 존재, 영리한 사람이라 생각하게 된 것이다. 본인이 해낼 수 있을 거라고 굳게 믿는 사람은 대부분 그렇게 해낸다. 심리학에서는 이처럼 스스로 잘 해낼 수 있다고 믿는 기대와 신념을 자기 효능감이라 부른다.

앞서 소개한 통화 실험을 되짚어 보자. 남자 실험 참가자들은 '얼굴이 예쁜 사람이 마음도 예쁘다'라는 고정 관념에 따라 매력적인 여성의 사진을 본 다음에 통화한 여성이 더 친절할 것으로 기대했다. 참가자들은 평범하게 생겼을 것으로 생각한 여성보다 예쁠 것으로 기대한 여성에게 본인 역시 더 상냥하고 더 적극적으로 다가갔다. 이에 예쁠 것으로 예상된 여성들도 참가자에게 더 친절하고 더 상냥하게 행동했다. 우리도 직접 시험해 볼 수 있다. 잘 모르는 사람에게 한번 아주 긍정적인 마음으로 친절하게 대해 보자. 최적의 대상은 지금까지 단 한 번도 제대로 이야기를 나눠 본 적 없는 사람이다. 그 사람은 이렇게 친절했나 싶을 정도로 깜짝 놀랄 경험을 하게 될 거다. 자,

이제 다시 처음으로 돌아가 보자. 선행 연구에 따르면 얼굴이 잘생기고 예쁜 사람이 좋은 냄새를 풍긴다. 그렇다. 잘생기고 예쁜 사람은 타인의 호의적이고 친절한 태도를 자주 경험했을 것이다. 그래서 이들은 사회적 관계망 속에서 더 큰 안전함을 느끼며, 자신도 다른 사람에게 우호적인 태도로 친절하게 대하게 된다. 이러한 이유로 얼굴이 잘생기고 예쁜 사람들이 좀 더 즐겁고 행복한, 좀 더 만족스러운 삶을 살아가는 게 아닐까 싶다. 나는 바로 이러한 감정 상태로 인해 체취도 달라진다고 본다. 우리에게서 풍기는 냄새를 바꾸는 것은 유전자가 아니라 우리가 스스로에 대해 갖는 생각, 앞으로 되고자 노력하는 모습 그리고 우리가 느끼는 행복의 크기가 아닐까.

여기에 딱 들어맞는 속담이 하나 있다. "가는 말이 고와야 오는 말이 곱다." 하지만 이 경우에는 뭐가 가는 말이고 뭐가 오는 말인지 분간할 수 없다. 성별에 따라 우리가 정의하는 아름다움이란 도대체 뭘까? 심리학자와 생물학자들은 아름다움을 결정짓는 요인을 확신할 수 있는가? 어깨가 넓은 남자와 엉덩이가 큰 여자가 매력적인가? 이세가 잘 생길 것 같아서? 아니면 날씬한 사람을 오히려 더 매력적으로 여기는가? 통상적으로 여자들은 남성스러운 남자를, 남자들은 여성스러운 여자를 선호한다. 많은 전공 서적에도 이렇게 쓰여 있다. 그런데 이러한 생각을 송두리째 흔드는 연구가 최근 발표되었다. 도드라진 턱, 하트 모양의 얼굴, 커다란 눈, 모든 게 다 뒤섞였다. 이 연구는 남성적인 남자와 중성적인 남자의 사진 그리고 여성적인 여자와 중성적인 여자의 사진을 주고 선호하는 쪽을 고르게 했다. 즉 남성적인 남자들은 전형적인 남성상이었지만 중성적인 남자들에게는 남성과 여성의 특성이 고루 섞여 있었다. 전형적인 남성상과 비교하면, 중성적인 남자들의 얼굴은 좀 더 부드럽고 강하지 않은 인상을 띤다. 여성들의 사진도 마찬가지였다. 중성적인 여자들의 경우, 아주 전형적인 여성상보다 더 각진 얼굴형이었다. 이 연구는 산업 사회, 대도시, 도시, 수렵 채집 사회 등 다양한 지역에서 행해졌다. 그 결과 산업 사회에서는 전형적인 여성상과 전형적인 남성상이 더 선호된다는 사실이 밝혀졌다. 남자들의 인상이 강할수록, 여자들의 인상이 부드러울수록 더 매력적으로 여겨졌다. 반면 도시화가 덜 될수록, 더 자연적인 방식으로 살아갈수록 중성적인 사람들, 즉 여성적인 인상을 함께 풍기는 남자나 강인한 느낌을 주는 여성을 더 선호했다.[54]

요즘은 성별에 따른 전형적인 특성을 예전만큼 중요하게 여기지 않는 것 같다. 요즘 남자들은 가족 부양을 위해 꼭 넓은 어깨를 가질 필요는 없다. 장기적인 경제 계획이 더 중요하다. 여자들의 경우, 멋진 남자를 보면 푹 빠질 것만 같은 동그랗고 커다란 눈을 가질 필요가 없다. 여기서 사랑에 눈이 먼다는 말이 생겨난 것 같은데, 정작 여자들에게 필요한 건 정확한 안목이다. 그런데 경제 및 사회 체계가 현대화될수록, 도시의 규모가 커질수록, 여자들은 매우 남성적인 남자를, 남자들은 매우 여성적인 여자를 선호했다. 이 결과는 우리에게 무엇을 말해 줄까? 굉장히 남성적이거나 여성적인 사람들보다 중성적인 사람들, 다시 말해 여성적인 특성과 남성적인 특성을 **모두** 갖춘 사람들이 장기적으로 봤을 때 더 행복하고 더 만족스러운 삶을 살아간다는 것이다. 이는 수십 년 전부터 알려진 사실이다. 중성적인 사람들이 더 높은 자기 복합성self-complexity(자기의 모습 및 개념을 다양하고 유연하게 인지하는 정도를 가리킨다. ─옮긴이)을 보이는 경향이 있다. 중성적인 남자들은 자동차 분해 및 조립, 캠핑 그릴 준비 등 특유의 남성적 활동뿐만 아니라 정원 가꾸기, 아기 돌보기 등 흔히 여자가 하는 일이라 생각되는 활동도 함께 즐길 수 있다. 그러면 더 다양한 경험을 쌓을 수 있고 행동 반경도 넓어질뿐더러 자아도 성장한다. 여자도 마찬가지다. 부지런하고 용감하기까지 하면 장기적으로 봤을 때 더 행복하다. 행복한 삶의 요건은 다른 사람이 짜 놓은 틀에 맞춰 살아가는 게 아니라 주어진 사회 문화 환경 속에서 최대한 자유롭게 살아가는 것이 아닐까.

어쨌든 예전 사회에서는 적어도 이랬다. 그렇다면 남자와 여자에 대한 미의 관점이 바뀐 이유가 무엇일까? 알 수 없다. 추측 가능한 이유 중 하나는, 규모가 작은 사회에서는 구성원이 여전히 한 사람 한 사람으로서 받아들여지기 때문이다. 남자 혹은 여자가 아니라 그저 한 사람, 한 개인으로 말이다. 사회의 규모가 클수록, 구성원 모두를 개인적으로 알기 힘들수록 빠른 개념화 작업을 위해 사람들을 하위 집단으로 분류하고 집단별로 전형적인 특성이나 고정 관념을 부여한다. 이때 성별에 따른 여성상과 남성상이 만들어졌을 수 있다.

∴ 사랑에 빠지는 건 인간인가 유전자인가

"성은 잘 팔린다."Sex sells. 맞는 말이다. 사랑과 배우자 선택에 관한 이야기에는 유전자에 관한 내용이 곧잘 나온다. 우리가 누구를 사랑할지도 유전자가 결정하는 건 아닐까? 결정적으로 작용하는 요인이 통장 개수, 가슴 크기, 이두박근, 검은색 혹은 파란색의 눈동자가 아니라 유전자 냄새라면? 유전자 냄새를 맡을 수나 있긴 한가? 저마다의 배너 위 바코드에 체취라도 찍혀 있는 건가? 1990년대 무렵 디플롬(독일어권 나라에서 수여되는 학위로 학사와 석사 통합 과정에 해당한다. ─ 옮긴이)을 마치면서부터 나는 배우자 선택과 관련된 면역 체계에 큰 관심을 가졌다.

우선 유전적으로 조작되어 사랑에 **빠진다**는 이야기나 유전자 파십_{Parship}(유럽 최대 온라인 데이트 주선 업체—옮긴이) 같은 게 있다는 이야기는 틀렸다. 오히려 그 반대다. 유전자는 우리가 누구를 사랑하지 **않을지를** 결정한다. 첫 번째이자 유일무이한 내 연구에 따르면 그렇다. 이 연구 결과, 유전자는 최고의 냄새를 풍기는 파트너를 찾는 게 아니라 특정 인물을 거부하는 드문 경우에만 관여한다. 우리는 냄새만으로 사랑하는 사람을 선택하지 않는다. 오직 냄새에만 의존하면 행복해지기 힘들다. 내 파트너는 축구 관람을 좋아하고 나는 범죄 영화를 좋아한다. 내 파트너는 스포츠광인데 나는 카우치 포테이토(소파에 가만히 앉아 TV나 영화만 계속 보는 사람—옮긴이)다. 마찬가지로 그는 기독교민주연합, 그녀는 좌파당. 그녀는 재즈 팬, 그는 드럼 연주자. 그녀는 집이 도둑맞은 것처럼 흐트러진 게 좋지만, 그는 병원 수술실 같은 깔끔한 느낌을 선호한다. 이러나저러나 아무 상관이 없다. 서로 공통된 관심사나 취미가 전혀 없다 한들, 그는 감정을 전혀 안 비치는 사람이고 그녀는 감정적인 사람이라고 한들 전혀 문제 될 게 없다. 대신 그 사람에게서는 엄청나게 황홀한 냄새가 나니까! 아니, 그럴수록 경계해야 한다. 냄새는 신혼여행을 위한 티켓이 아니다. 오히려 누구와는 절대 연애나 결혼을 하지 말아야 한다고 알려 주는 경고장이다.

음식을 먹을 때나 성행위를 할 때나 똑같다. 냄새가 둘 다 맛있지만 양배추는 먹고 콩은 먹지 말라는 식의 직접적인 이야기는 하지 않는다. 하지만 음식이 상했거나 질병을 일으킬 수 있을 정도로 위험할 때는 조심하라고 경고한다. 문자 그대로 정말 최악의 연인일 수도 있지만, 여기서 의미하는 건 단순히 냄새가 좋다 나쁘다의 뜻이 아니다. 전적으로 미래의 이세를 생각할 때 그릇된 냄새가 난다는 의미다.

일반적으로 원만하고 조화로운 관계를 유지하는 사람들이 더 행복하고 건강하다. 이는 면역 체계가 배우자 선택에 미치는 영향을 연구하는 계기가 되었다. 함께 살아갈 남자 혹은 여자를 찾는 데 무엇이 결정적 역할을 하는가? 마음, 머리, 부모님, 경제적 관심? 아니면 코? 나는 생물 심리학 연구 방법을 활용하여 이를 알아내고 싶었다. 생물 심리학적 관점에서 보면 신체에서 독립된 정신은 없다. 모든 정신 과정mental process은 생물학적으로 연결되어 있다. 유기체가 죽으면 영혼도 죽는다. 자연 과학자로서는 전적으로 동의하는 바다. 하지만 궁극적으로 정신은 철학적 주제이므로 한 인간으로서는 열린 결말로 내버려 두고 싶다. 영혼이나 신의 존재는 인간이 결코 증명해 낼 수 없으므로 영원히 개인의 신앙 문제로 남을 것이다. 그렇다고 해도 생물학적 측정 방법을 활용해서 피험자의 정신적 측면을 심도 있게 살펴보는 것은 가능하다. 이때 피험자 본인보다 연구자가 이들에 관해 더 많이 그리고 더 먼저 알게 되는 경우가 번번이 발생한다. 질문에 본인은 '아니오'라고 대답하지만, 생물학적 반응은 '예'인 상황 말이다. 이 사람이 거짓말을 했나? 아니면 그저 겸손해 보이려고 그런 건가? 겸손은 거짓말에 속하나? 다른 사람을 매정하게 대하기 싫어서 혹은 실망하게 하고 싶지 않아서 '예'라고 대답하는 경우가 많은데, 이는 측정 기기가 피험자의 의식적인 인지 상태보다 더 빠르게 반응하기 때문이다. 나는 전의식preconscious 을 연구하면서 피험자가 아직 의식하지 못한 내용을 뇌를 통해 알아낸다. 뇌는 기계보다 둔하기 때문에 연구하면서 의문이 든 사항을 연구자 혼자서 해결하려고 한다면 전혀 다른 결과를 얻게 될 것이다. 다행히 생물학적 측정 기기 덕분에 생각이 떠올랐지만 스스로는 의식하지 못한 바로 그 순간으로 파고드는 게 가능해졌다.

"어떻게 지냈나요?"라는 질문을 받으면 사람들은 보통 즉각 반응한다. 사실 잘 지내지 못했다 하더라도 잘 모르는 사람에게는 그렇게 대답하지 않는다.

대답은 결국 "잘 지냈어요"다.

생물학적 측정 기기는 피험자가 '자발적으로' 이야기하지 않는 걸 찾아낸다. 피부에 부착한 전극을 통해 흥분 정도를 측정하여 우리가 피곤한지, 평상시와 유사한지 혹은 매우 흥분된 상태인지를 파악한다. 몸의 흥분 정도는 자율 신경계에 의해 조절되어 계속 변한다. 거짓말을 하면 사람들은 보통 더 흥분한다. 물론 능숙하게 거짓말하는 사람도 있다. 그런 사람은 측량 곡선이 잘 변화하지 않는다. 그런데 진실을 이야기해도 너무 흥분된 상태라 측정기가 반응할 때도 있다. 이렇듯 기계가 항상 맞는 결과만 보여주는 것은 아니다.

몇 번의 연구를 통해 놀람 반사startle reflex를 알아본 적이 있다. 놀람 반사란 예상치 못한 큰 소리가 들렸을 때 눈을 깜빡거리는 반응을 말한다. 이 깜빡임은 너무 작아서 육안으로는 확인이 어렵다. 그래서 참가자들의 눈 위아래에 전극을 부착해 근육의 움직임을 살펴보았는데 소리가 들린 지 약 20분의 1초 후에 놀람 반사가 일어난다. 이때 우리는 아직 그 소리를 '듣지' 못했다. 소리를 듣는 데는 10분의 1초가 걸리고, 이를 우리가 명확하게 인지할 때까지는 10분의 3초가 걸린다. 그런 다음에야 그 소리가 우리에게 중요한지 아닌지를 판가름할 수 있다. 놀람 반사에서 가장 흥미로운 사실은 우리의 기분과 반사 행동이 연관된다는 점이다. 기분이 아주 좋으면 반사 작용이 작게 일어나고, 화가 나거나 예민해진 상태면 반사 작용이 크게 나타난다. 이러한 특성을 생물 심리학에서 활용할 수 있다. 여성 실험 참가자들에게 아이들이나 새끼 동물의 사진을 보여 준

다음 큰 소리를 들려주었다. 참가자들은 사진으로 인해 기분이 이미 좋아진 상태라 큰 소리에도 아주 미약한 반응만 보였다. 이런 결과는 다수의 연구에서 나타났다. 남자들도 마찬가지지만, 이들에게는 금이나 스포츠카 사진을 보여 줘야 동일한 반응이 나타난다. 반면 독충이나 무기 사진을 보게 되면 남자건 여자건 강한 반응을 보인다. 즉 주어진 자극으로 사람들의 기분이 좋아지는지 혹은 나빠지는지를 놀람 반사로 알 수 있다. 이 실험 원리를 나는 체취 연구에 활용해 보았다. 사진 대신 체취를 풍긴 다음 피실험자의 기분이 긍정적 혹은 부정적으로 바뀌는가를 알아본 것이다. 설령 냄새가 너무 약해 거의 지각할 수 없을 정도라 해도 두려움의 냄새는 사람들의 기분을 부정적으로 바꿔 놓았다. 그런 기분 상태에 놓이면 몸의 방어 및 보호 체계가 활성화되어 우리가 쉽게 도망치도록 도와준다.[55]

뇌파 측정법인 ERP Event-Related Potential(사건 관련 전위)도 활용할 수 있다. ERP를 통해 뇌에서 이루어지는 프로세스를 살펴볼 수 있는데, 앞서 말했듯이 이러한 과정은 우리의 사고보다 먼저 일어난다. 이 방법을 활용하면 주어진 자극에 대해 주관적인 어떤 의미를 부여하기 전에 뇌에서 어떻게 해석되고 있는가를 파악할 수 있다. ERP를 활용하면 전의식 상태와 의식 상태 간의 구분이 가능해진다. 예를 들어, 사회적인 두려움이나 부끄러움을 많이 느끼는 사람들은 무서운 얼굴을 마주했을 때 전의식 상태에서는 아주 강한 반응을 보이지만 의식 상태에서는 반응 정도가 감소한다. 풀이하자면 이러한 사람들은 부정적인 사회 변화에 굉장히 민감하게 반응하지만, 이와 관련된 생각을 즉각 차단해 버린다. ERP는 체취 연구에도 활용할 수 있는데, 특정 체취가 풍겨 왔을 때 우리가 이 냄새를 회피하는 등 본격적인 반응을 보이기도 전에 어떤 체취가 중요하고 어떤 자극이 얼마나 강한 영향력을 가지는가를 보여 주기 때문이다.

전의식은 우리가 그릇된 상대와 만나 아이를 가질 위험이 있을 때 보내는 경고 신호이기도 하다. 이때 그릇됨은 오로지 생물학적인 측면일 뿐 심리학적 의미는 없다. 물론 생물학적으로 잘못된 선택은 이후 심리학적으로도 잘못될 가능성이 크다. 하지만 연애 시장에서 선택의 폭이 줄어들지 않을까 하는 걱정은 안 해도 된다. 유전자 파십은 충분한 선택권을 제시하니까. 9999명의 공주님과 왕자님 가운데 '꽝'은 한 명꼴이다. 더군다나 이른바 좋지 않은 냄새가 나서 순식간에 알아챌 수 있다. 후각은 '꽝'과 더 가까워지기 전에 경고를 날려 우리가 즉각 거리를 두도록 만든다. 우리 자신에게는 아무 피해가 없을지라도 이세는 다르기 때문이다. 자식이 아플 수도 있고 결국엔 그 가문과 동족의 씨를 말려 버릴 질병에 걸릴 수도 있다. 이러한 생물학적 경고 체계는 극히 위험한 경우에만 작동한다. 따라서 그릇된 사람들과 친하게 지낸다거나 함께 휴가를 떠나거나 혹은 함께 운동을 즐긴다 해서 위험한 상황이 발생하지는 않는다. 중요한 건 이들과 후사를 보지 않는 거다! 하지만 우리의 코가 이미 피임 도구로 기능하고 있기에 단호한 경고가 필요한 경우는 거의 없다. 우리는 흔히 이렇게 말하곤 한다. "그 사람은 도저히 못 참겠어." 좀 더 강하게는 이렇게도 말한다. "그 사람만 보면 토할 것 같아."

앞선 내용은 생물학적 측정 방법을 활용해야만 연구가 가능했다. 나는 면역학적으로 유사한 사람의 체취와 그렇지 않은 사람의 체취를 실험 참가자들에게 풍겨 주고 그 사이 이들의 뇌파를 측정했다. 그리고 실험에 앞서 참가자들과 체취 제공자의 MHC 체계를 면역학자들과 함께 확인했다. MHC Major Histocompatibility Complex 는 '주요 조직 적합 유전자 복합체'의 약자로 조직 적합성 tissue compatibility 여부를 알려 준다. 그릇된 배우자 선택은 전 인류의 멸망을 초래할 수도 있다. 따라서 조직 간 부적합성을 고려하여 후각이 경고장을 날리는 건 아주 논리적인 처사다.

∴ 후각 경고음이 울리면

사람뿐만 아니라 인체 조직도 서로 맞춰 갈 수 있다. 이른바 조직 적합성이 존재한다는 사실이 1930년대 조직 이식 연구 과정 중에 밝혀졌다. 다른 사람의 조직은 이식받은 수여자의 몸에서 거부할 때도 있고 그렇지 않을 때도 있다. 이는 사람의 몸이 어떤 세포가 제 몸의 것인지 혹은 타인의 것인지를 안다는 뜻이다. 이는 세포가 서로 얼마나 차이가 나는가에 따라 달라진다. 제공자와 수여자의 세포가 다를수록 거부 반응은 더 강하게 일어난다. 면역학적 측면에서 MHC 분자는 누가 서로 가족인지 아닌지를 알아낸다. MHC 체계는 스스로 휘발되기에는 너무 큰 분자로 구성되어 있다. 이 분자들에서 우리가 후각적으로 정확하게 무엇을 지각하는지는 아직 모른다. 작은 분자 조각? 아니면 이 분자들이 양분으로 써먹는 특정 박테리아들의 분해물? 사람이나 척추동물의 조직체 내 모든 유핵 세포에는 다수의 MHC 분자가 들어 있다. 이 분자들은 세포의 분해 물질을 밖으로 내보낸다. 이때 건강한 세포들은 찌꺼기를 남기는데 이는 쉽게 일반 쓰레기에 해당한다. 그런데 세포가 바이러스에 감염되면 MHC 분자들은 쓰레기를 혼자 처리하지 못한다. 특별한 차량과 보호복을 갖춘 특수 폐기물 처리반이 필요하다. 이들은 생물학에서 B 세포와 T 세포로 불리는 면역 세포다. 체세포 내에서 어떤 분자가 생성될지는 유전적으로 결정된다. MHC 분자들은 부모로부터 유전되며 사람의 MHC 체계는 모두 다르다. 일란성 쌍둥이의 경우에만 똑같은 MHC 체계를 갖는다. 또한 MHC 체계들은 각각 서로 다른 바이러스들을 인식해 낸다. 면역 기능은 MHC 분자들이 몸에 들어온 침입자들을 얼마나 잘 알아채는가에 따라 달라진다. 바이러스 방어에 실패하면 사람은 죽는다. 바이러스는 다른 무엇보다도 아주 빠르게 번져 나가고 유전자 변형도 아주 빈번하게 일어나기 때문이다. 유전자 변형으로 새로운 바이러스 종도 비일비재하게 생겨난다. 그래서 어떤 생물학자들은 바이러스를 인류 생존에 가장 위협적인 존재라고 말한다. 하지만 우리 인간은 서로 다른 MHC 체계를 갖추고 있어 보호를 받을 수 있다. 설령 그 차이가 아주 미세하더라도 괜찮다. 이러한 차이 덕분에 인간은 수천 년간 생존할 수 있었다. MHC 체계가 다르면 다를수록 새로운 바이러스가 발각되지 않은 채 남아 있을 가능성은 더더욱 희박해질 수밖에 없다.

아주 유사한 MHC 체계를 가진 사람과 가족이 되면, 또 그러한 사람이 많아지면 인류는 최후를 맞이할 수도 있다. 엄마와 아빠가 아이에게 비슷한 유전자만을 물려주게 되므로 아이들이 생존에 필요한 수준보다 바이러스에 덜 반응하기 때문이다. 정치적 분쟁이나 전쟁, 핵폭발 등이 전혀 없어도, 그저 사적인 성관계만으로 인류의 종말이 찾아올 수 있다. 그러니 인간이 멸종하지 않는 선에서 배우자를 선택하는 건 전혀 놀라운 일이 아니다. 내 연구 결과에 따르면, MHC 체계가 유사한 사람들이 만났을 때 그들은 상대에게서 편하지 않은 냄새를 맡게 되어 거리를 두었다. 여성이건 남성이건 아주 유사한 MHC를 가진 사람을 마주하면 뇌는 매우 강한 반응을 보였다. 다수의 다른 연구에서도 사람들은 MHC가 유사한 사람들의 냄새는 맡고 싶어 하지 않았다. 한편 상이한 사람들의 체취에는 뇌가 특별한 반응을 보이지 않았다.[56]

이는 지극히 당연한 현상이다. 모든 사람은 다 다르기에 우리는 보통 MHC가 다른 사람들을 만난다. MHC가 비슷한 사람을 만나는 일은 엄청난 우연이 아닐 수 없다. 그런 일이 일어나면 뇌는 조심해!라고 경고장을 날린다. 뭔가 불편한 체취가 풍기면 우리는 거리를 둔다. 이는 어떤 사람에게는 그저 그렇거나 좋은 냄새가 다른 사람에게는 좋지 않은 냄새로 받아들여지는 이유를 설명해 준다. 상황에 따라 다른 것이다.

나는 MHC에 관한 선호도가 성별에 따라 차이가 있는지, 만약 있다면 어떠한 차이를 보이는지도 살펴보았다. 그 결과, 남자들은 유사한 MHC를 가진 남자를 가장 불편하게 생각했으며 뇌 역시 MHC가 비슷한 남성의 냄새에 가장 강한 반응을 보였다. 배우자 선택 시 유전학적으로 가장 유사한 남성이 그렇

지 않은 남성보다 더 강한 경쟁 상대가 되기 때문일 것이다. 여
성들의 반응은 남성만큼 강하게 나타나지는 않았다. 이는 한편
으로는 유전학적 친족 관계와 어느 정도 관련이 있다. 쥐를 가
지고 실험한 결과, MHC가 유사한 암컷 쥐들은 서로 도와 가며
새끼 쥐들을 키웠다. 거의 모든 동물이 낯선 동물보다 친족 관
계의 동물을 더 돕고자 함을 이미 앞에서 확인했다. 또 다른 이
유로는 여성들의 성적 가소성sexual plasticity과 관련이 있다. 남성들
보다 여성들의 성적 가소성이 더 높다. 다수의 연구 결과, 남성
보다 여성에게서 훨씬 더 높은 양성애 성향이 나타났다. 어쩌
면 이 두 가지 이유가 함께 작용할 수도 있다. 여성은 MHC가
상이할수록 배우자로서 매력적이고 유사할수록 친구 관계나
상호 협력 관계에서 매력적일 수 있다. 하지만 이렇게 결론을
내리기에는 아직 아는 게 너무 없다.

∴ 코는 모든 비밀을 알고 있다

성적으로 매혹적인 사람의 냄새를 모두 의식적으로 지각하
는 것은 아니다. 하지만 코에는 감출 길이 없어서 냄새를 맡은
사람은 저절로 에로틱한 감정을 느끼게 된다. 개인적으로는 이
주제에 관한 연구들에 별 흥미가 없다. 이미 후각 연구와 관련

된 내용이 뒤섞여 엉망이 되었기 때문이다. 앞서 살펴보았듯이 학문계에서도 "성은 잘 팔린다." 지난 1970년대와 1980년대에는 특히 성과 관련한 냄새 연구가 활발히 진행되었다. 연구자 대부분이 남자였다. 여성 연구자들이 냄새를 연구하기 시작한 최근에 와서야 냄새 연구가 꼭 성과 관련되지만은 않는 양상을 띠게 되었다. 화학적 의사소통은 성적 자극을 어떻게 전달하는가보다 훨씬 더 흥미로운 연구 문제들을 제시하기 때문이다.

연구 규정을 차치하고도 '에로틱한' 냄새는 순수한 형태로 제시하기 힘들다. 우리 인간은 냄새로 어떤 상태, 어떤 성적 갈망, 어떤 감정만을 꼬집어 맡아 내지 못한다. 그럴 일은 없겠지만 감정의 냄새를 맡을 수 있다 해도 말이다. 감정은 냄새에 대한 반응이다. 말 그대로 우리는 항상 냄새의 무리 속에 둘러싸여 있고 이와 동시에 많은 정보를 내보내고 있다. 성적으로 흥분한 사람이 그 시점에 두려움을 느낄 수도 있고 배고프거나 피곤하거나 혹은 아플 수도 있다. 수신자가 어떤 정보를 우선으로 받아들이는가는 현 상태와도 관련이 있고, 유전적으로 혹은 학습해서 가지게 된 특정 냄새 지각 능력과도 관련이 있다. 나는 연구에서 부수적인 요소는 유지하면서 인간적 특성들을 하나씩만 변화시켰다. 예를 들어 특정 유전자 자리gene locus와 관련된 유전학이나 해당 실험에서 주요하게 다루는 감정과 관련한 개인적 경험을 다르게 했다. 일상이라는 광활한 자연에서 냄새 바구니는 주변 환경에 따라 성격이 다르고 크기도 제각각이며, 개개인의 성격에 따라 여과되기도 한다. 사람들은 후각으로 주변을 지각하고 저만의 방식으로 반응한다. 코의 안내를 받아 이끌리고 있음을 모른 채……

∴ 그 냄새가 나요

냄새는 은밀하게 우리 삶에 영향을 미친다. 이를 형언할 만한 적당한 단어도 잘 생각나지 않는다. 실험 참가자들에게 다음의 단어 목록을 제시하자 조금은 더 쉽게 맥락에 맞는 냄새를 묘사하거나 표현해 냈다.[57]

과일 향이 강한(감귤류), 자몽, 밧줄(끈), 과일 향이 나는(감귤류 아님), 젖은 털실/젖은 강아지, 김이 빠진 배, 쥐, 바나나, 콩, 코르크 마개, 사향, 희미한 담배 연기, 향, 향기로운, 꿀, 타르, 고소한/땅콩, 의학적, 계피, 콕콕 찌르는/쏘는/아린, 고기 양념, 암모니아, 딜(서양 자초), 신선한, 목재/수지樹脂, 새 고무, 박하 향/페퍼민트, 유성油性/기름진, 초콜릿, 니스, 메이플 시럽, 구운 고기, 건포도, 고약한, 아니스(감초액), 가정용 가스, 금속,

벤진/용매, 제라늄 잎, 따끔한, 상한/부패한, 사체/썩은 고기, 짚, 분필, 빵집(갓 구운 빵), 찬/식은, 맥주, 비누 같은, 가죽, 오렌지, 파인애플, 더러운 빨래, 사과, 익지 않은 감자, 복숭아, 땅콩버터, 장미, 나무껍질/자작나무껍질, 오드콜로뉴(독일 쾰른의 전통 향수―옮긴이), 갓 핀 담배 냄새, 다 타 버린 초, 석탄 타르의 크레오소트(목재 방부제의 일종―옮긴이), 타 버린 고무, 눌어붙은 우유, 아몬드, 소독제, 정향, 쓴, 차, 사우어크라우트(양배추를 소금에 절여 발효시킨 독일 음식―옮긴이), 초록 후추, 고양이 오줌, 코냑, 정액, 좀약, 등유, 유칼립투스, 색깔, 달콤한, 구운 닭고기, 엿기름, 익힌 채소, 코코넛, 치즈 같은, 에테르/마취, 마늘/양파, 신선한 녹색 채소, 세제/청소용 세제, 깎은 잔디/식물, 분뇨/똥, 오이, 건조한/가루 같은, 효모, 무거운, 상한 과일, 하수구/똥구덩이, 레몬, 된 밀가루 반죽, 젖은 종이, 포도주스, 딸기, 곰팡내/흙냄새, 멜론, 버섯, 꽃, 신선한 달걀, 라벤더, 탄/연기 나는, 향수, 커피, 향기 나는, 탄 종이, 체리, 매니큐어 제거제, 향료 맛이 나는, 화학적, 월계수, 신/식초, 검은 후추, 오줌, 캐러웨이, 훈제 생선, 히말라야 삼나무 목재, 그을린, 캠퍼, 신선한 버터, 바닐라, 팝콘, 캐러멜, 수프, 시럽, 땀 나는, 황 같은, 알코올, 동물, 피/날고기, 송진, 짓밟힌 잔디, 셀러리, 구역질 날 것 같은, 곡류, 지옥, 시큼한 우유, 따뜻한, 타는 듯한.

참가자들이 마음대로 만들어 낸 즉흥적 표현도 심심치 않게 접할 수 있었다. "암멧돼지처럼 고약한 냄새가 나요!" 때로는 우리가 제시한 목록에 없을 때도 있었다. "내가 말하려고 한 건 여기에 없어요. 그런데 어떻게 표현해야 할지 모르겠어요." 이 게 냄새다! 늘 날아가 버리고 꽉 붙들어 매기 힘든 것. 한마디로 얻어 내기 힘든 것.

남녀를 불문하고 남성의 체취는 여성의 체취보다 더 강하게 그리고 덜 긍정적으로 받아들여진다. 또 남성의 체취는 테스토스테론 수치가 높을수록 더 강하게 평가되는 것으로 추측된다. 싱글남의 냄새는 연인이 있는 남성의 냄새보다 강하게 묘사되었는데, 실제로도 싱글남의 테스토스테론 수치가 더 높았다. 여성의 체취는 월경 주기에 따라 달라졌다. 번식을 위해 배란기 때 가장 쾌적한 냄새가 풍겼다. 에스트로겐 수치에 따라 여성의 체취가 갖는 쾌적함이 달라진다는 사실은 비교적 정확하게 알려져 있다.[58, 59]

흔히 배우자의 체취가 낯선 사람의 체취보다 좋게 묘사되는데,[60] 이는 아마도 타인의 체취보다 배우자의 체취에 훨씬 더 자주 노출되기 때문일 것이다. 사람들은 지금껏 어떤 특정한 견해도 없었던 것을 자주 그리고 오래 경험할수록 긍정적으로 평가하는 경향이 있다. 잘 모르는 그림이나 음악, 사람도 마찬가지다. 지금껏 좋다 나쁘다 등 어떤 견해도 없었던 사람을 자

주 만나면 대개는 그를 좋아하게 된다. 이를 우리는 **단순 노출 효
과**라 부른다. 즉, 처음에는 중립적으로 생각했던 냄새도 시간
이 지나면서 다르게 다가올 수 있다.

제9장

공기 중에
무언가가 있다

○　　　여성들의 아주 특별한 냄새가 드디어 학술계를 뒤집어 놨다. 지난 수백 년간 남성들은 여성의 뇌가 연구하기에 너무 작을뿐더러 공부나 생각을 하기에 너무 우둔하다고 확신했다. 유능한 연구자들이 이를 증명하려고 애썼다. 19세기 말 연구자들은 아주 오랫동안 여성과 남성을 상세히 연구하여 왜 여성이 덜 지적이며 공부를 할 수 없는가를 노련미를 발산하여 증명해 냈다. 요즘에도 비슷한 상황이 연출되곤 한다. 이성애 성향의 백인 남성 연구자들이 **그들의** 세계에 관해 이야기하면서 일부 연구를 들먹이고는 이성애가 '자연스럽고 정상적인 모습'이라고 말하지 않던가.

2010년에 사회 과학 및 행동 과학 분야에는 큰 돌풍이 일었다. 캐나다 학자들이 예나 지금이나 학술 연구가 주류 문화의 관점에서만 한정적으로 이루어지고 있다는 사실에 주목한것이다.[61] 이들은 주로 서양의, 부유하고, 산업화되고, 민주주의가 발달한 사회의, 교육 수준이 높은 이들을 대상으로 연구가 수행된다고 비판했다. 영어 단어로 이들의 머리글자를 합치면 WEIRD Western, Educated, Industrialized, Rich & Democratic, 즉 이상하다는 소리다. 연구자들에 따르면 우리가 연구하는 사람은 인류의 소수만을 대표하기 때문에 결과적으로 전 세계 시민 대다수는 '이상해' 보일 수밖에 없다. 실제로 심리학의 연구 대상은 90퍼센트이상이 WEIRD(부유하고 산업이 발달했으며 민주주의가 지배적인 서양 사회 출신의 학식 높은 사람)에 해당한다. 하지만 산업화된 국가에 사는 사람은 전 세계 인구의 12퍼센트에 불과하다. 심리학과 사회학의 많은 내용이 세상 사람들 대부분에게는 맞지 않으며 그저 이 이상한 표본 집단에만 해당한다고 주장하는데는 그만한 이유가 있다. 의학도 마찬가지다. 최근 성별에 따라 약품이 미치는 효력이 다르다는 사실이 충분히 밝혀졌음에도 약품별 권장 용량은 10년이 넘도록 똑같다. 약품의 효능 검사도 대개는 남성을 대상으로 이루어졌다.

성별에 따른 차이는 생물학적 근거에 기인했거나 사회적 제약에 따른 것일 수도 있다. 여자와 남자는 많은 상황에서 서로 다른 행동을 보인다. 만약 시간만 충분하다면 연구자들이 자신의 문화적 프레임에 갇혀 고려하지 못했던 사실을 더 많이 찾을 수 있었을까? 그런데 이는 이미 수백 년 전부터 알고 있던 문제며, 유감스럽게도 '청렴결백한 학술계'에도 잘 알려진 사실이다. 예를 들어 동물에게서 관찰된 동성애적 행동은 최근까지 모두 무시되었다. 있을 수 없는 일로 치부했으나 현실은 다르다. 이성애 성향만 전적으로 나타내는 동물 종은 없다. 지금까지 연구된 동물 종은 모두 동성애적 행동을 나타냈다. 그런데 고금을 막론하고 인간 사회도 그렇다. 동성애의 빈도와 기원에 관한 역사적 관심은 이미 플라톤의《향연》에서도 찾아볼 수 있다. 초창기 철학적 사고에 따르면 여성과 남성의 동성애 모두 이성애와 다를 바 없이 지극히 정상적인 것이다.

　이상하지 않은가? 동성애 성향의 사람이나 동물은 자식을 가질 수 없으니 환영받을 수 없다니? 만약 이 주장이 옳다면 동성애는 불필요하고 우연히 생겨난 것이니 역사에서 사라졌어야 한다. 하지만 요즘에는 동성애가 종種의 생존에 아주 중요하기 때문에 모든 생활형에 안정적으로 나타난다고 생각하는 연구자들도 있다.[62] 핵심 요인을 살펴보면 양성애자나 이성애 성향이 확실하지 않은 사람들이 보이는 높은 수준의 행동 유연성, 이성애 부부뿐만 아니라 동성애 부부에게서도 잘 형성되는 자녀 지지 체계, 성별에 구애받지 않고 손쉽게 형성되는 사회적 관계망, 동일한 성별 집단 내에서 감소하는 내적 성적 갈등

등이 있다. 덧붙여 말하면 동물의 동성애는 성행위뿐만 아니라 서로 몸을 어루만져 주는 행위, 오랫동안 혹은 평생토록 계속되는 애착 관계 형성, 자녀 공동 양육 등을 통해서도 나타난다.

나는 카트린 립케와 함께 동성연애자들을 대상으로 화학적 의사소통의 의미에 관해 최초로 연구했다. 연구 결과를 최종적으로 발표하기에는 아직 이르지만 하나만 공개하면 동성애자는 여성과 남성의 냄새에 이성애자와 다른 반응을 보인다. 사람들과 가까이 지내면서 동성애자와 이성애자가 경험하는 것의 성격이 완전히 다르기 때문이다.

∴ 객관적 연구는 얼마나 주관적인가

프로이트의 이론에 따르면 인간의 삶에는 두 가지 큰 욕구가 있다. 하나는 삶의 본능인 리비도로 성생활을 통해 표출된다. 다른 하나는 죽음의 본능인 타나토스로 공격성을 통해 나타난다. 아이들이 사람을 죽이는 잔인한 컴퓨터 게임을 너무 많이 해서 걱정인 부모들이 조언을 구한다. 그럴 때마다 어중이떠중이 심리학자들은 원래 그런 거라고, 프로이트 때부터 그래 왔으니 특별히 해 줄 말이 없다고 한다. 아이들이 제 공격성을 표출해야만 나중에 편안해지니 문제 될 게 전혀 없다고 말이다. 지금 피가 끓으면 끓을수록 나중에는 더 편안해진다는 것이 그들의 주장이다.

아니다. 모두 틀린 말이고 좋을 게 하나 없다. 하지만 유감스럽게도 제대로 된 사실은 널리 알려지지 못했다. 자, 진실은 이렇다. 인간은 시각적으로든 현실적으로든 공격성을 표출하면 할수록 점점 더 공격적으로 변한다. 공격성은 표출되어도 사라지지 않는다는 사실이 경험적 연구들을 통해 명확하게 증명되었다. 공격적인 행동을 보이는 성향은 폭력적인 영화를 볼수록 공격적인 비디오 게임을 즐길수록 높아진다. 남자든 여자든 매한가지다. 동시에 친사회적 행동 및 공감 능력은 저하된다. 공격성을 더 오래, 더 강하게 나타낼수록 이들에게 미치는 영향력은 점점 더 커지고 결국 영구적인 성격 변화까지 초래한다.[63]

프로이트는 죽음의 본능에 관해 언제 처음 이야기했을까? 제1차 세계 대전이 막 끝난 1920년에 출간한 그의 저서 《쾌락 원칙을 넘어서》에서 찾아볼 수 있다. 제1차 세계 대전은 충격적인 집단 경험으로, 이처럼 수많은 사람이 그토록 오랫동안 무의미하게 달려들어 서로를 다치게 하고 죽음까지 몰아간 것은 처음이었다. 도시 전체가 엄청난 트라우마에 휩싸였을 뿐만 아니라 신체적으로나 정신적으로나 장애를 입은 남자들로 가득했다. 요즘의 우리는 이보다 더 끔찍한 일도 일어날 수 있음을 알고 있지만, 당시만 하더라도 전쟁은 연민과 이성이라는 인간의 특성을 고려할 때 극도로 절망스러운 결과였다. 인간의 가장 내면적인 존재를 연구하던 프로이트에게는 더했다. 제1차 세계 대전이 일어나기 전까지만 하더라도 그는 삶의 본능에 관해서만 다루었으며, 인간의 기본적인 동기도 긍정적으로 생각했다.

프로이트 모델은 이후 저명한 행동학자이자 민족학자인 콘라트 로렌츠가 이어받았다. 그리고 공격적 욕구는 심리학뿐만 아니라 행동학에서도 다루어져 오늘날까지 계속 영향을 미치고 있다. 일례로 점점 더 잔학하고 폭력적인 모습을 연출해 내는 비디오 게임 제조사들은 별로 미안해하지 않는다. 성적 유혹 물질에 관한 연구도 마찬가지다. 단 한 번 등장했을 뿐이고 1000번 가까이 반박되었는데도 끊임없이 계속 언급되고 있지 않은가. 이런 수많은 사례는 연구 내 문화 의존도를 아주 명확하게 보여 준다. 문화 의존도를 보다 명확히 의식할 때 우리는 좀 더 중립적인 태도로 연구를 수행할 수 있을 것이다.

연구를 할 때 전제로 삼아야 할 사항 두 가지가 있다. 하나는 연구 대상과 거리를 둬서 가능한 한 객관적인 관점으로 접근하는 것이고, 다른 하나는 심리학 용어로 표현하자면 생태학적으로 높은 타당도를 유지하는 것이다. 이때 타당도는 유효성을 뜻하는데 연구가 얼마나 적합한지를 보여 준다. 다시 말해 생태학적으로 현실에서 연구가 얼마나 적합한가를 나타내는 지표인 셈이다. 연구 대상에 세심하게 접근하는 일은 연구 결과와도 밀접하게 관련되기 때문에 연구의 타당도는 사회 과학 분야에서 매우 중요하다. 예를 들어 억압당하는 소수 민족에 관해 연구하고 있다면 이들에게 인간적이고 진심 어린 관심이 필요하다. 그래야만 이들에 대한 편견으로 생겨나는 결과도 온정 어린 시선으로 섬세하게 밝혀낼 수 있다. 객관적인 연구자들은 이를 해낼 수 없다. 그들의 '차가운 시선'으로는 소수 민족을 굉장히 협의적으로 바라볼 수 있기에 연구 결과도 이들 모습 중 일부만 담게 된다. 나는 객관적인 연구를 무조건 지지한다. 다만 다수에 속하는 내가 소수 민족을 연구한다면, 연구 대상에 대한 공감 없이는 많은 걸 간과할 수 있음을 명확하게 인지하고 있어야만 한다.[64]

요즘에는 새로운 세대의 연구자들이 함께하면서 다양한 영역에서 흥미로운 결과들이 도출되고 있다. 이러한 연구 결과들은 학문의 가짜pseudo, 즉 객관적 관점이 묵인되는 바람에 지금껏 제약되었던 것이다. 생태학적으로 타당한 연구란 대상을 미화하는 게 아니라 시야를 넓히는 것이다.

∴ 사람은 실험용 토끼가 아니다

생태학적으로 타당한 연구는 연구자가 실험 참가자들을 진심으로 대하는 연구이기도 하다. 연구자가 피실험자들을 실험용 토끼처럼 여기며 권위적으로 대하면 그들의 마음은 연구 내내 불편하다. 또한 어떤 주제로 어떤 연구가 이루어지는지도 정확하게 모른 채 그저 자신이 볼 때 필요하다고 생각되는 행동을 해 버리고는 되도록 빨리 실험을 끝내고 돌아가고 싶어 한다. 이러면 당연히 연구 결과도 좋지 않다. 연구를 시작할 때 나는 실험 참가자들이 한 명의 연구 협력자로서 대우받을 수 있도록 신경 쓴다. 참가자들이 완전히 동등한 대우를 받을 뿐만 아니라 그들 없이는 연구가 진행되지 않음을 알아주길 바란다. 그래서 가능한 한 자세히 연구 배경을 설명하고 어떤 결과를 기대하는지도 말해 준다. 참가자들이 편안한 마음으로 연구에 참여하고 자신의 역할이 중요하다고 생각해야만 연구에 흥미를 느끼며 실생활과 유사한 행동 패턴을 보이기 때문이다.

공격성에 관한 연구도 마찬가지다. 연구 결과만 보면 즉시 신속한 조치가 필요해 보이는 경우도 종종 있다. 그런데 아무 일도 일어나지 않는다. 오히려 지금 연구하는 것이 전혀 중요하지 않은 것처럼 세부 사항을 파고들며 연구를 계속한다. 일례로 성별에 따른 공격성 차이 연구를 들 수 있다.

　수천 개의 연구에 따르면 남자들은 신체적 폭력을, 여자들은 언어적 폭력을 더 많이 자행한다. 결과적으로 형태만 다를 뿐 두 성별 모두 공격적이다. 가령 예전에 친하게 지내던 친구가 다른 사람과 함께 나를 험담하며 이러쿵저러쿵 이야기할 수 있다. 언어 폭력은 정말 짜증 나는 일이다. 이때 상처를 받지 않으려면 강한 자의식과 좋은 친구가 필요하다. 그렇다면 신체적 폭력은 어떤가? 안타깝게도 짜증을 넘어 목숨이 위험할 수도 있다. 자의식이 강하고 주변에 친구들이 있어도 머리나 복부에 타격을 입으면 죽을 수도 있다. 배우자 폭력에 관한 전 세계 81개국의 141개 연구를 종합한 결과, 약 30퍼센트의 여성들이 지난 15년 동안 적어도 한 번은 남자 배우자에게 신체적 혹은 성적 폭력을 당한 경험이 있었다.[65] 세 명당 한 명꼴이다! 남자들은 그렇게 교육을 받은 걸까? 문화적 이유일까? 굉장히 다양한 문화에서 연구가 이루어졌으니 그럴 가능성은 없다.

　나는 공격성이 중요한 사회 문제 중 하나라고 생각하고 성별에 따라 공격적 냄새를 맡았을 때 나타나는 반응 연구에 착수했다. 실험을 위해서는 우선 체취를 제공하는 사람들을 공격적으로 만들어야 했다. 컴퓨터 게임을 활용했는데 참가자들은 불친절한 상대 플레이어에게 예상치 못하게 수차례 돈을 잃도록 설계했다. 화가 난 참가자들도 상대 플레이어의 돈을 빼앗을 수 있었다. 사실 상대는 프로그램일 뿐이고 참가자들은 실제로 돈을 잃지도 않았다. 잠시 화가 나게 하려고 그들을 속인 것이다. 실험이 끝난 다음에는 그들에게 모든 사실을 상세하게 설명해 주었다. 나는 이렇게 모은 공격성 땀을 후각 식별 테스트기에 담았다. 이 냄새는 아주 약해서 실험 참가자들은 대부분 지각하거나 분간해 내지 못했다. 참가자들은 이 냄새를 가볍고 따뜻하다라고 설명했다. 이는 흔히 무無의 냄새를 묘사할 때 쓰이는 표현이다. 그런데 뇌는 이 공격적 냄새에 아주 강한 반응을 보였다. 맡지 못하는 냄새였는데도 남성의 공격 냄새에 모든 참여자가 반응을 보였다. 여성 참가자들도 여성의 공격적 냄새보다 남성의 공격적 냄새에 더 강한 반응을 나타냈다. 또한 남성보다 여성에게서 더 강한 반응이 나타났다.

우리가 마련한 실험 환경은 문화적 영향을 최대한 배제하면서 생물학적으로 사람 간에 중요한 의사소통 방식을 드러낼 수 있는 상황이었다. 첫째, 냄새 제공자는 아무것도 속일 수 없었다. 그들의 냄새는 이른바 좌절에 관한 진솔한 반응이었고 분노 상태가 최대에 이르렀을 때 이를 추출했다. 둘째, 냄새를 맡는 사람들은 그것이 공격적 냄새인지를 알지 못했다. 실험 전에 체취를 맡게 될 거라고만 이야기하고 어떤 냄새인지는 구체적으로 가르쳐 주지 않았다. 즉 각 개인의 문화적 배경에 따라 예상되는 특정 반응은 나타날 수 없었다. 셋째, 교육과 문화가 뇌의 반응에 영향을 미친다는 사실과 이를 더욱 확실케 하는 요인이 있다는 것을 실험 참가자들은 알지 못했다. 이 모든 게 무엇을 의미할까? 첫째, 뇌는 여성의 공격성보다 남성의 공격성을 더 중요하게 인식하고 평가했다. 남성의 공격성이 여성의 공격성보다 더 치명적일 가능성이 크니 현명한 판단이 아닐 수 없다. 둘째, 남성의 공격성은 남자보다 여자에게서 더 중요하게 받아들여졌다. 이 역시 논리적인 결론이다. 남성의 공격성에 남자들은 적어도 맞서 싸울 가능성이 크지만 여자들은 보통 체력적으로 열세에 있다. 싸우자니 질 위험이 크고, 도망치자니 안전을 보장해 주던 요인을 포기해야만 한다. 아이들은 두말할 필요도 없다. 셋째, 여자에게는 상대를 너그럽게 용서하는 유화책이 있다. 그런데 이는 배워야만 가능할 정도로 매우 복잡하다.

∴ 생존을 위한 포옹

독일 콘스탄츠의 토마스 엘베르트 연구팀은 남자들이 전쟁 경험을 좋게 이야기하는 이유와 청소년들이 피가 난무하는 컴퓨터 게임을 좋아하는 이유를 밝혀내고자 했다. 연구 결과, 공격성 중에는 폭력을 행사하고 싶어 하는 내적 욕구와 관련된 유형이 있었다. 이른바 욕망의 공격성은 남자들에게 특히 많이 나타나며 남성 호르몬인 테스토스테론 수치에 따라 상승했다. 그렇기에 남자들은 본인이 피를 흘리는 피해자가 아닌 이상 가상이든 실제든 싸움으로 인한 동물과 사람의 피를 강하게 혹은 긍정적으로 지각했다. 놀랍지도 않다. 싸움에 흥미가 없었다면 지금 이곳에 인류는 존재하지 않았을 것이다. 그러니까 수백만 년 전에 이 지구상에 군림했던 포식자들에 대항하며 생존해 나가지 못했을 것이다.

여자들은 어땠을까. 그 당시 여자들은 사냥하지 않았으며 요즘에도 마우스를 클릭하며 누군가를 죽이는 게임을 즐기지 않는다. 그러면 여자들은 무엇을 할까? 친구들끼리 모여서 수다 떨기? 얼마 전까지만 하더라도 심리학과 의학 전공 서적에서는 사람들이 스트레스를 받으면 싸우거나 도피 반응을 보인다고 설명했다. 스트레스에 대한 자연적인 반응이라는 것이다. 1930년대 초반 미국 생물학자인 월터 캐넌이 주장한 이 설명은 지난 수십 년 동안 지혜의 마지막 결론(괴테의《파우스트》에 나오는 표현을 인용한 것이다. ─옮긴이)인 양 받아들여졌다. 위험에 처했을 때 사람들이 싸우거나 도망치는 행동이 인간 집단에 정말로 중요한지에 관해서는 누구도 의문을 품지 않았다.

그렇다면 이러한 집단은 어떻게 생존할 수 있었을까? 이에 관해 20세기 말, 미국의 심리학자 셸리 테일러가 질문을 던졌다. 집단 구성원들이 모두 싸우러 나가거나 도망간다면 아이와 노인 그리고 아픈 사람만 남아 무방비 상태로 위험에 노출된다. 맹수나 낯선 무리가 쳐들어오면 이들은 죽음을 면하지 못할 것이다. 그런데 한 사회가 오랫동안 지속하려면 아이들이 필요하다. 아픈 사람들은 회복한 후에 주요한 임무를 맡을 수 있으며, 노인들은 상호 배려가 필요한 상황에서 중요한 역할을 한다. 위험할 때 싸우거나 도망치기만 한다면 그 사회는 존속하지 못한다. 후손이 없고, 그저 잠시 아팠을 뿐인 무리의 주요 인물들이 사라지고, 무리가 동요하지 않도록 안정시켜 왔을 노인들도 없다. 테일러는 투쟁과 도피 반응이 실제로는 주로 남성에게만 나타난다는 사실을 밝혀냈다. 여성은 오히려 아이와 환자, 노인에게 많은 주의를 기울이며 이들을 보호하려고 애썼다. 이렇게 서로 간의 관계를 돈독하게 함으로써 자신들이 처한 힘겨운 상황을 함께 해결해 나가려고 했다. 이러한 스트레스 반응을 돌봄과 친교 반응이라 부르는데, 스트레스를 받을 때 배출되어 사회적 관계를 더욱 돈독하게 만드는 옥시토신 호르몬과 관련된 것으로 보인다.[66] 테일러의 이 획기적인 이론은 이후 수천 번 인용되었으며 많은 전공 서적이 개정되었다. 심리학에서는 이론이 수정되는 획기적인 사건이었지만 안타깝게도 대중에게는 아직도 널리 알려지지 못했다. 도망치고 싸우는 남성의 특성이 여성에게 여전히 그대로 적용되고 있다. 하지만 틀렸다. 여자들은 도망가지도 싸우지도 않는다. 여자들은 그 자리를 쭉 지켜 나간다.

내가 처음 교수가 되었을 무렵에는 독일 교수 가운데 여성이 5~10퍼센트에 불과했다. 요즘은 학과별로 30퍼센트 정도 된다. 월급이 높은 학과도 있고 낮은 학과도 있다. 남자 교수들의 목소리가 높은 학과를 굳이 이 자리에서 언급할 필요는 없을 것 같다. 그런데 보수 등급이 같아도 월급에 차이가 난다. 독일 통계청에 의하면 2018년 독일 여자 교수들의 월급은 같은 등급의 남자 교수들과 최대 650유로까지 차이가 났다. 여성 학자들이 상을 받는 횟수도 비례적으로 따져 보면 남성 학자보다 훨씬 더 적었다. 게다가 상을 받아도 상금이 대략 3분의 1가량 적었으며 기사화되는 경우도 훨씬 드물었다. 다시 말해 여성 학자들은 관심을 덜 받았다.[67]

∴ 모든 컵이 찬장 안에 들어 있는 것은 아니다

연구의 타당성은 다양한 기준으로 나타낼 수 있다. 예를 들어 통계상 유의 수준(가설 검증을 위한 오차 범위 및 오차 가능성 ─ 옮긴이)이 매우 낮으면 연구의 타당도는 높게 분석된다. 그런데 타당도가 높아도 생태학적으로는 전혀 맞지 않을 수 있다. 1940년대 학자들은 침팬지가 말을 할 수 있는지 궁금했다. 그래서 비키Viki란 이름의 암컷 침팬지에게 수년간 '컵'이란 단어를 가르쳤다. 이 연구에 관해서는 인터넷에서도 쉽게 찾아볼 수 있으며 주소는 참고 문헌을 참고하길 바란다.[68] 당시 연구자들은 '침팬지가 말을 할 수 없다'는 결론을 내렸다. 맞는 말이다. 단 비키가 레키를리(스위스 바젤의 전통 생과자―옮긴이)를 받아먹으려고 입말을 모방한 것은 제외한다는 전제에서다. 그런데 언어가 아닌 의사소통에 관해서라면 이 연구의 결론은 틀렸다. 이 연구는 생태학적으로 타당하지 않다. 침팬지끼리 의사소통을 위해 인간의 언어를 사용할 이유는 없다. 이처럼 실생활과 아무런 관련 없는, 쓸모가 전혀 없는 연구들이 오늘날까지도 심리학에서 아주 많이 행해지고 있다.

이제는 침팬지를 비롯한 유인원들이 우리 인간과는 다른 언어를 사용한다는 사실이 잘 알려져 있다. 이들은 손짓, 몸짓, 표정, 울음 그리고 당연히 냄새를 이용해서 의사소통한다. 게다가 원숭이에게는 인간의 의사소통 방식에 적응하는 능력도 있다. 칸지Kanzi란 이름의 보노보는 약 3000개의 단어를 이해할뿐더러 의사소통용 도구를 활용해서 약 500개의 단어를 직접 표현할 수도 있다고 한다.

분자 하나하나를 연구하던 초창기에는 실험도 분자 하나만을 가지고 이루어졌다. 요즘에도 이런 방식의 연구가 드물지만 있다. 그런데 일상생활에서 맡는 냄새는 분자 하나로 이루어진 게 아닌 복합적으로 뒤섞인 형태다. 따라서 이러한 연구들은 생태학적으로 합당하지 못하다. 더불어 코에 다다르는 기류를 100퍼센트 완벽하게 통제하려고 여러 냄새를 호흡 사이클과 다르게 비동시적으로 내보내는 연구 방식도 옳지 않다. 후각뇌, 즉 후각 망울이 냄새를 이해하고 판단하기 위해서는 들숨이 필요하다. 날숨에 냄새를 맡는 사람은 이 세상에 없다. 이렇듯 타당하지 못한 일부 연구들이 어처구니없는 결과를 내놓는 경우가 심심치 않게 일어난다. **현실**과는 전혀 관계없는 연구들이다.

나와 뒤셀도르프 연구팀은 실제 상황에 적합하도록 단일 냄새가 아닌 혼합 냄새를 풍겨 사람들이 어떤 반응을 보이는가를 살펴보았다. 사람들이 얼마나 다양한 냄새를 구분할 수 있는지 알아보고자 당시 박사 과정 학생이었던 롤랑 바이어슈탈과 함께 냄새 구별 검사를 개발했다. 이 검사에서는 단일 물질이 아닌 혼합 냄새만 사용했다. 이 방식으로 특정 분자와 관련된 후각 수용체만을 자극하지 않고 점점 더 많은 후각 수용체를 계속해서 활성화했다. 이렇게 하면 사람들의 후각 능력을 더 정

확하게 파악할 수 있다. 하나의 분자만 주어질 경우 실험 대상
자가 이 분자만 제대로 인지해 내지 못할 수 있다. 하지만 그 사
람이 이외의 다른 많은 분자는 엄청나게 잘 알아차릴 가능성
도 충분히 있다. 이 때문에 단일 분자로 수행한 후각 검사들의
설득력은 극히 낮은 것이다. 나는 전 세계에서 처음으로 호흡
사이클에 맞춰 냄새를 내보내며 후각 식별 테스트기를 활용하
는 연구를 시도했다. 이제 우리는 호흡을 할 때 뇌의 후각 센터
가 미리 활성화된다는 사실을 알고 있다. 이러한 활성화 작업
이 선행되지 않으면 냄새를 효율적으로 다룰 수 없다. 박사 논
문을 쓸 때부터 생태학적으로 타당한 연구는 반드시 지켜야 할
의무였을 뿐만 아니라 내 진심 어린 바람이기도 했다. 실험실
안에서뿐만 아니라 '현실'을 살아가기 위해서도 중요한 지식
이 효력을 발휘하길 바란다.[69]

연구에서는 통제의 범위가 주된 관건이다. 우리가 모든 것을
통제하길 바란다면 검은 암막을 치고 방음 처리한 빈방에 실험
참가자들을 두고 아무런 냄새도 맡지 못하게 해야 한다. 실제
로 이러한 방식으로 진행된 실험도 있다. 이러한 환경에서 참
가자들을 향해 플래시를 터뜨리거나 소리를 들려주고는 반응
양상을 살폈다. 연구 결과는 학술지에 발표되고 인류는 이 극
도로 제한된 상황에서 주어진 불빛에 사람이 어떻게 반응하는

가를 알게 되었다. 하지만 방음이 된 어두컴컴한 빈방에서 터뜨린 플래시는 실생활에서는 일어날 가능성이 전무한 상황에서 벌어진 일이다. 이렇게 얻은 결과들이 가치가 있을까?

확실히 해 두고자 부언하자면 때로는 완전히 통제된 상황에서 연구가 이루어져야 할 때도 있다. 지금껏 전혀 알지 못한 완전히 새로운 것을 연구할 때면 특히 그렇다. 그럴 때는 가능한 모든 방해 요인을 최대한 통제하여 A라는 게 정말로 있는가부터 알아내야 한다. 이 첫 번째 단계가 완료되고 A의 존재 여부가 증명되면, 그때부터 차차 자연스러운 상황을 연출하며 실제 상황에서도 A가 여전히 나타나는지를 확인하면 된다.

제10장

지능은
코에서
시작된다

○　　　심리학자들에게 지능이 정확히 무엇인지 물으면 대부분 아주 확실하게는 알 수 없다고 대답한다. 지능은 각종 검사로 측정되는 수치다. 다양한 검사로 기억력, 분류 및 연계 작업 능력, 추론 능력 등을 살핀 결과다. 오늘날 직업 적성 검사는 지능 검사를 기반으로 이루어진다. 의예과 입학 시험도 지능 검사다. 지능에 관한 책조차 여전히 지능 검사에 초점을 맞춰 집필되고 있다.

　앞서 프로이트의 '죽음의 본능'을 살폈던 것처럼 지능 검사도 이 검사가 처음 만들어졌던 때로 되돌아가 살펴보자. 지능 검사는 20세기 초 프랑스 심리학자 알프레드 비네가 아동의 지능을 규정하고자 고안했다. 이 검사에서 아이들은 숫자를 거꾸로 세거나 마구잡이로 주어진 단어들로 문장을 만들어 내는 등의 과제를 수행했다. 원래 이 검사의 목적은 발달 장애 아동을 선별해 이들에게 맞는 특수 교육 프로그램을 제공하는 것이었다. 학습에 어려움을 겪는 아동에게 적절한 도움을 주고자 객관적인 검사를 활용하고 이에 따라 신속하고 실용적인 해결책을 찾겠다는 초기 개념은 나쁘지 않았다.

그렇다면 지능은 어떻게 순식간에 프랑스 너머 전 세계로 퍼져 나가 우리 삶의 중요한 전제 조건이자 학업 성취도 평가를 위한 주요 요건으로 자리매김했을까? 이에 대한 대답은 프로이트가 죽음의 본능이란 욕구를 고안한 바로 그 시대에서 찾아볼 수 있다. 제1차 세계 대전 당시 미군은 우직하기보다는 똑똑한 군인을 선발하고 싶었다. 운동 능력과는 별개로 최상의 부대를 위한 군인들을 선별하고자 여러 유형의 지능 검사를 단시간 내에 170만 명에게 실시했다. 당시 가장 저명한 심리학자인 루이스 터먼, 에드워드 손다이크, 로버트 여키스 등이 함께했다. 이렇게 지능 검사가 상류 사회의 규범으로 자리 잡은 것이다. 검사 결과에 따른 분류 작업을 위해 숫자, 즉 지능 지수IQ를 부여했다. IQ가 100이면 평범한 정도, 115는 평균 이상, 85는 평균 이하로 규정되었다. 미국 정부는 이 기준을 금세 이주 거부 같은 다른 분야에도 적용했다. 이후 수많은 이주민이 말도 안 되는 이유로 입국을 거부당하고 본국으로 돌려보내졌다. 독일 나치 시대에는 지능 검사를 근거로 강제 불임까지 행해졌다.

사람들은 지능과 행복을 많이 혼동한다. 많은 이가 삶의 만족도와 지능 간에 아무런 관계가 없다는 사실을 잊은 채 살고 있다. 제 방에서 한껏 고민하며 퍼즐을 맞출 수 있다고 해서, 숫자를 열 개보다 많은 열다섯 개를 기억한다고 해서 행복해지는 건 아니다. 그런데도 20세기 초부터 지금까지 지능에 대한 믿음은 계속되고 있다.

지능에 관한 획일화된 개념은 여전히 심리학에서 찾아볼 수 없다. 그럼에도 지능 검사는 다들 중요하게 생각한다. 놀랍지 않은가. 지능에 관해서는 매우 다양한 관점도 존재한다. 민첩한 사고 능력, 문제 해결 능력, 집중력, 효과적인 단기 기억력, 상식 등……. 지능은 어디에서 시작되고 어디에서 끝나는 걸까? 창의성도 지능에 속할까? 감정 통제력은? 장기 계획 능력은? 타인 공감 능력은? 이에 관해 수천 명의 심리학자가 수천 가지의 대답을 내놓는다. 지능이 정서와 비슷하다면 생물학적으로도 측정할 수 있어야 한다. 정서 상태가 어떠한가에 따라 신체 상태 역시 달라진다. 정서 상태에 따라 자율 신경계와 중추 신경계가 다른 반응을 보이고 면역 기능과 호르몬 분비도 달라진다. 그렇다면 지능은 어떨까? 다들 예상하겠지만 지능이 실제로 무엇인지 아무도 모르는 상황에서 이걸 우리 뇌에서 찾고자 하는 건 무의미한 일이다. 지능에 관한 연구는 계속 진행 중이다. 당연하다. 하지만 지능에만 관여하는 특정 뇌 부위

가 없다는 점에는 여전히 이견이 없다.[70]

　　정작 사람들이 기대하는 것은 지능 지수를 통해 알 수 없다. 그런데도 사람들은 지능 검사에서 최소 100점은 받아야 안심한다. 지능 검사에서 좋은 점수를 받으려면 어떻게 준비해야 할까? 아주 쉽다. 할 수 있다고 자기 자신을 믿기만 하면 된다. 그러면 검사를 잘 치를 수 있다. 지능 검사를 두려워하면 두려움이 집중력을 갉아먹어서 좋은 결과를 얻지 못한다. 두려움이 커질수록 주어진 과제에 집중하는 능력은 저하되기 마련이다. 수많은 연구 결과, 자기 효능감에 대한 믿음이야말로 지능 검사에서 결정적인 역할을 한다.[71] 자기 효능감은 말 그대로 주어진 일을 효과적으로 잘 해낼 거라고 본인 스스로 믿는 것이다. 무언가를 습득하고 변화시키는 건 오로지 우리 손에 달렸다. 자기 자신을 그저 믿기만 하면 된다. 운동이나 악기를 새로 배우고, 노래하고 춤추며, 새로운 사람과의 만남에 즐거워한다. 자기 효능감은 우리 삶과 관련이 클 수도 있고 그렇지 않을 수도 있다. 자기 효능감이 낮은 사람들은 본인의 능력이 외부 환경에 크게 좌우된다고 생각한다. 실제로도 그들은 제 능력을 펼치고 영향력을 행사하는 데 그다지 많은 영향을 미치지 못한다. 앞서 이야기한 자기 충족적 예언을 기억하는가? 교사의 신뢰를 받은 아이들은 지능 검사에서도 엄청난 향상을 보였다.

주변에서 자신을 믿어 줬기 때문이다. 아이들은 더 자주 칭찬 받고 더 까다로운 문제들을 풀어 나갔다. 그럼으로써 자기 효능감을 키울 수 있었다.

특정 시험에 대한 두려움과 이로 인해 자기 효능감이 저하되는 현상은 소수 집단이나 편견으로 둘러싸인 집단에서 특히 많이 나타난다. 유색 인종이 멍청하다는 편견은 미국에 여전히 남아 있다. 지능 검사를 실시하기 전에 검사자가 "아주 좋은 검사지요. 오래전부터 해 오던 것입니다"라고 설명하면 백인들보다 유색 인종 사람들의 결과가 더 나쁘게 나온다. 하지만 검사 전에 "이 검사는 아직 개발 단계입니다. 무슨 결과가 나올지 우리도 몰라요"라고 설명하면 두 그룹 간 결과에 차이가 없다. 유색 인종 사람들은 이 검사를 통해 자기들에 대한 '멍청하다' 란 편견을 되레 사실로 확증시킬 수 있다고 생각한다. 이로 인해 느낀 압박과 두려움 때문에 검사를 망치기도 한다. 압박에서 헤어 나오기만 하면 백인과 똑같은 실력을 발휘할 수 있다.

또 다른 예로 수학 시험을 치르는 상황을 생각해 보자. 여성 참가자들에게 "본 검사는 특히 성별에 따른 수학 능력 차이를 알려 줍니다"라고 설명했다. 자, 다들 예상한 대로 여성들의 점수는 남성들보다 좋지 못했고 그 차이는 통계적으로도 유의했다. 그러나 똑같은 검사라도 "본 검사가 어느 정도로 타당한지는 우리도 모릅니다"라고 이야기하면 여성과 남성 간 점수 차이가 나타나지 않았다. 앞의 상황과 동일한 논리다. 여자가 수학에 약하다는 편견에 여성들은 두려움을 갖게 되고 이로 인해 실제로도 실력을 발휘하지 못할 수 있다. 신빙성이 떨어지는 시험이라고 생각하면 편견에 대한 두려움은 사라지고 시험 결과는 여성이나 남성이나 비슷해진다.

자기 효능감에 따라 결과도 얼마든지 달라질 수 있다면 지능 검사의 타당도는 얼마나 될까? 나는 나 자신을 믿는가? 신뢰하는가? 자신감이 있는가? 이러한 질문에 소수 집단은 대부분 부정적으로 대답한다. 그렇게 그들은 자신에게 찍힌 낙인을 곧이곧대로 받아들인다. 그리고 연구자들은 이 결과를 자기들이 세운 가설의 증거로 채택한다. 가설이 받아들여짐에 따라 사회적으로나 개인적으로나 더 큰 영향을 끼치게 되고 소수 집단의 상황은 더더욱 어려워진다. 그렇다고 소수 집단의 사람들이 행복한 삶을 누리지 못하는 것은 아니다. 왜 누군가는 다른 사람보다 더 크게 성공하고 더 많은 행복을 누리는 걸까?

∴ 사회적 지능

학술계에서 인간의 정서가 다뤄지기 시작한 것은 1990년대부터다. 이때부터 지능이란 용어에 맞서 정서적 지능이란 용어를 사용하는 연구자가 나타나기 시작했다.[72] 똑똑한 사람이 그렇지 않은 사람보다 늘 더 성공하고 행복한 것은 아니라는 관점을 많은 이가 탐탁지 않게 여겼다. 사람들이 자신 있게 만족하며 살아가는지, 점점 더 우울해하거나 두려워하는지, 스트레스로 인해 고혈압이나 심장병 등의 질환을 앓게 되는지 혹은 다른 사람들을 잘 사귀고 있는지 등의 여부는 지능 검사로 알아낼 수 없다. 인간의 지능은 건강하고 행복한 삶과는 아무런 상관이 없었던 것이다. 이렇게 해서 마침내 정서적 지능이란 개념이 형성되었다.

정서적 지능은 본인의 감정 상태를 잘 알고 조절하는 능력, 분노나 슬픔과 같은 부정적 정서를 통제하는 능력, 스트레스에 융통성 있게 반응하는 능력, 긍정적 사고력과 낙관성을 높이는 능력을 포함한다. 지능에 관한 전통적인 개념이 우리 실생활에서 얼마나 불필요한가를 비판하는 맥락에서 나는 순수 지능에서 정서적 지능으로의 변화가 아주 획기적이라고 생각한다. 그렇지만 정서적 지능에 관한 연구도 인간의 본성 가운데 주된 특성 하나를 주의하지 못한 채 빠트렸다. 바로 한 집단에 속해 친구들을 사귀고 사회적 관계망을 형성하고자 하는 인간의 크나큰 욕구 말이다! 혼자 있을 때나 아름다운 영화를 볼 때 혹은 편안한 음악을 들을 때 우리는 격정적인 감정을 겪지 않는다.

아주 강한 감정은 다른 사람들, 특히 우리에게 중요한 사람들에게 거절당할지 모른다는 두려움, 우리에게 상처를 준 사람들에 대한 분노, 친구들을 오랜만에 다시 만난 기쁨, 사랑하는 사람과 함께하는 행복 등과 연결될 때만 일어난다. 사람이 늘 외롭다면 자신의 감정 상태를 잘 조절할 수 있다 한들 무슨 소용이 있겠는가?

자신의 감정을 조절하는 능력은 사회적 지능을 설명하는 데 언제나 중요하다. 하지만 이것도 목적을 위한 수단에 한한다. 즉, 복잡한 사회 환경 속에서 최대한 행복하게 살아가기 위해서는 우리의 감정을 적절히 조절해 나가고 원한다면 친구 관계를 유지하거나 혹은 끝내 버리기도 하고, 우리를 기만하려는 사람들을 제때 알아챌뿐더러 타인의 의도를 대략적으로나마 이해하고 공감할 필요가 있다. 이는 사회적 능력뿐만 아니라 다른 사람들과 함께 시간을 즐기는 능력과도 관련된다. 사회적 지능과 관련된 중요한 용어 중 하나는 사회 적응력으로, 이는 새로운 사회 환경에 능수능란하게 대비할 수 있는 능력을 뜻한다.

고등 영장류, 즉 원숭이나 인간의 두뇌 발달은 이러한 사회 적응력과 상관이 있으며[73] 영장류의 뇌 크기 역시 사회 적응력과 밀접한 관계가 있다. 우리 인간이 우수하게 진화할 수 있었던 이유는 망치로 못을 박을 수 있었기 때문이 아니다. 간단한 도구는 동물도 사용할 줄 안다. 인간이 월등하게 진화할 수 있었던 이유는 사회적으로 아주 똑똑하고 융통성 있기 때문이다.

복잡한 사회는 뇌에 주어진 고등 과제와도 같다. 이를 성공적으로 수행하려면 영장류들은 더 크게 확장된 신피질_{neocortex}이 필요하다. 우리는 우리를 둘러싼 이 복잡할 대로 복잡한 사회 환경에 계속해서 적응해 나가야 한다. 규모에 따라서는 초당 수백만 개의 감각 정보를 걸러 내야 할 때도 있다. 새로운 일이 끊임없이 일어나고 아무것도 예측할 수 없다. 우리가 만나는 모든 사람이 다양한 방식으로 행동하며 우리는 각각에 맞춰 반응해야 한다. 모두가 다른 냄새를 풍긴다. 수만 개의 자극이 쉴 없이 계속해서 몰려오고 우리는 이에 곧장 반응해야 한다. 그것도 우리에게 유리하도록! 여기에는 우리가 속한 무리로부터 최적의 보호를 받는 것과 동시에 가능한 위험 요소를 알아차리고 이로부터 거리를 두는 행위도 포함된다. 모든 사람이 좋은 의도로만 다가오지는 않는다. 어떤 이는 우리를 속이고 이용하려 하며 우리가 가진 것을 뺏어 가려 한다. 행복한 관계 속에서 최대한 오래 머무르고 불행한 관계 속에서 최대한 짧게 머무르려면 다른 사람들의 의도를 가능한 한 빨리, 잘 파악해 내야 한다. 무성한 자극의 정글 속에서 나아갈 길을 찾는 이 엄청나게 어려운 일을 뇌가 해내고 있다. 사회가 복잡해질수록,

사회적 관계망이 커질수록, 사람들의 관계가 깊어질수록 뇌의 크기는 점점 더 커질 수밖에 없다.

앞서 살펴보았다시피 진화 과정상 핵심 단계, 즉 뇌가 발달했던 단계에 척추동물, 포유동물 그리고 인간(호모 사피엔스)이 형성됐다. 이때 후각도 거듭 향상되었다. 영장류가 진화할 때 두뇌 발달에 속도를 더해 준 것은 사회 적응력이다. 사회적 환경과 후각적 환경은 둘 다 모두 복잡하며 예측 불가하다. 후각 정보와 사회적 정보를 잘 처리하려면, 그중에서도 우리에게 가장 중요한 정보를 효과적으로 잘 걸러 내려면 뇌가 적응할 필요가 있다. 다시 말해 크고 더 특별한 신경 네트워크가 필요하다. 이 두 가지 고등 능력이야말로 사회적, 후각적 환경 속에서 가장 밀접하게 연결된 것은 아닐까?

나는 사회적 능력이 다른 사람이나 집단이 보내는 다양한 후각 정보를 최적으로 분석해 내는 능력에서 비롯됐다고 생각한다. 초반부에 자세하게 설명했듯이 친구가 많고 넓은 사회적 관계망을 형성한 사람들이 그렇지 않은 사람보다 더 행복하고 건강하게 생활한다. 게다가 이로 인해 좀 더 특별한 특성을 갖는다. 바로 강력한 냄새 탐지 능력이다! 이들은 다른 사람은 전혀 지각하지 못할 아주 미약한 냄새도 맡을 수 있다. 그뿐만 아니라 냄새를 인지하고 구분하는 능력도 더 뛰어나다. 사회적 지능은 궁극적으로 코에서 비롯됐다!

예전에는 인간이 구별할 수 있는 냄새를 약 1만 가지 정도로 생각했다. 이 수치는 1920년대 연구들에서 나온 것으로, 이후 전공 서적에도 계속 동일하게 기재되었다. 그런데 최근 한 연구팀이 우리가 일상에서 늘 마주치는 복합 냄새를 활용하여 수치를 좀 더 체계적으로 살펴보았다. 이들은 인간이 냄새를 얼마나 잘 구분할 수 있는가를 생태학적으로 타당하게 그리고 아주 정교하게 연구했다. 대단히 많은 공을 들인 이 연구에 따르면 인간은 약 1조 가지의 냄새를 구분할 수 있다.[74] 반면 우리가 시각으로 구분할 수 있는 색깔은 500만 가지에 불과하다. 나는 이 엄청난 수치를 학생들에게 다음의 비유를 들어 설명하곤 한다. 인간이 구분할 수 있는 색깔의 수가 보통 규모에 해당하는 뒤셀도르프 대학교 전체 교직원 및 학생 수와 같다고 가정했을 때 냄새의 수는 전 세계 인구수와도 같다고 말이다. 이토록 대단한 일에 뇌가 안간힘을 쓰는 건 아주 당연하지 않은가!

개미의 경우는 훨씬 간단하다. 개미도 집단생활을 하지만 이들의 행동 방식은 기계적이다. 개미들 각각에 부여된 역할은 평생 바뀌지 않는다. 그러나 인간을 비롯한 영장류들이 수행하는 역할은 유동적이다. 유인원이나 인간은 다양한 무리 속에서 다양한 역할을 맡는다. 어떤 집단에서는 주도적이지만 어떤 집단에서는 소극적일 수 있다. 어떤 집단에서는 다른 사람들을 기꺼이 돕고 어떤 집단에서는 웃음을 선사하며 또 어떤 집단에서는 타인을 돌봐 주기도 한다. 물론 개미처럼 거의 자동적으로 행하는 일도 있긴 하다. 하지만 하루 동안 우리가 얼마나 다양한 역할을 수행하는지 생각해 본다면 깜짝 놀랄 거다. 아침마다 차를 몰고 출근할 때면 우리는 지나가는 자전거에 역정을 내는 운전자가 된다. 하지만 퇴근 후 산책 길에 자전거를 탈 때면 운전자들에게 화를 낸다. 슈퍼마켓에서는 소비자이지만 회사에서는 판매자가 된다. 직장 상사에게는 부하 직원이고 다른 동료들에게는 선임이다. 부모에게 우리는 여전히 아이지만 내아이에게는 내가 부모다. 모든 역할을 늘 자동으로 행하지 않는다. 항상 주의를 기울이며 유연하게 반응할 수 있도록 채비한다. 늘 조금씩 다른 양상을 보일뿐더러 매번 다른 성격이 튀어나온다. 뇌에 부여되는 일 가운데 이보다 더 힘든 게 있을까. 더군다나 우리가 끊임없이 맞닥뜨리는 후각을 비롯한 감각적 세계는 가지각색 다양하며 순식간에 훅훅 달라지지 않던가.

영장류의 뇌 발달은 무리에 잘 적응해서 살아가는 데 왜 그리 중요했던 것일까? 만약 인간이 무리를 형성하지 않았다면 모든 위험 요소에 무방비 상태로 노출됐을 것이다. 인간은 가족을 최소 집단 단위로 삼지만 더 큰 규모의 집단을 형성하고 유지해 나가는 능력도 있다. 이 능력은 인간 진화를 위한 필수 요건이면서 다른 한편으로는 인간에게 충분한 방어 능력이 없음을 보여 주기도 한다. 우리에게는 날카로운 발톱도 칼같이 매서운 송곳니도 없다. 엄청나게 빨리 달리지도 못한다. 나무나 벽을 기어오르는 실력도 보통 수준이다. 요약하자면 무기를 몸에 장착하고 공격하거나 아주 빠르게 달리며 도망치는 동물들에 비해 인간의 신체 구조는 결점 투성이다.

그렇기에 우리는 무리의 보호가 필요하다. 게다가 집단 형성은 충분한 먹을거리를 찾는 일이 필수다. 뇌가 클수록 에너지가 더 많이 필요하기 때문이다. 이 엄청난 역할을 모두 해내려면 뇌는 훨씬 더 많은 당분이 필요하다.

자, 다시 원점이다. 이 책 도입부에서 설명했듯이 외로움은 죽음까지 초래할 수 있다. 그래서 우리 인간은 집단 형성과 사회적 접촉이 필요하다. 사나운 짐승의 먹잇감이 될까 더는 두려워하지 않아도 되는 요즘에도 마찬가지다. 인간은 사회적 존재다. 숨을 쉬기 위해 공기가 필요하듯 인간은 다른 사람과의 접촉이 필요하다. 숨 쉬지 못하는 순간 더는 이 세상에 존재하지 못한다. 그런데 심리적으로 소속된 곳, 즉 사회적 관계망이 없는 것 역시 언젠가는 똑같은 결과를 초래한다. 게다가 고독한 존재로 떠나가는 길은 전혀 아름답지 못하다. 소수의 은둔자든 자폐 환자든 인간은 누구도 혼자서 살아갈 수 없다. 그렇기에 뇌의 최우선순위는 지능 발달이 아니라 관계 형성이다. 우리의 뇌는 10만 혹은 100만 가지 이상의 감각 자극을 확인하고 대략 분류한 다음 연결 고리를 만든다. 그런 다음 더 세밀하게 분류해 우리의 행동을 최단 시간 내로 결정한다.

감각 가운데 가장 큰 목소리를 내는 건 후각이다. 뇌는 그 소리를 대부분 다 듣는다. 그런데 후각이 내는 소리는 내부 기관들도 모두 듣는다. '신체 상태에 관해 무슨 이야기를 하는 거지?' 더군다나 지금껏 경험한 일들을 책처럼 모두 모아 둔 일종의 도서관도 있다. 이 모든 게 1000분의 1초마다 일어난다. 제일 힘든 작업인데도 우리는 전혀 알아채지 못한다.

뇌의 가장 중요한 파트너는 코다. 둘은 우리 삶을 가치 있게 해 주는 드림팀이다. 인간의 뇌는 사회적이다. 뇌를 우리의 본보기로 삼아도 좋겠다는 생각을 종종 하곤 한다. 때로는 우리가 뇌에 너무 무관심한 것은 아닌가 싶어 안타깝기도 하다. 이 엄청난 기관을 우리는 제대로 대우해 주지 못하고 있다. 뇌는 논리적으로 생각하는 기계가 아니다. 뇌는 자신의 모든 능력을 있는 힘껏 발휘하여 사람들이 서로서로 잘 어울리고 인류의 존속을 확실하게 하며 사회 구성원 모두가 자신이 속한 환경 속에서 각자에게 주어진 여건에 맞춰 행복하게 살아갈 수 있도록 돕는다.

후각 정보를 작업하는 뇌 영역은 상황에 적합한 유연한 정서 반응과 사회적 인지 작용에 관여하는 뇌 영역과 동일하다. 이곳은 뇌 지도상 안와 전두 피질orbitofrontal cortex 혹은 복내측 전전두엽 피질ventromedial prefrontal cortex의 아랫부분에서 찾아볼 수 있으며 이마 뒤쪽, 코 바로 위에 위치한다. 냄새를 맡은 순간 그것이 갖는 의미와 중요성 여부가 이곳에서 판가름 난다. 예를 들어 배가 고플 때 피자 냄새를 맡게 되면 아주 유혹적이다. 냄새를 맡은 동시에 피자집으로 바로 달려가기, 집으로 가는 길에 냉동 피자 사기, 패밀리 피자를 나눠 먹을 친구에게 연락하기 등 선택할 수 있는 다양한 행동이 서로 견주어진다. 하지만 똑같은 피자 냄새라도 배가 부르면 어떤 욕구도 일어나지 않는다. 심지어 지금 막 기분 좋게 아침 식사를 했다면 피자 냄새는 되레 불쾌감을 가져온다. 그런데 안와 전두 피질이 제대로 기능하지 못하면 상황에 따라 달라지는 냄새의 의미를 알아차리기 힘들다. 이 영역이 손상되면 지능 검사에서 설령 높은 점수를 받더라도 사회적 문제에는 속수무책이다. 말도 안 되는 상황에 부딪히기도 한다. 일례로 안와 전두 피질에 손상을 입은 환자가 자기 부인의 자살 소식을 접하게 되었을 때 그는 "그렇군요, 끔찍해요"라고 말하고는 금세 더 급한 질문들을 쏟아 내기 시작했다. 카펫 위 피를 닦아야 할까 아니면 우선 환기를 시키고 산책하러 나가야 할까? 가족들에게 알려야 할까, 아니면 지금이 점심때니까 밥부터 먹어야 할까? 그는 냉혈인이 아니다. 윤리도 알고 자살이 끔찍한 일인 것도 잘 안다. 그러나 정서적으로 본인에게 무엇이 더 중요하고 덜 중요한지 우선순위를 정하지 못한다. 모든 게 똑같다. 다시 말해 이 사람은 굉장한 체스 선수가 될 수도 있고 IQ가 130일 수도 있으며 심지어 수학 천재가 될 수도 있지만, 언제 무슨 장을 봐야 할지 모르며 자신의 삶은 계획조차 하지 못한다. 또한 아무 감정도 느낄 수 없고 아무 결정도 내리지 못한다. 그에게 월요일이나 화요일 중 언제 진료 예약을 잡고 싶은지 묻는다면 그는 가진 정보를 다 동원해 가며 무슨 요일이 더 나을지를 몇 시간이고 고민할 것이다.

∴ 순수 이성에 관한 동화

포르투갈의 신경학자 안토니오 다마지오는 우리 몸과 의식의 상호 작용에 관해 굉장한 연구를 했다. 그는 수백 년간 통용되어 온 신체와 정신의 분리가 잘못되었음을 경험적으로 검증해 냈다. 신체와 정신은 서로 분리된 게 아니라 오히려 끊임없이 상호 작용하며 계속해서 영향을 주고받는다. 다마지오는 저서에서 뇌 손상 환자들의 사례를 언급했는데 그중 하나는 19세기 중반에 있었던 일이다. 스물다섯의 남성 피니어스 게이지는 길이 110센티미터, 두께 3센티미터, 무게 6킬로그램가량의 무거운 쇠막대기가 광대뼈 아래에 꽂히는 끔찍한 사고를 당했다. 이로 인해 4~5센티미터 정도 되는 분화구 모양의 상처가 생겼다. 게이지는 의식을 잃지 않았고 말도 할 수 있었으며 의학적인 도움도 받았다. 상처는 잘 아물었으며 왼쪽 눈만 되돌리지 못했다. 모든 의료진이 그의 기억력, 언어 능력, 운동 능력, 지능 등에 아무런 문제가 없다고 말했다. 하지만 게이지는 달라졌다. 친절하고 침착하며 책임감 있었던 청년이 변덕스럽고 참을성이 없으며 타인을 존중할 줄 모르는 사람이 되었다. 게다가 그는 일상생활을 제대로 해 나가지 못했다. 하루를 계획하는 데 어려움을 보였고 무언가를 결정해야 할 때면 몹시 당황했다.

게이지의 사례는 지능 검사의 가치가 얼마나 심하게 부풀려져 있는지를 여실히 보여 준다. 생활 능력을 상실한 이 안타까운 청년의 IQ는 추측건대 정상 범위 내일 것이다. 이처럼 지능 검사의 생태학적 타당도는 높지 않은데 우리 사회는 여전히 이를 중요하게 생각한다. 게다가 이 사례가 유일무이하지도 않다. 다마지오는 이 밖에도 여러 환자의 사례를 언급했는데, 이들은 암 질환이나 사고 등으로 복내측 전전두엽 피질이나 안와전두 피질에 심각한 손상을 입었다. 결과는 다들 비슷했다. 환자의 지능, 기억력, 집중력 등에는 눈에 띄는 변화가 나타나지 않았고 도덕적 행동과 비도덕적 행동도 분간할 줄 알았다. 하지만 일상생활에서는 아무 결정도 내리지 못했다. 한 달 혹은 하루 계획을 세우는 능력을 상실했다. 게다가 다른 사람들은 전혀 안중에도 없는 사람이 되어 버렸다. 시간이 지남에 따라 이들은 직장도 친구도 파트너도 잃었다. 누구도 이들과 함께하길 바라지 않았고 바란다 한들 불가능한 일이었다. 다마지오에 따르면 환자들은 이전에 습득하고 경험했던 상태들과 비교하여 이 복잡한 사회 환경 속에서 자신들의 현재 행동 방향을 결정하는 능력을 상실했다. 다시 말해 자신에게 중요하고 그렇지 않은 것 혹은 좋고 나쁜 것을 구분하고 결정하는 데 유용한 직감이 없었다. 이들은 저만의 인격, 고유함 그리고 자기 자신을 잃어버렸다.[75]

내 생각엔 지금이야말로 지능 검사가 지능 검사를 받아야 할 때인 것 같다. 순수 이성은 동화 속에나 나오는 이야기다.

∴ 사회적 뇌

사회적 관계가 인간에게 아주 중요하다는 사실은 다들 잘 알고 있다. 학계에서는 이를 **사회적 뇌 가설**social brain hypothesis이라 부른다. 이에 관해 다양한 연구를 진행한 영국의 심리학자 로

빈 던바는 영장류의 사회적 네트워크 크기로 신피질의 크기를 예측할 수 있다는 결론에 이르렀다.[76] 그런데 뇌의 크기는 사회적 놀이 빈도, 사회적 충돌 빈도, 사회적 학습 빈도, 자기에게 유리하게끔 의도적으로 타인을 속이는 전략적 기만 행동 빈도 등 사회적 지능에 관한 다른 여러 지표로도 가늠할 수 있다. 사회적 뇌 가설은 뇌가 주로 관여하는 영역이 도구 사용이나 에너지 활용이 아닌 사회적 활동임을 이야기한다. 그렇기에 선조들에게 불은 맹수를 쫓아내고 음식을 더 효과적으로 조리하는데만 중요했던 게 아니었다. 불을 사용함으로써 무엇보다 낮이외의 시간에도 사회적 활동이 가능해졌다. 던바는 선조들이 저녁때 불이 피어오르는 안전한 환경 속에서 낮 동안 짊어졌던 역할을 내려놓고 사회적 삶을 넓힐 수 있었다고 말한다. 아마도 선조들은 이때 언어를 습득했을 것이다. 둘이서만 얼굴을 맞대고 이야기하는 게 아니라 셋 이상도 서로 정보를 공유할 수 있도록 말이다. 이러한 방식으로 사회적으로 중요한 정보가 더 빠르고 효과적으로 많은 사람에게 전달되었을 것이다. 사람 간의 행동은 동물이나 식물보다 훨씬 예측하기 힘들다. 그러므로 사람들은 제 사회적 환경을 좀 더 잘 파악하고자 서로에 대해 가능한 한 많이 알고 싶어 한다. 또한 함께 모여 제대로 수다를 떨 수 있을 때 매우 즐거워한다. 나쁜 게 아니다. 이건 인간의 기본 욕구다. 타인과의 관계 형성보다 인간에게 더 중요한

게 뭐가 있겠는가?

영장류의 뇌 발달에 사회적 네트워크는 굉장히 중요하다. 다른 포유동물은 이 정도는 아니다. 추측건대 커다란 사회적 네트워크, 특히 유동적인 사회적 네트워크는 영장류에게서 처음 생겨났다. 두 사람 간의 관계는 연인 사이에만 한정되지 않고 친구 관계, 동성 간 관계로까지 확장되었다. 다시 말해 상황에 따라 친밀한 친구 관계나 지인 관계를 형성할 수도 있고 필요에 따라서는 끝낼 수도 있는 우리만의 특별한 능력이다. 이는 인간이 가진 사회적 복잡성을 여실히 드러낸다.

그런데 뇌의 모든 영역이 사회적 지능과 함께 골고루 커진 건 아니다. 가장 많이 커진 부위는 안와 전두 피질 혹은 복내측 전전두엽 피질이다. 이곳에서 언제 어떤 냄새가 얼마나 중요한지를 결정한다. 또한 우리가 이 세상과 더불어 자기 자신을 의미 있고 중요하게 경험하는 데 필요한 능력도 형성한다.

던바에 의하면 유인원과 인간의 사회적 네트워크는 아주 유사하다. 밀접하게 형성된 작은 네트워크는 보통 3~5명으로 구성되는데, 우리가 밤에도 편하게 전화를 걸 수 있을 만큼 제일 가깝게 지내는 친구들이다. 우리를 위해 모든 걸 내주고 우리도 모든 걸 내줄 수 있는 사람들이다. 비도덕적인 행동으로 마음속에 담아 두고 끙끙거려 왔던 일이나 상황조차 믿고 털어놓을 수 있는 친구들이다. 가까운 친구에게 다 털어놓으면 마음이 조금은 편해지기 마련이다. 두 번째 네트워크는 약 10~20명으로 구성된다. 함께 자주 시간을 보내는 아주 좋은 친구들이다. 우리는 사회적 시간 가운데 대략 60퍼센트를 첫 번째 혹은 두 번째 네트워크의 사람들과 함께 보낸다. 세 번째 네트워크는 약 50명으로 구성되는 '사교 모임'이다. 자주는 아니지만 함께 재미있는 시간을 지내거나 정보를 공유하기 위해 기분 좋게 만나는 사람들이다. 마지막 네트워크는 150~200명 정도로 구성된다. 흔히 만나는 지인은 아니지만 낯선 사람보다는 신뢰하는 편이다.

그리고 언젠가는 인간의 수용 능력도 끝이 난다. 특별히 신뢰하지 않으며 그저 고만고만하게 알고 지내는 사람의 수는 대략 500명 정도고 서로 알긴 알아도 특별한 관계는 없는 사람의 수는 최대 1500명 정도다. 그 외의 사람들은 이름을 기억하지 못할뿐더러 얼굴과 매칭도 못 한다.

던바의 연구는 왜 점점 더 많은 사람이 사회적 네트워크 속에서 커다란 '친구 관계'를 형성하고 유지하는 것을 힘들어하는가를 살펴보았다. 이는 쉽게 스트레스를 유발할뿐더러 본질적 의미의 친구 관계(두 명이 하나로 연결된 느낌)와는 엄연히 다르기 때문이다. 나와 뒤셀도르프 연구팀이 진행한 여러 연구에 따르면 행복과 스트레스 감소에는 아날로그식 친구들, 즉 오프

라인 친구들만 긍정적인 영향을 준다. 반면 온라인 속 친구들 수가 급격히 많아질수록 행복감은 줄어든다.

디지털 방식으로 우리는 행복해질 수 없다. 우리는 아날로그식으로 사람들을 필요로 한다. 현실에서 냄새를 맡을 수 있는 사람들로만 새로운 관계를 계속 형성해 나갈 수 있다. 가상 세계에서는 서로 안을 수도 냄새를 맡을 수도 없다. 우리는 전화 통화만으로는 부족하다는 것을, 서로 몸을 부대끼며 가까이 있길 간절히 바란다는 것을 알고 있다. 이 바람은 사랑하는 사이는 물론이고 친구 관계에서도 마찬가지다. 가까이해야 서로의 냄새를 맡을 수 있고, 냄새를 공유하는 사이일수록 통하는 법이다. 그러나 통신망 속 친구 관계에는 함께 공유할 냄새가 없다.

제11장

친구들은
서로의 냄새를
더 잘 맡는다

○　　　포유동물의 뇌가 클수록 일부일처제가 더 잘 유지
된다. 오랫동안 일부일처제로 파트너 관계를 유지해 온 포유동
물의 뇌 크기는 일부다처 혹은 일처다부제 동물보다 더 크다.
어떤 생물이건 일부일처제를 유지하는 일은 재미나 기분에 따
라 여기저기 집적대는 것보다 확실히 더 복잡하고 어렵다. 단
한 사람과 특정하게 연결된 사람은 시간이 흐를수록 제 본성
을 잘 깨달으며 부정적인 특성도 잘 참아 내고 부부의 경우 아
이들도 서로 노력하며 함께 돌본다. 이 모든 것에는 뇌의 힘, 즉
브레인 파워가 필요하다. 게다가 영장류, 유인원, 인간은 일부
일처제, 일부다처제, 다부일처제 같은 형식으로만 관계를 형성
하지 않는다. 이들은 친구 관계도 만든다. 두 사람 간의 관계 형
성 못지않게 사회적 네트워크도 중요하다. 유인원은 친구를 만

드는 데 타고났다. 오랫동안 함께하는 사회적 파트너가 꼭 섹스 파트너일 필요는 없다. 진화상 뇌가 크게 발달한 시기는 친인척 이외의 사람들과 오랫동안 관계를 지속해 나가는 게 가능했던 때다. 친구들은 가족 냄새를 풍기지 않는다. 뇌는 더 큰 노력을 기울여 무리 내 다양한 구성원 가운데 친구 관계를 맺을 만한 사람을 찾아내야만 했다. 그러려면 어떻게 해야 할까? 당연히 냄새 대장인 코와 함께해야 한다! 누가 이롭고 해로운지, 누가 잘 맞는지, 누구와는 절대 아이를 만들어선 안 될지를 코는 킁킁대며 냄새 맡는다. 친구들은 모두 다른 냄새를 풍기기에 수시로 업그레이드된다. 친구들은 변한다. 우리도 변한다. 즉 친구 관계를 형성해 나가는 능력은 복잡한 사회적 네트워크의 기반이기도 하지만 영장류와 인간의 뇌가 엄청나게 발달하는 데도 근본적으로 필요한 요인이다.

최근 한 연구팀은 약 2000명을 대상으로 그들의 친구들이 친구가 아닌 사람들보다 유전학적으로 더 비슷한지 연구했다. 그 결과 친하게 지내는 사람들은 연구팀의 예상보다 유전학적으로 훨씬 비슷했다. 사실 친구라 하면 친인척 관계가 아닌 이들을 뜻하기에, 이들의 유전자 역시 마구잡이로 뒤섞여 있는 게 당연하다. 그런데 어떤 유전자가 친구 간에 유사성을 만들어 내는 걸까? 답은 바로 후각 세포에 관한 유전자다! 모든 세포는 사람마다 특성이 다르다. 모든 사람은 오로지 저만의 후각을 가지고 있다. 냄새는 주관적이며 모두가 저마다의 방식으로 다르게 냄새를 맡는다. 우리는 후각 세계가 유사한 사람들에게 친숙함을 느끼며 더 끌린다. 유유상종이란 말도 있지 않은가. 친구들은 친구가 아닌 사람들보다 후각 세계가 서로 더 비슷하다.[77] 후각이 유사하기 때문에 사회적 냄새에 대한 직감 역시 비슷하다. 이런 이유로 서로 비슷한 반응을 보이기도 한다. 그런 경험이 다들 있을 것이다. 아주 친한 사람들은 흔히 서로 좋아하는 사람이나 거리를 두고 싶어 하는 사람이 비슷하다. 우리는 이미 알고 있거나 이해하고 있는 것에는 두려움을 느끼지 않는다. 그렇기에 더 빨리 신뢰하고 더 편안해하며 더 안전하다고 느낀다. 이러한 방식으로 호모 사피엔스의 우수한 후각뇌는 수십 년간 지속된 친구 관계들로 최고조에 이른 사회적 행동을 형성한다.

반대 경우는 어떨까? 우리는 후각 세포가 그다지 비슷하지 않은 사람들에게 공감하지 못할까? 냄새도 다르게 맡을까? 그들에게 중요한 냄새와 우리에게 중요한 냄새가 다를까? 비호감인 사람과 가깝게 지내는 사람은 화학적 프로필이 다른 것일까? 이를 연구하기란 쉽지 않다. 우선 각각의 대조 집단을 찾아내야 한다. 물론 불가능한 일은 아니다. 그다음에는 누군가가 언짢은 행동을 하지 않는데도 그와 매번 부딪히는 이유를 설명해야 한다. 분명 우리는 그 사람이 어려운 '합리적인' 이유를 찾아낼 것이다. 그런데 우리의 코는 소화 불량이 시작된 시점을 아마도 표시해 뒀을 거다. 코가 싫어하는 사람은 좋아할 수 없다. 이 모든 게 후각 세포 때문이라는 사실을 알게 되면 그러한 상황을 때로는 좀 더 가볍게 넘길 수도 있다. 더는 이유를 찾지 않아도 된다. 생물학적으로 자연스러운 일이니 더는 신경 쓰지 않아도 마음이 편해진다.

우리는 친구들끼리 서로 정서적으로 연결되었음을 경험하곤 한다. 고독은 질병을 유발하는 반면 우정은 우리를 건강하게 만든다. 좋은 친구가 많은 사람은 그렇지 않은 사람보다 오래 산다. 원숭이와 유인원도 친구 관계가 뭔지 알기에 친구들끼리는 더 오래, 더 집중적으로 그루밍(동물들이 서로 털을 골라주는 행동—옮긴이) 행동을 보인다. 이는 인간이 서로 껴안고 간지럽히는 등 신체 접촉을 하는 것과 꽤 비슷하다. 그런데 우리는 신체 접촉 말고도 함께 웃고 춤추고 노래하는 등 관계를 쌓는 다양한 방식을 가지고 있다. 이 모든 행동은 엔도르핀을 분비시킨다. 엔도르핀은 특히 우리가 행복할 때 뇌에서 만들어지는 신체 자생 모르핀이다.

친구 관계에 대한 이해는 성별에 따라 확연히 구분된다. 여자들의 친구 관계에는 대화가 제일 중요하지만 남자들은 무언가 함께 해 보는 것을 더 중요하게 여긴다. 적지 않은 남자들이 같은 축구팀을 응원하는 이들을 누구보다 친구라고 생각한다. 살면서 가장 중요했던 사건으로 여자들은 보통 결혼, 출산, 중요한 사람의 죽음을 이야기하는 반면, 남자들은 흔히 월드컵 우승을 최우선으로 손꼽는다.

'단짝 친구' 현상은 거의 모든 여자에게서 나타난다. 여자들은 깊은 정서적 교감을 나누며 지극히 개인적인 일도 이야기할 수 있는 친구가 보통 한 명씩은 있다. 여자들은 흔히 사적인 관계를 형성한다. 이는 도움을 주고받는 행동에서도 찾아볼 수 있다. 여자들은 자신과 관련된 사람을 먼저 돕지만(그래서 수년 동안 자신을 희생할 수도 있다.) 남자들은 종종 자신이 영웅이라도 된 것처럼 모르는 사람을 적극적으로 돕는다.

고독을 키워드로 미래의 사회 문제를 고민한다면 친구 관계가 가장 중요한 화두일 것이다. 친구가 부족하면, 즉 사회적으로 고립되면 우리는 지독하게 슬프다. 이러한 슬픔은 우리를 그림자처럼 따라다니고 결국 아프게 한다. 사회적 고립이 우리의 건강 체계를 무너뜨리며 막대한 의료 비용까지 초래하는 것이다.

∴ 슬픈 코

친구들은 서로의 냄새를 잘 맡을 수 있다. 그리고 모두가 잘 알고 있듯 우울한 사람은 사회적 관계를 잘 형성해 나가지 못해 어려움을 느낀다. 그렇다면 후각과 우울증은 어떤 관련이 있을까? 이 질문에 관한 실태를 규명하고자 여러 연구를 시도해 보았다.[78] 연구 결과, 우울한 사람은 냄새에 덜 민감했고 대개는 확실하게 맡을 수 있는 강한 냄새만 지각해 냈다. 여기에는 이들의 정서적 경험이 반영되어 있다. 이들 내면 깊이 자리한 감정들은 꼭 잘려 나간 것처럼 평평하다. 우울한 사람도 자신의 정서 상태를 평평함, 무딤, 회색 등으로 묘사한다. 예전에 즐겨 하던 활동에는 더는 관심이 없다. 삶 전체가 그저 슬프다.

그런데 후각은 우울증에 얼마나 많은 영향을 미치는 걸까? 모든 냄새는 감정과 연결된다. 모든 냄새는 정서적이다. 이 세상에 중립적인 냄새는 없다. 냄새와 정서는 뇌의 동일한 영역에서 처리되며 둘 다 우리에게 비슷한 상태를 유발한다. 나는 우울증 환자들에게 감정적인 그림과 냄새를 제시하고 이들의 뇌가 어떤 반응을 보이는지 살펴보았다. 감정적인 사건과 냄새에 대한 의식적 평가는 줄어든 상태였다. 긍정적이건 부정적이건 간에 둘 다 우울증 환자에게는 중요하지 않았다. 여기까지는 충분히 이해가 됐다. 그런데 한 가지 눈에 띄는 사실이 있었다. 그림에 대해서는 건강한 사람과 다를 바 없이 전의식 작업이 이루어졌으나 냄새에 대한 전의식 작업은 감소했다. 냄새는 느리게 처리되었고 정보는 불충분한 상태로 뇌에 전달됐다. 우울한 사람들의 뇌 속에서는 냄새 처리 과정 중 아주 초기 단계 때 특이한 일이 일어나는 게 틀림없다. 정서적 뇌인 변연계가 활동하는 데 있어 핵심 제어 장치는 후각 망울인데, 우울증 환자의 경우 이 후각 망울의 신경망이 엉망이 된 상태라 근처의 정서적 뇌를 최적으로 다룰 수 없는 게 아닐까? 내 생각은 그렇다. 무엇보다 편도체는 후각 망울의 제어를 받는데, 이 편도체에서 부정적인 경험이 부호화되기 때문에 후각 망울이 똑바로 기능하지 않으면 제어 기능도 멈춰 버린다. 그 결과 부정적인 사건들은 더 강하게 경험될 것이며, 이러한 상태가 오래 계속되면 우울증이 유발될 수밖에 없는 것이다.

이후 나는 우울증을 앓은 적은 없지만 잠시 무력감을 느낀 사람들에게서도 후각 기능이 저하되는 현상이 나타나는지 살펴보았다. 무력감은 우울증의 주요 증상 중 하나다. 무력한 사람은 자기가 할 수 있는 건 아무것도 없으며 그저 모든 게 저절로 발생했다고 믿는다. 특히 부정적인 사건에 더 큰 무력감을 경험한다. 그렇지만 무력감이 꼭 만성적인 것은 아니다. 누구나 한 번쯤 슬픈 일을 겪는 것과 같다. 실험에서는 참가자들에게 풀지 못할 문제를 내주었다. 사람들의 표정을 보고 기분을 알아맞히는 것이었는데, 제시된 표정은 모두 이도 저도 아닌 모습일뿐더러 그마저도 제대로 알아보지 못하게 아주 짧게 보여 주었다. 사회적 지능에 관한 중요한 테스트로 생각했던 참가자들은 시간이 지날수록 과제를 해결하지 못한다는 생각에 점점 더 무력해졌다. 물론 실험이 끝나자마자 이는 풀지 못할 문제였다고 설명해 주었다.

실험 결과, 잠시 무력감을 느꼈던 건강한 사람들에게서도 우울증 환자와 똑같은 후각 기능 손상이 나타났다. 슬프면 후각 기능이 저하되고 부정적인 생각이 우리를 움직인다. 후각과 감정은 서로 가장 밀접하게 연관되어 있다.

후각 연구를 하는 동안 나는 매번 학술계에서 백지에 가까운 분야에 뛰어들었다. 하지만 지난 수년간 어떤 현혹에도 휩쓸리지 않았다. 비록 나의 연구 주제가 학회 내 구석진 방에서나 다뤄지고 얼핏 더 중요해 보이는 다른 향기들이 커다란 강연장에서 수많은 연구자를 매혹해 댔어도 말이다.

연구자도 가끔은 아주 조금 행운이 필요하다. 나에게 행운은 1990년대에 정서적 뇌를 아주 훌륭하게 그려 낸 조지프 르두였다. 그 덕분에 정서가 학술계에서 다뤄지게 되었고 2000년대에 들어오면서 나는 구석진 방이 아닌 커다란 세미나실에서 발표할 수 있었다. 요즘에는 많은 청중 앞에서 강연하고, 또 내 연구들은 전 세계에서 빈번하게 인용되고 있다. 행복으로 가는 문의 열쇠가 코에 있다는 사실을 알릴 수 있어 더없이 기쁘다.

그간 우울증 환자들의 후각 기능 저하 현상은 세계 곳곳에서 집중적으로 연구되어 왔다. 심지어 이들의 후각 망울 크기가 건강한 사람보다 작다는 사실도 밝혀졌다. 독일 드레스덴의 차세대 연구자 일로나 크로이는 우울증을 더 깊이 이해하고자 후각 검사를 활용한 흥미로운 연구를 진행하고 있다.

언젠가 세미나에서 이런 질문을 받은 적이 있다. "우울한 사람들이 자기 코를 '활짝 열게 되면' 냄새를 통해 자신의 슬픈 뇌에 다다를 수 있으니 예전처럼 다시 잘 지낼 수 있을까요?" 맞다, 그럴 수도 있다. 물론 후각 훈련이 심리 치료를 완전히 대체할 수는 없다. 그렇지만 우울한 사람들이 긍정적인 감정을 다시 느낄 수 있도록, 그 길이 좀 더 쉬워지도록 도와줄 수는 있다. 그 과정을 반복하다 보면 다른 사람들과 관계를 형성해 나가는 일도 좀 더 쉬워질 거다. 결국 건강해질 것이다!

∴ 코는 거짓말하지 않는다

우울한 사람들은 보통 친구가 많지 않다. 아예 한 명도 없는 경우도 있다. 그런데 즐거운 사람들 곁에는 흔히 누군가가 있다. 이것도 냄새 탓일까? 기분 좋은 사람의 냄새는 기분이 나쁘거나 슬픈 사람의 냄새보다 더 매력적일까? 여기에 우리는 화학적 의사소통 방식으로 반응할까? 아니면 다른 감각을 활용할까? 보통 다채로운 목소리에 웃는 얼굴의 사람들이 단조로운 목소리에 슬프거나 괴로운 표정의 사람들보다 호감이다.

네덜란드 위트레흐트의 모니크 스메이츠와 야스퍼르 드 흐로트는 실험 참가자들이 유쾌한 영화를 보는 동안 그들의 냄새를 채취했다. 그 유쾌함이 전달되도록 다른 실험 참가자들에게 냄새를 풍겼다. 냄새는 거의 알아차리지 못할 정도였지만 전극으로 측정할 수 있었다. 그 냄새에 참가자들은 약간의 미소를 지었다. 이처럼 즐거움의 냄새는 다른 사람에게로 옮겨 간다.[79]

한번은 실험실에서 아주 잠깐, 약 500분의 1초 동안 유쾌한 사진과 무서운 사진을 실험 참가자들에게 보여 주었다. 알아차리지 못할 만큼 짧은 시간에 사진이 제시되었기에 참가자들은 아무것도 보지 못했다. 그러나 우리의 지각은 영향을 받고 있었다. 실험 끝 무렵에는 참가자들이 알아차릴 수 있을 만큼만 좀 더 길게 중립적인 표정을 제시했다. 실험 참가자들은 바로 직전에 유쾌한 표정을 봤으면 중립적 표정을 긍정적으로 평가했고 앞서 무서운 표정이 나타났으면 똑같은 중립적 표정이라도 더 부정적으로 이야기했다. 이는 심리학에서 잘 알려진 현상이다. 거의 지각하지 못할 정도의 자극이라도 이후에 주어지는 자극을 받아들이는 방식에 영향을 미치는 것이다. 이번에는 두려움의 냄새가 표정을 지각하는 데 영향을 주는지 알아보고 싶었다. 무서운 표정이 두려움의 냄새와 함께 제시되자 중립적인 표정은 마찬가지로 부정적으로 평가되었다. 그런데 유쾌한 표정을 지각하는 데는 영향을 미치지 않았다. 유쾌한 표정과 두려움의 냄새가 함께 제공되자 중립적인 표정을 오히려 더 부정적으로 받아였다. 이처럼 우리는 거듭 암묵적으로 무언가를 지각해 낸다. 사회 환경 속에서는 이러한 암묵적 지각이 일반적이다. 우리는 많은 표정, 몸짓, 여러 사회적 특징을 극히 짧게만 본다. 이들은 곧 달라진다. 다른 표정과 몸짓을 보이는 사람이 새로 나타났다가 다시 또 사라진다. 우리는 부지기수의 자극에 반응하지만 의식적으로는 빙산의 일각밖에 알지 못한다. 사회적 냄새도 마찬가지다. 너무 희미해서 거의 맡지 못하지만 상대에 대한 중요한 정보를 우리에게 전달한다. 실험 결과도 마찬가지였다. 표정은 아주 짧게 제시됐고 두려움의 냄새는 너무도 약해 거의 알아차릴 수 없을 정도였음에도 두 정보는 우리가 잠깐 마주한 중립적 표정이나 사람을 평가하는 데 영향을 미쳤다. (거의 지각하지 못할) 웃음이 (거의 지각하지 못할) 두려움의 냄새와 함께 나타나면 뇌는 그 사람을 도리어 부정적으로 지각하기 때문에 결과적으로 조심스러운 반응을 보인다.[80]

이 연구 결과는 뇌에서 시각보다 후각이 더 중요하게 받아들여짐을 다시 한번 확인해 주었다. 우리는 가능한 모든 채널을 통해 지금 우리의 기분 상태를 내비치고, 상대방은 이를 시각적, 청각적 그리고 무엇보다 후각적으로 받아들인다.

미소는 거짓일 수 있다. 말투도 연기일 수 있다. 하지만 냄새, 즉 후각 신호만큼은 의도적으로 바꿀 수 없다. 그래서 거짓말을 못하는 코는 누군가를 속이고 싶어 하는 이들에게는 환영받지 못한다. 하지만 코의 이야기에 귀를 기울이면 실수도 덜고 후회할 일도 줄어드는 만큼 유용한 게 사실이다.

그런데 이런 의문이 들 수도 있다. 대중 매체를 통해 알려진 사람들로부터는 제일 중요한 화학적 정보를 얻을 수 없으니 그들에 대한 우리의 생각은 완전히 틀린 걸까? 가짜 웃음, 가짜 표정, 가짜 말투에 우리는 속고 있는 걸까?

화학적 의사소통을 연구하는 정서 심리학자로서 영화는 연구 대상으로 삼고 싶지 않다. 사람들은 영화에 공감할 수도 있고 안 할 수도 있다. 서로 다른 생각을 할 수도 있다. 게다가 긍정적인 정서가 모든 사람에게 같은 방식으로 일어나지는 않는다. 사람마다 즐거워하는 게 달라서 누군가는 만화를 좋아하고 누군가는 동물 영화를 좋아한다. 누군가는 로맨스 영화를 좋아하지만 누군가는 스포츠 중계를 좋아한다.

그래서 나와 연구팀은 이를 토대로 실험한다. 사람마다 각자 선호하는 냄새가 있는 것과 매한가지다. 어떤 냄새는 기분을 좋게 하고 편안하게 만들어 주지만 모두에게 해당하지는 않는다. 바로 이 때문에 아로마 치료의 효능이 지금껏 검증될 수 없었다. 유일하게 증명할 수 있었던 건 몇몇 냄새의 각성 효과와 진정 효과다. 하지만 이것 역시 특별한 분자에 의한 효과라고 다들 착각한다. 감귤류 같은 자극적인 향이나 멘톨 향 같은 시원한 냄새는 삼차 신경계를 활성화한다. 코에는 후각 수용체뿐만 아니라 목구멍까지 닿아 있는 삼차 신경 말단부도 있다. 삼차 신경은 냄새를 탐지하지 않지만 와사비, 캄퍼, 레몬 등 차고 맵고 톡 쏘는 자극에 반응한다. 감귤 냄새를 조금만 맡아도 정신이 번쩍 드는 이유다. 바닐라 향처럼 후각 세포가 더 많은 반응을 보이는 냄새를 맡았을 때는 기분이 편안해진다. 코에서 일어나는 지각은 딱 두 가지 방식밖에 없기에 물리적으로 모두 설명할 수 있다. 하지만 모든 사람에게 똑같은 정서를 불러일으키는 냄새란 없다. 그렇다면 우울증에는 뭐가 도움이 될까? 내 생각에는 자기 통제 요법이 제격일 듯하다.

∴ 자기 통제 요법

자기 통제 요법은 오스트리아의 심리학자 프레더릭 칸퍼가 개발한 현대 인지 행동 치료법이다. 사람은 아주 잠깐이라도 자신의 행동과 경험을 스스로 설계해 봐야 한다. 이 작은 개입 활동에는 네 가지 장점이 있다.

첫째, 심리 치료사에 의존하지 않게 된다. 대개 환자들은 수년이 넘도록 심리 치료사에게 의지하며 자유로워지지 못한다. 나는 치료사가 환자의 손에 공구를 쥐여 주고 환자 스스로 자신의 삶을 지어 보게 하는 것이 좋다고 생각한다. "자, 여기 회반죽과 물통이 있어요. 어떻게 하는지 먼저 보여 줄 테니 그다음은 당신 스스로 해 보세요." 내 생각에 전통적인 환자와 치료사의 관계는 대부분 역효과를 가져온다. 어쩌면 이러한 관계는 환자가 낮은 소파에 앉고 치료사가 환자를 내려다보는 자리에 앉는 관습 때문에 생겨났을 수도 있다. 여하튼 환자가 아무것도 모를 것이라고 간주한다. 환자는 진심으로 자신의 이야기를 꺼내지만 전지전능한 치료사는 입을 다문 채 침묵한다. 상태가 좋지 않을 때도 환자는 이따금 이게 좋은 신호란 이야기를 듣는다. 그러다 어느 날 치료사로부터 치료가 종료되었다는 통보를 받는다. 짐작하건대 환자의 의료 보험으로 가능한 치료 시간이 거기까지였을 거다.

행동 심리 치료 전문가는 상태가 좋지 않은 환자를 절대 위기 상황에 혼자 남겨 두면 안 된다. 목표는 늘 똑같다. 환자가 최대한 빨리 잘 지내는 것. 이를 위해서는 그리고 앞으로 더 잘 지내기 위해서는 환자 스스로 자신의 행동을 변화시킬 수 있는 근본 기술을 습득해야 한다. 그래야 본인이 행복한 일을 시작하고 즐기는 자유를 얻을 수 있다. 스스로 만들었던 벽을 모두 허물어 버리고 새롭게 쌓아 올리면서 정신 상태의 근본적인 구조를 변화시켜야 한다. 바로 그때 환자들은 말 그대로 감정의 감옥에서 벗어나 선택의 자유를 얻고 행동반경을 넓힐 수 있다.

둘째, 자기 통제 요법과 인지 행동 치료는 개별적이며 자기 성찰을 기본 핵심으로 삼는다. 가령 처벌과 관련해서 습관화된 생각이 있는가? 우울한 사람은 대부분 자신을 책망한다. '네가 꼴찌야, 넌 해내지 못할 거야, 다시는 멋지게 살아가지 못할 거야⋯⋯.' 환자들은 이러한 생각을 버리고 자기 자신을 강하게 만들어 줄 생각을 쌓아 가는 법을 배우게 된다. 나는 나에게 만족해, 잘했어, 이렇게만 계속하면 돼.

자동으로 습관화된 생각을 바꾸려면 굉장한 노력이 필요하다. 치료사가 환자와 함께 객관적으로 깊이 파고들어야 할 때가 다반사인데, 경험하고 행동하는 방식을 통해 차차 긍정적으로 변화해 나간다. 환자들은 자기 기대치를 조절하고 스스로 칭찬하는 법도 배울 수 있다. 예를 들어 일기장에 하루 동안 일어났던 긍정적인 일을 모두 적는 것이다. 치료 단계에서는 환자가 자유롭게 선택하고 결정하면서 습관화된 프로세스에서 벗어날 방법을 치료사와 환자가 함께 연습한다. 환자는 본인을 자랑스럽게 여기면서 엄청난 행복을 느끼게 되고, 다시금 자기 자신을 신뢰하면서 어떤 일도 시도할 수 있다는 믿음을 갖게 된다. 그리고 끝내 삶의 즐거움을 만끽하게 된다. 물론 처음에는 살얼음판 위를 걷는 것 같다고 느끼더라도 말이다.

셋째, 그런 이유로 자기 통제 요법은 긴장 이완 요법을 함께 적용한다. 이때는 어떠한 전제 요건도 필요하지 않다. 누구나 쉽게 배울 수 있다. 긴장 이완 요법은 짧은 훈련 뒤에 핵심 용어나 그림을 통해 긴장이 풀리도록 도와준다. 이는 흔히 두려움 자체를 두려워하는 불안 장애 환자에게 특히 더 중요하다. 이들은 다른 사람이 곁에 있으면 공황 발작이 일어날까 두려워 사회생활을 하지 못한다. 두려움은 이렇게 환자 주변에 담을 쌓는다. 최악의 경우 이들은 집 밖으로 한 걸음도 나가지 못하는데, 두려움이 삶을 덮쳐 인생의 즐거움과 행복을 막아 버린다.

이 치료법의 마지막 장점은 환자가 새롭게 습득한 깨달음과 기술을 스스로 조금씩 시도해 볼 수 있다는 것이다. 처음에는 배역이 주어진 연기자처럼 새로운 행동 방식을 연습한다. 치료사와 둘이서 할 수도 있고 그룹 안에서 연습하기도 한다. 그다음에는 사회적 기술을 훈련하는 과정 속에서 시도해 본다. 이는 부끄러움이 많거나 예민한 사람들에게도 도움이 된다. 자신의 예민한 성향이 결함이 아닌 특별한 능력임을, 다만 너무 빨리 스트레스를 받지 않고 다른 사람들과 좀 더 편하게 지내기 위해서는 연습이 필요함을 깨닫게 된다. 심리 질환은 대부분 사회적 고립과 관련 있어서 이 연습은 굉장히 중요하다. 이들은 거절당할 것에 대한 두려움을 극복하고 다른 사람을 신뢰하는 법을 배우게 된다. 타인으로부터 받아들여지는 경험을 하고 본인이 사랑받을 가치가 있는 존재임을 알게 된다. 이는 다시 그들의 체취를 변화시키며 다른 사람을 화학적으로 지각하는 능력도 향상시킨다.

자기 통제 요법과 인지 행동 치료법의 한 부분인 사회적 기술 훈련의 장점은 비교적 쉽게 배울 수 있고 효과가 빨리 나타난다는 점이다. 태어나서 지금까지 혹은 부모 및 형제자매와 수년간 이어 온 관계를 파헤쳐 가는 작업이 아니다. 지금, 즉 오늘부터 새롭게 시도해 보는 방식이다. 사회적 기술을 습득하는 일은 자전거나 수영을 배우는 것과 똑같다. 그저 연습이 필요하다. 도달하고 싶은 목표는 개인마다 다를 수 있다. 누군가가 기만하려 들 때 자신의 권리를 똑 부러지게 지키고 싶을 수도 있고, 배우자 혹은 친구들과 오랫동안 안정적으로 행복하고 편안한 관계를 유지하고 싶을 수도 있다. 때로는 새로운 사람을 사귀는 일이 우선일 수도 있다. 연습 단계 역시 다양하다. 아주 쉬운 단계로 그저 다른 사람들과 접촉하기 위한 연습도 있지만, 사회 활동을 하면서 능력을 계속해서 활용하고 싶은 사

람들을 위한 매우 어려운 연습도 있다.[81]

자기 통제 요법은 두려움과 우울함을 감소시켜 준다. 우리를 행복하게 만들어 주며, 무엇보다 새로운 사람을 사귀면서 고독에서 벗어나도록 도와줄 자유를 안겨 준다. 행복과 (사회적) 안정감을 보장하는 방법을 활용할 수 있다면, 체취에도 영향을 미쳐 두려움이나 분노가 아닌 행복을 전달할 수 있게 될지도 모른다. 그뿐만 아니라 다른 사람들에 대한 화학적 지각 능력도 달라질 것이다.

다른 사람과 어울리기 좋아하고 사회적으로 유능하며 새로운 사회적 상황에도 열린 자세로 임하는 사람들은 다른 사람의 몸 냄새에 어떻게 반응할까? 이에 관해 나는 카트린 립케, 토마스 홈멜과 함께 연구했다.[82] 이번에는 뇌파를 측정하지 않고 기능적 자기 공명 영상법MRI을 이용해서 뇌의 모습을 확인했다. MRI를 보면 자극이 주어졌을 때 뇌의 어느 부위가 활성화되는지 비교적 정확하게 알 수 있다. 실험에 앞서 남성과 여성의 체취를 모았다. 우리는 실험 참가자들에게 화장 솜을 겨드랑이 아래에 끼고 잠을 잘 것을 요청했다. 다음 날, 냄새 묻은 화장 솜을 새 화장 솜과 함께 후각 식별 테스트기에 집어넣었다. 사교적인 사람은 아주 미약한 체취에도 반응했으며 뇌의 정적 보상 체계인 미상핵caudate nucleus이 활성화됐다. 정적 보상 체계는 우리의 상태가 좋을 때 활성화된다. 연구 결과, 사교적인 사람들은 다른 사람과 함께일 때 편안해했고 타인의 체취에 긍정적인 감정을 갖고 반응했다. 즉 타인의 존재가 이들에게 즉각 긍정적인 감정을 불러일으켰다. 사람 냄새가 우리를 행복하게 만드는 셈이었다!

사람 냄새는 타인과의 공감을 불러일으키기도 한다. 후각 정보 없이는 심적으로 어떠한 미동도 일지 않기에 다른 사람이 꼭 필요로 하는 도움을 못 줄 수도 있다. 예전 내 박사 과정 학생이었던 마티아스 회넌과 함께 실험 참가자들에게 자동차 문에 손이 끼이거나 칼에 손가락이 베인 모습 등 힘든 상황에 놓인 사람들의 사진을 보여 주고 뇌파를 측정한 적이 있었다. 그 결과 참가자들의 거울 뉴런mirror neuron이 활성화되었다는 사실을 발견했다. 이는 피실험자들이 사진 속 고통스러운 모습을 볼 때 감정 이입이 일어났음을 보여 준다. 다음에는 똑같은 사진이되 고통스러운 상황은 아닌 모습을 제시했다. 똑같은 손, 똑같은 자동차이지만 문에 손이 끼이지 않았고 칼에 손가락이 베이지도 않았다. 그러자 감정 이입은 나타나지 않았다. 이번에는 중립적 사진을 화학적 스트레스 신호와 연결했다. 이 화학적 자극은 냄새로 지각될 만큼 강하지 않고 무척 미약했다. 그런데도 감정 이입이 일어났다. 실험 참가자들은 시각적으로는 전혀 알 수 없었지만 사진 속 사람의 상태가 좋지 않음을 화학적으로 인지해 냈다. 무의식적으로 맡은 냄새로 지각 작용이 일어난 것이다.[83]

지금까지 냄새가 무의식적으로 인간에게 미치는 영향을 살펴보았다. 이런 냄새의 사회적 영향력을 조금이라도 의식하고자 노력한다면, 우리는 더는 냄새의 노예가 아닌 스스로 매력적인 냄새를 풍기는 사람으로 인생을 살아갈 수 있을 것이다.

제12장

두려움의
냄새

○   "내가 무서워한다는 걸 개들은 냄새로 알아요." 개를 무서워하는 사람들 혹은 개가 잘 달려드는 사람들은 흔히 이렇게 생각한다. "개들이 다 나한테만 달려들어요!" 이들은 개가 자신을 금방이라도 물 거라 생각한다. 이러한 생각은 두려움을 더 키운다. 게다가 본인이 풍기는 두려움의 냄새를 개들이 맡으면 더 사나워지리라 생각하기에 두려움은 더욱 커져만 간다. 최악의 경우 광견병 공포증 즉 개 공포증이 생길 수도 있다. 그러면 집 밖으로 나가기 힘들어진다. 개는 어느 곳에나 있으니까. 목줄을 하고 있어도 얼마든지 끊고 덤벼들 수 있겠지……. 이들은 아주 사랑스러운 개도 두려움의 냄새를 맡으면 당장 야수로 돌변할 수 있다고 생각한다.

개들은 두려움의 냄새를 맡을 수 있을까? 그렇다. 추측건대 가능하다. 2018년 이탈리아-포르투갈 합동 연구팀이 인간이 내뿜는 두려움의 냄새에 대한 개들의 반응을 처음 체계적으로 연구했다.[84] 실험 대상은 래브라도레트리버와 골든레트리버였다. 잘 모르는 사람에게서 두려움의 냄새를 맡으면 개들의 심장 박동은 빨라진다. 그리고 주둥이를 핥거나 여기저기 날뛰거나 제 몸을 긁거나 그르렁대는 등 스트레스성 행동을 더 강하게 내보인다. 제 주인과 접촉하려고 더 애쓰기도 한다. 연구자들의 추론에 따르면 사람이 느끼는 두려움이 화학적으로 전달되었고, 두려움의 냄새가 개들의 스트레스 반응을 유도한 것으로 보인다. 두려움의 냄새가 개들을 무조건 공격적으로 만들지는 않는다. 스트레스는 받았을지 몰라도 낯선 사람에게 어떠한 공격성도 내비치지 않았다. 오히려 두려움의 냄새로 인해 감정 이입이 일어난 듯했다. 추측건대 이는 인간과 개의 오랜 공진화coevolution 때문이다. 두려움도 일종의 스트레스다. 결국 개와 사람 모두 스트레스를 받는다.

하지만 이는 해당 주제에 관한 첫 번째 연구로 연구 결과를 확실히 하려면 후속 연구가 필요하다. 그렇지만 나는 직접 연구에 참여한 연구자로서 이 사실만은 확실히 안다. **사람은** 두려움의 냄새를 맡을 수 있다! 내 연구는 감각의 집안에서 서자였던 후각이 정식 자손으로 인정받는 데 큰 공을 세웠다. 내가 볼 때 우리를 이끄는 감각은 두말할 것도 없이 후각이다. 방향키를 잡고 있는 주인공은 코다.

오늘날까지도 심리학에서는 어떤 정서 상태가 있는가에 관해 논쟁 중이다. 혹자는 정서가 아니라 인지라 주장하기도 한다. 정서란 건 없다고, 사람마다 해석이 다를 뿐이라고도 말하는 학자도 있다. 진실은 무엇일까? 내가 보기에 답은 늘 코에 있다. 냄새는 사람을 절대 속이지 못한다. 화학적 정서 상태를 인식해 낼 수만 있다면 이를 증명해 보일 수도 있을 텐데 아쉽다.

언젠가는 정말로 그렇게 될 것이다. 내 연구의 중요성은 많은 사람으로부터 인정받았고 2009년에는 〈타게스샤우〉(독일 공영 방송 채널인 ARD의 뉴스 프로그램—옮긴이)에도 소개됐다. TV에 출연하리라고는 생각도 못 했다. 늘 그렇듯 방송에서도 내 연구 결과를 소개했다. 우리 인간이 두려움의 냄새를 맡을 수 있다는 이야기가 화제를 불러일으킬 것은 당연히 알고 있었다. 이 주제에 관해서는 예전부터 연구해 왔고 학술지에 논문도 몇 편 실었다. 하지만 뇌가 두려움에 관한 화학적 신호에 어떻게 반응하는지를 증명해 낸 건 그때가 처음이었다. 나의 작은 발견은 그날의 주요 뉴스로 DPA(독일 최대 뉴스 통신사—옮긴이)와 독일 외무부를 통해 국내외 유명 매체로 퍼져 나갔다. 전혀 예상하지 못한 일이었다. 금방 날아가 버리곤 하던 내 연구 물질과는 다르게 깜짝 놀랄 만한 피드백을 그토록 오랫동안 받을 거라고는 생각지 못했다. 전 세계로부터 날아드는 질문에 몇 주간이나 답을 해야만 했다. 처음 겪는 일이라 익숙해지는 데 시간이 필요했다. 이전에도 언론 매체와 접촉한 적이 몇 번 있긴 했지만 앞에서 말했다시피 냄새에 관심을 가지는 봄에나 그랬다. 이번에는 그야말로 폭발적인 관심이었다. 수십 년간 연구실에서 후각 측정기에만 매달렸던 나에게 전 세계 여기저기에서 전화가 걸려 왔다. 독일 뒤셀도르프에 있는 나에게! 당시 해당 주제를 나만 연구했던 건 아니고 미국 하버드 대학교에서도 연구를 진행하고 있었다. 하지만 스포트라이트를 받은 것은 나와 뒤셀도르프 연구팀이었다. 인력과 자본은 우리가 훨씬 더 적었는데도 말이다. 언젠가는 이런 순간이 오리라 믿으며 골방에 틀어박혀 수년간 연구하도록 나를 이끌어 준 내 연구자 정신을 칭찬하고 싶었다. 언젠가는 내 코가 속삭여 준 말들을 증명할 날도 올 것이다. 본능, 직감, 인지, 정서⋯⋯. 우선은 무엇이든 상관없다.

저명한 학술 저널들도 신문이나 잡지처럼 세부적인 내용에 관해 질문했지만, 실험 과정 말고 다른 질문도 함께 던졌다. 두려움의 냄새를 어디에서 얻습니까? 대학교 안에 고문실이 있는 건 아닙니까? 치과 병원에서 쥐어짠 건가요?

아니다. 치과에서 두려움을 약탈한 적은 없다. 또한 학교에서 오래 찾아 헤맬 필요도 없었다. 시험 때 학생들은 두려움으로 땀을 흘리곤 한다. 뭐, 대학교수들도 두려움을 풍길 수 있다.

즐거움, 분노, 놀람, 불쾌감 등 기본적인 정서들은 우리 모두 똑같이 표가 나니 말이다. 조금만 다른 냄새를 맡아도 일종의 경고로서 주요 정보(지금의 경우는 두려움)가 확 전달된다.

나는 구두 졸업 시험을 앞둔 학생들에게 두 시간씩 겨드랑이 땀을 화장 솜에 흡수시켜 달라고 부탁했다. 시험에 대한 두려움은 굉장히 생생한 경험이기에 온몸으로 느끼는 경우가 허다하다. 손은 축축해지고 얼굴은 빨개지며 심장 박동은 빨라진다. 이러한 정서 상태는 공포 영화를 볼 때 일어나는 것과는 차원이 다르다. 시험이란 상황은 긴장하지 않으려 해도 그럴 수 없다. 삶에서 아주 중요한 순간으로 일자리를 고를 입장이 될지, 아무도 원하지 않는 자리에 취직해야 할지, 앞으로 어떤 인생 계획을 세울 수 있는지를 결정짓는다. 내게는 정서 상태를 신체적으로 경험한다는 점이 매우 중요했다. 신체적 현상(추측건대 스트레스 호르몬)만이 겨드랑이 땀의 조합을 변화시키기 때문이다. 시험에 대한 두려움은 시험에 어떤 문제가 나올지, 시험관의 기분 상태가 어떤지 등을 전혀 모르는 시험 시작 직전에 최대치다. 그래서 나는 시험을 앞둔 학생들의 겨드랑이 땀을 채취했다. 두려움은 시험을 치르는 동안 대부분 천천히 사그라든다. 첫 번째 질문에 대답할 수 있으면 한숨 돌리게 되고, 때로는 시험관이 아주 친절하고 편안하게 다가오기도 한다.

두려움과 공포는 똑같지는 않지만 아주 비슷하다. 맹견이 실제로 이빨을 드러내며 공격할 때처럼 공포는 무조건적 자극에 대한 무조건적 반응이다. 공포는 똑같거나 비슷한 자극으로 모든 사람에게서 나타나는 만큼 타고난 것이다. 반면 두려움은 학습된 것이다. 즉 조건화된 복합적인 감정으로 '그 개는 분명 물 거야'라는 예상, 자기 자신에 대한 자아상 그리고 자존감과 연관된다. 시험에 대한 두려움 역시 학습된 것이다. 어떤 학생들은 시험에 많이 불안해하고 어떤 학생들은 덜 불안해하는 것도 이에 대한 증거다. 지금껏 쌓아 온 경험에 따라 달라진다. 우리는 공포보다는 두려움을 더 자주 경험한다. 시험 혹은 사회생활을 하며 받는 평가에 두려움을 느끼는 사람들은 두려움이 삶에서 아주 중요하다는 걸 누구보다 잘 안다. 그래서 나는 두려움을 연구했다.

요즘에는 대학교에서 구두시험을 예전만큼 자주 치르지 않는다. 특히 학제가 디플롬에서 학사-석사 체계로 바뀌면서 독일 대학교 내 시험은 점점 더 서술형 시험으로 바뀌는 추세다. 서술형 시험은 구두시험보다 확실히 더 오래 걸리지만 시험에 대한 두려움은 덜하다. 그렇기에 나는 두려움의 땀을 모을 수 있는 새로운 상황을 고안해야만 했다. 시험 상황과 아주 비슷한 **트리어 사회 스트레스 검사**는 세계적으로 가장 유명한 스트레스 검사다. 참가자들은 심사 위원 앞에서 자기소개를 하고 어려운 암산 과제들을 수행해야 한다. 이 검사를 하면 일반적으로 혈중 코르티솔 수치가 눈에 띌 정도로 상승하는데, 이는 스트레스를 느낀다는 명백한 증거다. 스트레스와 두려움이 똑같지는 않다. 스트레스는 여러 부정적 감정이 혼합된 상태로 흔히 분노와 두려움이 섞여 있다. 그래서 우리는 두려움은 최대한 부추기되 분노는 최대한 적게 유발되도록 트리어 사회 스트레스 검사를 조금 바꾸었다. 즉 예상치 못하게 아주 어려운 암산 과제를 주어 실험 참가자들을 좌절케 하지는 않았다. 그런 과제는 실험 대상자를 화나게 한다. 그 대신 자기소개나 논쟁 등 높은 자존감을 요구하는 과제를 냈다.

전반적으로 트리어 사회 스트레스 검사는 우리가 살면서 평가받는 모든 상황과도 비교해 볼 수 있다. 이때도 땀은 난다. 사람들이 땀을 가장 많이 흘릴 때 우리 후각 연구자들은 이 소중한 물질을 추출한다.

∴ 화장 솜에 스며든 두려움

연구에서는 겨드랑이 땀이 가장 많이 활용되었다. 실험 참가자들은 스트레스 상황에서 정해진 시간 동안 화장 솜을 겨드랑이에 끼고 있었다. 두려움에 진땀 흘린 서른 명의 화장 솜을 임시로 모았다. 이들이 두려움을 느낀 건 호르몬 분석을 통해 확인됐다. 그런 다음 화장 솜을 잘게 잘라서 최강 두려움 화장 솜을 만들었다. 이 엄청난 두려움의 냄새 덩어리에는 유전학적 배경 정보와 마지막으로 한 식사에 관한 정보도 들어 있다.

두려움과 관계없는 중립적인 상황을 연출하여 비교하는 연구도 진행했다. 에르고미터(근육 활동량 측정기)를 사용해 운동 선수들의 심장 박동을 확인했다. 운동할 때도 선수들의 심장 박동은 두려운 상황에 직면했던 때와 별반 다르지 않게 뛰었고 땀도 계속 났다. 이때도 피실험자의 겨드랑이 밑에는 화장 솜을 끼워 두었다. 그 결과 두려운 상황에 처할 때나 운동할 때나 신체적 흥분 상태는 똑같았으며, 이때 땀이 나는 이유가 체온 조절 때문이라는 사실도 확인할 수 있었다. 땀은 에크린샘에서 나오는데, 땀의 분비량에는 차이가 없었고 땀의 구성 성분이 달라진다는 것까지 알 수 있었다.

당시 하버드 대학교 연구팀은 난생처음 낙하산을 타고 비행기에서 뛰어내린 군인들의 겨드랑이 땀으로 연구했다. 킬과 뒤셀도르프 대학교 연구팀은 비행기를 활용할 만큼 연구 자금이 넉넉하지 않았다. 게다가 이와는 별개로 그러한 연구 방식은 생태학적으로 타당하지 못하다. 낙하산을 타고 뛰어내리는 경험은 전혀 일반적이지 않기 때문이다. 수천 미터 높이의 상공에서 낙하산을 타고 뛰어내리는 야단법석한 경험은 인간 진화의 역사에도, 일상적인 경험 목록에도 들어 있지 않다. 게다가 그렇게 해서 유발된 극도의 감정에는 이것저것이 섞여 있다. 어떤 사람은 뛰어내리면서 두려움을 느끼지만 어떤 사람은 행복해한다. 어떤 사람은 토할 것 같고 어떤 사람은 깜짝 놀라며 또 어떤 사람은 화가 난다. 여러 복합 감정이 한꺼번에 일어나기도 한다. 하지만 이는 우리가 일상에서는 경험하지 못하는 극단적인 감정들이다. 이 인위적인 상황을 연출해서 하버드 연구팀이 도출해 낸 결과는 스트레스에 관한 복합 냄새를 지각하게 되면 진화 역사상 오래된 뇌 영역인 편도체가 활성화된다는 것이었다. 편도체는 예상치 못한 모든 것에 아주 불특정한 반응을 보이며, 부정적인 사건에도 가능한 모든 신체 체계를 작동시키면서 쉽사리 반응한다. 우리는 굉장한 각성 상태에 놓인 채 주의를 기울이며 조심한다. 즉 편도체는 우리 몸에 "뭔가 특이한 게 있어, 조심해!"라고 신호를 보내지만 냄새를 지각한 사람의 뇌는 어떤 의미의 화학적 의사소통인지 이해하지 못한다. 앞서 본 거대 개미의 등장과도 비슷하다. 화학 물질이 너무 많이 분비되었다. 게다가 일반적인 조합도 아니다. 현실에는 절대 존재하지 않는 엄청나게 기이한 존재에 대해 조심하라는 경고를 받는 셈이다.

반면 나는 사람들이 무의식중에 두려움의 땀 냄새를 맡게 되면 사회적 지각이 달라진다는 걸 증명했다. 파리가 든 병을 흔들었던 실험을 다시 기억해 보자. 스트레스성 반응을 보인 파리들을 놓아준 뒤 병 안의 공기를 다른 파리들에게 맡게 하자 즉각 날아가 버렸다. 이들은 동족의 스트레스를 지각했기에 그 병이 위험한 장소라는 결론을 내렸다. 이와 유사한 실험을 물고기와 쥐에게도 했을 때 이들 역시 동족의 화학적 스트레스 신호를 감지해 최대한 빨리 도망치려 했다.

그런데 사람들이 두려움을 느끼거나 스트레스를 받을 때 도망가는 행동은 어떻게 시험해 볼 수 있을까? 우리는 두려움의 냄새에 자동으로 반응하지 않는다. 대신 운동 신경 중 하나인 놀람 반사 반응을 보인다. 앞서 나는 큰 소리에 나타나는 놀람 반사가 두려움의 냄새로 인해 더 심해진다고 설명했다.

이 결과는 다음의 두 가지를 알려 준다. 하나는 실험 참가자들이 두려움의 냄새를 맡으면 기분이 나빠졌다는 사실이고, 다른 하나는 두려움의 냄새로 인해 후퇴 행동을 위한 운동 체계가 활성화됐다는 것이다. 놀람 반사처럼 방어적 반사defensive reflex 역시 우리 몸을 빠르게 보호하고자 위험할 법한 상황에 처하면 항상 튀어나오기 때문이다. 방어적 반사 반응이 강하게 나타날수록 우리 몸은 상황을 더 위험하게 받아들여 우리가 좀 더 쉽게 도망치거나 후퇴할 수 있도록 운동 신경을 활성화한다. 우리 인간은 두려움의 냄새를 맡아도 파리나 설치류처럼 도망치지 않지만 도피 행동을 수월하게 할 수 있도록 운동 신경이 준비되는 것이다. 즉 우리 몸은 수백만 년 전이나 지금이나 똑같이 반응하고 있지만 그간 우리에게는 대뇌가 생겼고 두려움의 상황에 머무를지 또는 직감에 따라 그 상황에서 벗어나야 할지를 스스로 결정할 수 있게 된 것이다.

∴ 두려움은 전염된다

다른 실험에서는 놀람 반사보다는 기능적 MRI를 활용하여 뇌의 활동을 살펴보았다. 그랬더니 두려움으로 가득 찬 얼굴이나 두려워하는 몸짓을 볼 때 활성화된 뇌 영역이 두려움의 냄새를 맡았을 때도 활성화되었다. 즉 방추 모양 피질fusiform cortex을 포함한 뇌의 특정 부위에서 사회적 정보가 처리됨을 확인할 수 있었다. 뇌는 시각적으로 확인되는 두려움과 화학적 두려움에 똑같은 반응을 보인다. 하나 더 깜짝 놀랄 만한 사실은 뇌섬엽insular cortex, 쐐기 앞 소엽precuneus, 띠 모양 피질cingular cortex도 두려움의 냄새에 반응을 보였다는 점이다. 이들은 대개 정서적 공감 상황에만 반응하는 뇌 영역들로 흔히 다른 사람의 감정을 함께 나누는 사람들, 말 그대로 타인을 공감하는 사람들에게서 활성화된다. 그렇지만 나는 사람들이 두려움의 냄새를 맡는다고 해서 즉시 타인을 돕는 행동을 보일 거라고는 생각하지 않는다. 오히려 이러한 결과는 감정 전이의 개념으로 해석할 수 있다. 화학적 두려움 신호를 통해 한 사람의 감정이 다른 사람에게로 전달될 수 있다. 두려움은 냄새를 통해 전염된다.[85] 얼마나 충격적인 결과인가! 하나 더 덧붙이자면, 나와 연구팀은 두려움의 냄새를 이용해서 뇌가 얼마나 독특하게 반응하는가를 밝혀냈다. 반면 하버드 연구팀은 평범한 일상생활에서는 절대 생기지 않는 스트레스 냄새에 활성화된 편도체의 불특정 반응만을 밝혀냈다. 다행히 인간은 진화하면서 낙하산 착륙 등을 경험할 일은 거의 없다.

두려움의 냄새는 지각, 뇌, 반사에만 영향을 미칠까? 아니면 행동에도 직접적인 영향을 줄까? 발렌티나 파르마 연구팀은 앞서 두려운 상황에서 '땀을 흘린' 관찰 대상자들의 티셔츠를 치과 대학 학생들이 쓰는 환자 대체용 인형에 입혔다. 통제 집단용 인형에는 중립적인 일반 티셔츠를 입혔다. 그 결과, 두려움의 땀 냄새가 밴 티셔츠를 입은 인형보다 일반 티셔츠를 입은 인형을 대상으로 한 수술이 더 잘됐다.[86] 학생들은 두려움의 냄새에 스트레스를 받았다. 하지만 자신이 왜 스트레스를 받는지 전혀 알지 못했다. 물론 본인들은 익숙하지 않은 상황이나 교수님의 비난 가득한 눈초리, 날씨 때문이라고 생각한다. 그러나 틀렸다. 코 때문이다. 코는 학생들에게 경고한다. 조심해! 여기 위험이 도사리고 있어!

코는 완벽한 위장술을 자랑하는 비밀 첩자다. 그런 코를 우리는 과소평가하고 있다. 늘 한 발짝 앞서가고 있는데도 말이다.

두려움의 냄새에 관한 깨달음은 심리 치료 또한 바꿀 수 있다. 두려움의 냄새가 사람 사이에서 전달될 수 있음을 알게 된 후, 나는 이 결과가 정신 질환을 앓고 있는 이들에게 어떤 의미가 있을지 확인해 보고 싶었다. 이를 알아보려면 외로움이 극에 달한 사람들, 다시 말해 불안 장애, 알코올이나 약물 사용 장애, 우울증, 치매, 조현병 등의 정신 질환을 앓을 가능성이 큰 사람들이 꼭 필요했다. 이들은 사회가 두렵고 타인이 무서워 다른 사람을 만나는 것을 꺼린다. 그 결과 대부분 고립되어 외로움을 느끼고 이 상황이 계속 되면 어느 순간 병에 걸리거나 죽음에 이르기까지 했다.

사회적 두려움과 부끄러움을 많이 타는 사람들은 그렇지 않은 사람보다 두려움의 냄새에 더 강한 놀람 반사 반응을 보인다. 게다가 그들의 뇌는 냄새를 알아차리기도 전에 아주 일찌감치 두려움의 냄새에 반응하며 반응 속도도 다른 사람들보다 빠르다. 사회적 두려움이 두려움의 냄새에 지나치게 민감한 탓에 나타나는 결과인지 혹은 그 조건인지 지금은 말할 수 없다. 분명한 건 사회적 두려움이 두려움의 냄새에 굉장히 민감해지면서 더 확고해진다는 사실이다.[87] 이러한 지식을 치료에 활용할 날이 언젠가는 올 거라고 믿는다. 치료에 체계적 둔감법을 적용할 수도 있겠다. 꽃가루 알레르기 대처와 비슷한 원리를 적용해 보는 거다. 자기 통제 요법과 긴장 이완 요법을 접목하면서 동시에 두려움의 땀을 활용한 두려움 치료. 이것이 효과가 있다면 환자들은 주변 사람들의 예민한 감정 상태에 영향을 덜 받고 선택의 자유도 얻게 될 것이다. 그들은 더 안정적인 상태에 놓이고 더 이상 그렇게 빨리 평정심을 잃지 않을 것이다. 자존감은 강해지고 삶의 즐거움을 더 많이 찾게 될 것이다.

사회적 두려움을 느끼는 사람들이 다시금 사회 접촉을 시도하고 친구나 파트너까지 찾는다면 두려움의 냄새에 과민하게 반응하지 않는 것도 훨씬 수월하게 해낼 것이다. 친밀감 및 사람 간의 접촉을 통해 생기는 뉴로펩티드neuropeptide 옥시토신은 뇌가 화학적 두려움 신호에 반응하는 정도를 감소시킨다. 우리가 행복하고 안정적이라 느끼면 화학적 두려움에도 덜 민감하게 반응하게 된다.[88]

더 나아가 공격성, 불쾌감, 즐거움 등 다른 기본 정서에도 이를 적용할 수 있겠다. 그러면 언젠가는 긍정적인 감정들을 강화함으로써 행복의 냄새에도 도달하게 될 거다. 개인적으로는 사람을 행복하게 하는 것, 내가 어렸을 때부터 꿈꿔 왔던 바로 그 목표에 도달하는 것이다.

물론 이러한 지식이 다르게 쓰일 수도 있음을 잘 안다. 예를 들어 사회적 안전함에 대한 신호를 덜 지각하도록, 다시 말해 일부러 사람들에게 공포를 조장하기 위해 무의식적으로 두려움의 냄새를 이용할 수 있다. 사회적 냄새를 풍기고 조작하는 일이 가능해진다면 조금만 상상을 보태도 끔찍한 시나리오가 펼쳐진다. 군대나 직장, 거래처, 배우자 선택 등을 예로 생각해 보자. 이러한 시나리오가 지각의 문지방 너머로 펼쳐지게 되면 우리는 순식간에 강한 감정, 예를 들어 두려움, 욕망, 공격 심리 등을 갖게 된다. 그리고 즉시 절박하게 거리를 두고 싶거나 절박하게 더 가까이 다가가고 싶은 욕구를 가지게 된다. 꺼져 버려! 혹은 더 주세요. 하지만 그 이유는 모른다. 나중에 이 이해할 수 없는 행동을 설명하려고 애쓸지도 모른다. 내 안에서 도대체 무슨 일이 일어났던 거야 하고 말이다.

나는 그런 일이 일어날 거라고는 생각하지 않는다. 설령 '보이지 않는' 냄새를 집중적으로 연구하는 사람일지라도 말이다. 하지만 동시에 쉽게 날아가 버리는 친구인 냄새가 우리를 도와줄지는 굉장히 의문스럽다. 엄청난 지식과 정보가 인류에게 굉장히 좋은 영향을 줄 수 있다 해도 항상 이로웠던 것은 아니다. 어쨌든 우리는 화학적 의사소통의 의미를 파악함으로써 외로움을 줄이고 행복의 능력을 높일 수 있다.

나와 연구팀이 알아낸 중요한 사실을 하나 더 살펴보자. 놀람 반사에 관한 연구 등 몇몇 실험에서는 남자와 여자가 두려움의 냄새에 똑같은 반응을 보인다. 그렇지만 뇌파 연구나 두려움의 냄새가 풍기는 환경에서 중립적인 표정을 봤을 때 나타나는 지각 변화 연구 등에서는 오직 여성만 반응했다. 이때는 두려움의 냄새에 대한 남성들의 반응이 확인되지 않았다. 네덜란드 위트레흐트의 모니크 스메이츠 연구팀도 유사한 결과를 보고했다. 이들은 두려움의 냄새를 맡았을 때 두려운 표정이 자동으로 나타나는지 살펴보았다. 그리고 연구 결과는 그렇다는 사실을 보여 줬다. 두려움의 냄새에 전염력이 있는 것이다. 그런데 이러한 경향은 여성에게서만 발견되고 남성에게는 나타나지 않았다. 여성에게서 나타나는 냄새의 영향력은 문화적 차이를 보이지 않았다. 네덜란드 여성이건 중국 여성이건 결과는 동일했다. 그렇다고 여성들만 두려움에 관한 화학적 의사소통을 한다고 결론지을 수는 없다. 그러나 여성들에게 분명 더 강하게 나타나는 것은 확실하다.

최근에 나와 연구팀은 공격적 냄새에 남자와 여자가 각각 어떻게 반응하는가를 살펴보았다. 연구 결과, 남성들의 뇌파 변화는 여성들보다 더 확연하게 나타났다. 남성들의 뇌파가 여성들보다 약하게 일어날 때도 마찬가지였다. 따라서 나는 감정이 가지는 의미는 성별에 따라 다르다고 생각한다. 분명 여자는 두려움이건 공격성이건 간에 화학적 감정을 더 잘 알아차리고 이해하며 이에 맞는 적절한 행동을 준비한다. 여자들에게는 두려움보다 공격성에 대한 신호가 더 중요하다. 특히 남자들의 공격성을 빨리 알아차려야만 제때 자기를 보호할 수 있다. 그런데 여성들의 뇌는 남성들과는 달리 두려움에도 반응한다. 두려움의 신호는 확실히 남성들보다 여성들에게 더 중요하다. 무서움에 떨고 있는 힘없는 사람들은 대개 남자보다 여자가 돌본다. 여자들은 스트레스에도 애착과 관심으로 반응한다. 남자들은 공격성 신호가 중요하다. 설령 여자들보다 반응이 약하더라도 그렇다. 공격성 신호는 어떤 행동을 취해야 할 것인가에 대한 대단히 중요한 정보를 전달해 주기에 남자들에게 중요하다. 진화 과정에서 생존에 더 중요했던 사안은 전투 상황이지 두려워하는 사람들을 돌보는 일이 아니었다. 실제로 화학적 두려움, 즉 두려움의 냄새에 남성의 뇌는 거의 아무런 반응도 보이지 않았다. 보호 방어 기전인 놀람 반사만이 더 강하게 일어났다.

화학적 의사소통을 연구하면서 나는 수십 년간 논쟁이 된 성별 차이를 다시 한번 확인할 수 있었다. 이 결과는 문화적 영향을 거의 받지 않았다고 확신한다. 실험 참가자들은 본인이 뭔가를 지각하고 있다는 사실을 대부분 알지 못했으며 행여 알더라도 그 체취가 정확하게 어떤 상황에서 얻어진 것인지는 알수 없었다. 다시 말해 참가자들은 자신에게 부여된 사회적 역

할에 따라 기대하거나 반응할 수 없었다. 그저 자동으로 냄새에 반응하기만 했다.[89]

나는 동물과 마찬가지로 인간도 화학적 의사소통을 한다는 증거를 처음으로 제시했다. 이후 전 세계 후각 연구자들이 이를 입증하기 시작했고 두려움에 관한 화학적 의사소통을 주제로 한 연구 논문이 점점 더 많이 발표되고 있다. 이 연구 분야는 앞으로 더 커질 거라고 확신한다. 아주 최근에 발표된 연구에 따르면, 역겨움을 느꼈던 사람의 냄새를 맡으면 역겨움을 유발한 식료품에 대해 좀 더 정확하게 알아낼 수 있다.[90] 물론 두려움이나 역겨움이 아닌, 행복의 화학적 전달 과정을 알게 되는 것이 가장 멋진 결론이 되리라. 하지만 행복의 의미는 모든 사람에게 조금씩 다르기에 보통 어려운 연구가 아닐 것이다.

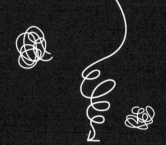

제13장

위험이나 함정을
냄새로 인지하다

○　　　한마디로 전혀 충분하지 못했다. 이리저리 궁리해
봐도 돈이 부족했다. 월세가 돈을 다 잡아먹었다. 플로리스트
였던 발레리는 일주일에 세 번씩 피자 가게에서 서빙을 했다.
그런데 사장이 임대료가 너무 올라서 가게 문을 닫는다고 갑자
기 통보했다. 본인도 이제 요리사로 취직해 돈을 벌 생각이란
다. 발레리는 충격받았지만 이내 곧 마음을 가다듬고 시청 근
처 와인 바에서 일을 시작했다. 손님들은 넉넉하게 팁을 주었
고 발레리는 로또에 당첨된 기분이었다. 함께 일하는 사람들도
얼마나 친절한지! 특히 가게에서 가장 오래 일한 에르나는 동
료들을 기꺼이 도와주는 사람 같았고 발레리의 복잡한 정산 업
무까지 도와주려 했다.
　　"정말 친절하세요." 발레리는 에르나에게 고마워했다. 그녀

가 베푸는 친절에 정말로 기뻤다. 그런데 왠지 이상한 기분이 들어 그 호의를 받아들이고 싶지는 않았다. 내가 정산을 잘 못할 것 같나? 어쨌든 기분이 좋지만은 않았다.

그날 밤 남자 친구 페터는 "이것저것 복잡하게 생각하지 마. 도와준다니 얼마나 좋아. 그저 너를 돕겠다는 거야"라고 말했다. "그래, 그렇겠지." 발레리는 에르나를 다소 비방했던 사실이 되레 부끄러워졌다. 다음 근무 때 발레리는 에르나에게 훨씬 더 친절하려고 노력했다. 그런데 쉽지 않았다. 마음속 뭔가가 자꾸만 그녀를 막았다. 가능하면 에르나로부터 멀찍이 떨어져 있고 싶었다. 그런 생각을 하는 자기 자신이 바보 같았다.

한편 에르나는 발레리가 마음에 들지 않았다. 나이가 어린 그녀 탓이 아니었다. 사장이 그녀를 고용한 사실 자체에 짜증이 났다. 이게 무슨 뜻이지? 나를 자를 계획인가? 아니면 사장이 수년 동안 함께 일해 오면서 쌓은 신뢰를 기반으로 몰래 벌인 부수입 활동을 눈치챈 건가? 사실 에르나는 정산할 때 돈을 조금씩 빼돌리고 있었다. 그렇게 많이는 아니고 아주 조금씩. 다른 데서 일했다면 그 정도는 월급으로도 충분히 받았을 거라 생각한 에르나는 새로 온 발레리를 대신해 그 업무를 담당할 생각이었다. 가슴골이 잘 보이는 예쁘장한 발레리는 손님들에게 많은 팁을 받았다. 에르나에게 양육할 아이가 있다거나 돈이 많이 필요한 상황이었던 건 아니지만 모두가 외형적인 것에

눈길을 보내는 상황이 너무 불공평하다고 느껴졌다. 하지만 이러한 속마음은 발레리에게도 숨겨야만 했다. 아니면…….

음흉한 계획 하나가 에르나의 머릿속을 번뜩 스쳐 지나갔다. 에르나는 발레리가 손님들로부터 칭찬을 듣는 것에도 심통이 난 상태였다. 2주가 지날 무렵 에르나는 발레리를 살짝 불러냈다. "이제 여기에 상당히 잘 적응한 것 같네요. 일하기는 어때요?"

"좋아요!"

"계속 일할 생각인가요?"

"당연하죠!"

"그럼 이제 작은 비밀 하나를 말해 줄게요." 작당하듯 에르나는 발레리에게 좀 더 가까이 다가갔다.

발레리는 할 수만 있다면 자리를 피하고 싶었다. 여전히 에르나가 견디기 힘들었다. 그녀는 언제나 친절했지만 싫은 건 마찬가지였다. 굳은 결심이 담긴 눈빛으로 에르나가 제안한 일에 발레리는 숨이 막혔다. 에르나는 정산할 때 숫자를 잘못 본 것처럼 손가락을 미끄러뜨리라고 했다. 계산기에서 매번 한 자리 높게 금액을 찍어도 실제 가격보다 조금 더 비싸다 한들 아무도 눈치채지 못한다고 했다. 설령 알아챈다 해도 바로 사과하면 끝! 정신없이 바쁜 와인 바에서 그 정도 실수는 다들 이해해 준다고 했다.

"그런 짓은 하지 않겠어요!" 발레리는 화난 목소리로 에르나의 제안을 거절했다. 그러고는 그녀로부터 한 발 떨어졌다. 할 수만 있다면 확 밀치고 싶었다. 발레리에게 무슨 일이 있었던 걸까? 발레리는 왜 그토록 감정적으로 반응한 것일까?

"여기서는 다들 그렇게 해요!" 에르나는 변명했다.

"하지만 그건……." **사기**란 단어를 발레리는 도저히 입 밖으로 내뱉을 수 없었다. 에르나는 계속해서 발레리를 상냥한 눈빛으로 바라봤다. 심지어 장난기 가득한 표정으로 윙크까지 날렸다. 에르나가 발레리에게 그런 팁을 귀띔해 준 건 사실 굉장한 호의였다. 그렇다면 에르나는 그저 발레리를 돕고 싶었던 것일까? 직장 동료가 내민 제안을 발레리는 차마 거절하지 못했다. 그래서는 안 될 것만 같았다. 게다가 에르나는 그간 발레리에게 믿음을 주지 않았던가.

"아주 쉬워요." 에르나는 자신의 속임수를 반복해서 설명해 주었다.

"알았어요." 발레리는 하는 수없이 고개를 끄덕였다. 그렇지만 내심 밖으로 뛰쳐나가고만 싶었다.

에르나는 발레리에게 고의로 잘못 계산할 것을 세 번이나 상기시켰다. 정말로 아주 간단했다. 발레리는 어떤 날은 20유로, 어떤 날은 30유로나 더 많이 챙겼다. 하지만 기분은 좋지 않았다. 손님들도 아주 친절했고 사장도 마찬가지였지만 더는 그곳에서 일하고 싶지 않았다. 발레리는 자신이 부끄러웠다. 그 일에 대해 페터에게 털어놓자 그는 아무 말도 하지 않았다.

3주가 지날 무렵 사장이 발레리를 불렀다. 사장은 진정하려 애쓰며 영수증 꾸러미를 탁자에 집어 던졌다. "당신이 이럴 줄 정말 몰랐네요. 에르나가 조심하지 않았으면 당신은 이 더러운 짓을 몇 년이고 했겠죠. 훔친 돈만큼 보상한다면 고소는 하지 않겠습니다. 더는 당신 얼굴을 보고 싶지 않아요."

"들었어야 했어, 들었어야 했어, 들었어야 했어." 이렇게 속으로 외치며 발레리는 밖으로 뛰쳐나왔다. 자기 자신이 너무도 부끄러웠다. 그래, 그녀에게서 거리를 두라고, 나를 방어하라고 속삭이던 내면의 말을 '들었어야' 했다. 직감의 소리를 들었어야 했다. 그러나 발레리는 코 대신 자신의 논리 정연한 생각을 더 믿었다.

∴ 망설이지 말고 항상 코를 따르라

"정말 친절하세요." 발레리는 에르나가 정산 업무를 대신 해 주겠다고 했을 때 고마운 마음이 들긴 했지만 기분이 좀 이상했다. 서빙 일을 처음 해 보는 것도 아닐뿐더러 가게에 도움이 되는 직원이 되고 싶었다.

에르나는 상냥한 표정으로 자신의 말에 동의를 구하듯 고개를 끄덕였으나 발레리는 명확하게 선을 그었다.

"스스로 배워 나가야죠. 한 번만 설명해 주세요. 그럼 분명 저도 할 수 있어요."

에르나는 내내 미소를 띠고 있었지만 발레리는 점점 더 불쾌해졌다.

"제가 혼자서도 잘할 수 있어야 선배도 편하죠." 발레리는 완곡하게 다시 한번 말했다.

"좋은 뜻으로 그런 거예요." 에르나는 한숨 쉬며 말했다.

"저도 알아요." 발레리는 재빨리 대답했으나 확신에 찬 말은 아니었다.

새로운 직장에서 발레리는 야스민이 제일 좋았다. 야스민은 지난 몇 년간 그곳에서 주방 보조로 일하고 있었다. 그런데도 독일어는 그리 유창하지 못했다. 물론 독일어를 잘하려는 욕심도 없었다. 발레리는 그 특유의 악센트와 따뜻한 갈색 눈동자가 좋았다. 둘은 서로 이야기를 나눈 적은 거의 없지만 서로에게 호의적이었다. 야스민과 눈이 마주칠 때마다 발레리는 환하게 웃으며 좋아했고, 야스민은 기회가 될 때마다 발레리에게 맛있는 요깃거리를 건넸다.

발레리가 그곳에서 일한 지 2주가 지난 어느 날 저녁이었다. 야스민은 웃는 표정이었지만 평상시와 달랐다. 무슨 일이 있음을 발레리는 분명히 느낄 수 있었다. 쉬는 시간에 그의 옆에 앉은 순간 더 확실해졌다. 뭔가가 있다. 야스민에게 무슨 일인지 물어보려는데 주방장이 들어왔다. 적당한 때를 기다리다 야스민을 따라 와인 저장고로 갔다.

계단 끝에서 두 사람은 마주쳤다. 야스민은 화들짝 놀랐지만 발레리라는 걸 알고 안도했다.

발레리는 야스민이 들고 있는 와인병 세 개 중 하나를 가리키며 물었다. "하나 들어 줄까? 계단이 좁잖아." 야스민은 와인병들을 꼭 끌어안으며 고개를 저었다. 그러더니 눈물을 흘렸다.

"내가 항상 다해. 하지만 에르나는 절대 만족하지 않아. 이제 정원 청소도 내가 해야 해. 나무에서 떨어지는 쓰레기도 버려야 해."

"낙엽." 발레리가 끼어들었다.

"그래, 낙엽." 야스민이 따라 말하더니 대화를 이어 나갔다.

"에르나는 언제나 나만 탓해."

"그건 네 일이 아니잖아! 관리인이 할 일이지!" 발레리가 소리쳤다.

"에르나는 항상 나를 압박해." 야스민은 훌쩍였다. 그러더니 금세 어깨를 으쓱하며 말했다. "상관없어. 다시 가 봐야 해."

"그거 알아? 난 낙엽 모으는 걸 엄청나게 좋아해. 부모님 댁에 큰 정원이 있는데 낙엽 치우는 일은 늘 내 몫이었어." 발레리가 말했다.

"그럴 필요 없어, 발레리! 에르나의 화만 돋울 뿐이야." 야스민은 깜짝 놀라 소리쳤다.

발레리는 에르나에게 명령할 권리가 전혀 없는데도 야스민이 에르나를 무서워한다는 사실을 깨달았다.

"나도 그녀가 그렇게 막 좋은 건 아냐." 자신도 모르게 입에서 튀어나온 말에 발레리는 순간 깜짝 놀랐다.

"네가 여기 있어서 정말 기뻐. 고마워." 야스민은 환하게 웃었다.

"나도 기뻐. 그러니까 이제 와인병 하나 줘. 너무 마셔 대면 울 일밖에 안 생겨."

야스민은 이해하지 못했다는 듯 발레리를 쳐다봤다.

발레리는 무슨 뜻인지 다시금 설명해 주었다. 두 사람은 웃으며 계단을 올라오다가 복도에서 에르나와 마주쳤다. 그녀는 두 사람의 시선을 피했다.

후각과 더불어 직감을 거쳐 옳은 사람에게 가까워지고 옳지 않은 사람에게서 벗어나는 길에는 용기가 필요하다. 이는 '논리적으로' 행동하는 용기가 아니라 직감이 하는 말에 귀를 기울일 수 있는 용기다. 그러나 우리가 냄새와 감정이 하는 말에 귀를 기울이는 방법을 터득할 수만 있다면 우리에게 이로운 사람에게는 더 쉽게 가까이 다가가고 우리를 악용하려는 사람으로부터는 훨씬 수월하게 멀어질 수 있을 것이다.

∴ 모든 게 냄새와 관련된다

지금까지 냄새와 후각의 세계로 머나먼 여행을 떠나왔다. 철학사를 들여다보며 후각이 다른 감각들 사이에서 양자나 다름없었던 이유와 요즘에도 많은 사람이 냄새를 보잘것없고 동물적이며 혐오스러운 것으로 생각하는 이유를 살펴봤다. 여태껏 냄새에 관해 알려진 게 거의 없었던 이유도 알아봤다. 실험실에서 냄새를 확실하게 잡아내기란 힘든 일이라 냄새가 사람에게 미치는 영향을 학술적으로 분석하는 연구가 더디게 진행될 수밖에 없었다. 하지만 동물과 인간의 진화사에서 보듯이 후각 능력이 좋으면 더 광범위하고 다양한 경험을 할 수 있고 행동반경도 넓어진다. 이로써 뇌 용량의 증가와 후각 능력의 향상 간에 관련이 있음이, 즉 둘은 대개 함께 이루어졌음이 명백해졌다. 사람과 동물을 비교한 여러 연구를 종합해 볼 때 인간은 냄새를 맡을 수 있는 생물 중에 단연 최고라 해도 손색이 없다. 후각은 뇌가 인지, 감정, 기억 기능을 수행하는 데 기반이 되어 준다. 사고 기능도 마찬가지인 듯하다. 뇌에서 후각만큼 많은 용량이 필요한 감각은 없다.

후각은 비밀스러운 녀석이다. 일상에서 우리는 냄새로부터 어떤 영향을 얼마나 받고 있는지 전혀 모른다. 우리가 예상하는 냄새가 날 뿐이며 그런 냄새에 그다지 신경 쓰지 않는다. 하지만 냄새는 우리가 이 세상 속에서 안전하다고 느낄 수 있게, 마치 집에 있는 듯한 기분이 들게 도와준다. 어떤 냄새는 너무도 미약해 의식적으로는 인지하지 못하지만, 그런 냄새는 대부분 다른 사람과 접촉할 때 나타난다.

우리 인간을 출중한 존재로 간주하는 이유는 공동체 생활 속에서 발달한 사회적 지능 때문이다. 동물들한테서는 찾아보기 힘들고, 있다 해도 일회성에 그칠 것이다. 우리는 사회적 감정을 발달시켰고 다른 사람들의 생각을 이해할 수 있으며 그들에게 공감할 수 있다. 반면 교활하게 우리를 속이려 들거나 제이익을 위해 이용하려는 사람들 혹은 우리에게 사기 치려는 사람들을 걸러 낼 수 있다. 우리에게는 사회적 뇌가 있으며 무리를 형성하여 서로 돕는 능력도 있다. 우리는 멸종하지 않고 지금껏 살아남았다. 추측건대 이 복잡한 사회 속에서 우리에게 길을 안내해 주는 건 냄새다. 체취는 쉽게 인지되지 않지만 우리에게 유전자, 건강 상태, 가족 관계, 식습관, 현재의 기분 상태 등에 관한 정보를 제공한다. 직감이 하는 말에 귀를 기울이면 누가 좋고 누가 덜 좋은지 알 수 있다. 살면서 이런저런 일을 스스로 만들어 나갈 기회도 아주 많아진다. 사회적인 삶을 살아갈 여건도 주어진다. 적어도 대인 관계 형성이 건강에 좋고 외로움은 건강에 치명적이란 사실을 알게 된다. 다음 주 토요일에 혼자 쇼핑하러 갈지 혹은 친구를 만날지는 각자 결정할 문제다. 더 오래 지속되는 건 후자다. 소비품은 대개 조금만 시간이 지나도 시시해진다. 그렇지만 친구들은 우리 삶의 영약으로 기쁨을 선물한다. 우리는 친구들과 함께 즐거워하고 의견을 주고받으며 같이 슬퍼하기도 한다. 그들은 우리의 거울이다. 친구들을 통해 내가 가치 있는 존재라는 사실을 그리고 어떤 이유로 특히 소중하게 여겨지는지를 깨닫게 된다. 친구들 없이는 결코 나 자신을 제대로 알 수 없다.

그런데 이 길을 홀로 찾아 나서는 일은 때때로 힘겹다. 어떤 때는 다른 사람을 만나는 게 너무 부끄럽기만 하고, 또 어떤 때는 내가 이상하거나 못난 사람이 된 기분도 든다. 이럴 때는 잠깐이라도 좋으니 전문가의 도움을 받으면 좋겠다. 다른 사람과 사회적 관계망을 좀 더 쉽게 형성할 수 있도록 도와주는 사회적 기술은 자기 통제 치료나 사회적 기술 향상 훈련 등으로 비교적 빨리 습득할 수 있기 때문이다. 사회적 기술은 타고나는 게 아니다. 피아노를 치거나 자전거를 타는 것처럼 배울 수도 있고 잊어버릴 수도 있다.

냄새는 특히 중요한 사회적 능력이 무엇인지 가르쳐 준다. 너 자신이 되어라, 진짜가 되어라! 두렵거나 화가 날 때 우리는 종종 행복하거나 만족하는 척한다. 하지만 상대방은 우리의 진짜 기분을 알아챌 수 있다. 표정이나 행동은 숨길 수 있지만 체취만큼은 우리도 어떻게 할 수 없다. 안 그런 척 행동할수록 상대방의 기분은 불쾌해지고, 신뢰를 형성하는 데 필요한 기반이 쌓이지 않는다. 상대방은 자신이 속고 있다고 생각할 수도 있다. 그런데 틀린 말은 아니지 않은가. 가슴에 손을 얹고 생각해보자. 감정에 충실하지 못하다면 우리 자신뿐만 아니라 주변의 사람들도 속이는 꼴이 된다. 그러니 진짜 내가 되자! 건강에도 훨씬 도움이 될 것이다.

행복과 고통, 외로움과 우정, 자존감과 자괴감. 내가 보기에 이 모든 것은 냄새와 관련이 있다. 당신의 생각은 어떨지 궁금하다.

수와 도식이 더는

○　　노발리스라는 이름으로도 잘 알려진 게오르크 필
리프 프리드리히 폰 하르덴베르크의 시 〈수와 도식이 더는〉은
18세기 후반부터 20세기 초까지 유행한 낭만주의 시대에 탄생
한 작품이다. 낭만주의는 계몽주의의 이성 중심 철학과 합리주
의에 대한 반발로 생겨났는데, 문학, 미술, 음악 등에서 우리는
이성만을 추구해서는 안 되며 늘 감정, 지각, 행복이 함께 기능
해야 한다고 주장했다. 또한 낭만주의 움직임으로 신화가 재발
견되었으며 모든 게 꼭 논리적으로 설명될 필요도 없었다. 낭
만주의자들은 명확하게 정의되지 않거나 분석되지 않는 것도
삶의 한 부분으로 소중하게 받아들였다.

　낭만주의는 당대 사람들의 삶에 엄청난 영향을 미쳤다. 연
인 사이에서뿐만 아니라 친구들끼리 서로의 감정에 관해 이야

기하는 건 획기적이었다. 낭만적인 친구 관계는 동성 간에도 존재했다. 친구들끼리 그리움과 사랑을 표현하고 이야기하며 글로 전달하는 일이 중요했다. 감정을 중시하는 낭만주의 요소들은 자연물이나 신화적 상징을 활용했던 19세기 말 아르누보 건축 양식에서도 많이 나타난다. 또한 시민들이 자연 속에서 휴식을 취하고 활동할 수 있도록 시민 공원과 정원이 생겨났다. 건축 양식이나 도시 계획 모두 사람 중심이었다. 도시 안에서도 사람들이 집과 같은 편안함을 느낄 수 있어야 했으며 아르누보식 가구와 집들로 일상 속에서도 예술을 접할 수 있어야 했다.

이 모든 게 고작 100년 전쯤에 일어난 일인데도 엄청 오래전 일인 것만 같다. 요즘에는 최대한 높은 지능 지수를 갖고 모든 것을 논리적으로 설명하는 것만 중요한 듯하다. 신화와 관련된 것은 처음부터 존재하지 않았던 것처럼 좀체 찾아보기 힘들다. 다른 사람에 대한 직감도 마찬가지다. 직감은 설명할 수 없으므로 따라서는 안 되는 것이다. 감정에 따라 행동해서도 안 된다. 직장에서 다른 사람과 이야기를 나눌 때도 감정이 낄자리는 없다. 오늘날 감정이 껴도 될 자리는 친구 사이나 잠자리 때뿐인 듯하다. 그 때문인지 지난 몇 년간 사람들의 평균 친구 수는 크게 줄어든 반면 산업 사회 속에서 외로움을 느끼는 사람들은 최대 30퍼센트까지 많아졌다. 그 사이 사회적 관계망은 가족 관계로 좁게 한정되었고, 친구보다 소비 생활이 더 중요해진 것 같다. 세계 곳곳에서는 다음과 같은 이슈가 우리 삶에 중요한 문제인 양 다뤄지고 있다. 누가 가장 비싼 최신형 핸드폰을 가졌지? 누가 제일 비싼 최신형 자동차를 샀지? 누가 최고급 아파트에 살지? 실제로 이런 이야기들이 우리 정치 경제 체제의 틀이 되었다. 정말로 바라는 게 무엇인지도 모른 채 그저 새로운 물건을 끊임없이 사들이기에 자본주의가 계속 굴러가고 있다. 토지와 집은 세계 굴지의 회사들이 몽땅 사들이고 도시에는 모두가 똑같이 생긴 커다란 주택 단지들이 생겨난다. 기능적이고 간결하고 하얗고 커다란 신발 상자 모양의 단지 말이다. 2017년 기준으로 독일 인구의 80퍼센트가 도시에 살고 있다. 19세기 중반에는 40퍼센트에 불과했다. 이런 도시화에도 불구하고 도시 내 녹지대의 비율은 거의 그대로여서 19세기 때와 비슷하다. 많은 연구에 따르면 자연에서의 삶, 즉 나무와 숲을 바라보는 삶은 인간에게 평온함을 가져다줄 뿐만 아니라 건강에도 많은 영향을 미친다. 무엇보다 중요한 건 녹지대에 사람들을 한자리에 불러 모으는 기능이 있다는 사실이다. 사람들은 함께 모일 공간이 필요하다. 사람들은 서로 이야기를 나누고 한데 어울려 놀 수 있는 녹지 시설이 필요하다. 다차선 도로와 성냥갑 모양의 아파트만 즐비한 도시에서는 사람들끼리 접촉하는 게 힘들 수밖에 없다.

이제는 아무도 19세기로 돌아가길 바라지 않는다. 19세기는 지금과는 조금 다른 겉모습의 사람들이 살던 시대, 대목장을 거느리며 사람들을 노예로 부리던 시대, 여성에게는 선거권도 없고 여성이 고등학교나 대학교도 갈 수 없었던 시대다. 요즘에는 다양성을 인정하고 이를 존중하는 것이 중요하다. 소수 집단도 동일한 권리를 가진다. 우리 사회는 낯선 종교와 문화를 수용하고 이들을 향한 편견을 없애고자 노력한다. 그러나 지난 수십 년 동안 고도한 발전을 이루면서도 한 가지 사실을 잊어버린 것 같다. 인간 존재의 뿌리를 찾는 것, 즉 우리를 행복하게 만드는 근본 요인을 찾는 일 말이다.

이에 대한 해답은 후각에 있다. 후각 연구를 통해 우리는 지금 우리 모습이 어떻게 이루어졌는가를 알 수 있다. 신체적 질병이나 심리적 질환을 해소할 방안도 강구할 수 있다. 진정한 확신을 얻기 위해 노발리스에게 빛(이성)과 그늘(감정)이 필요했던 것처럼 우리는 후각 속에서 직감과 사고의 토대를 찾을 수 있다. 후각은 감각에서 감정, 우정, 건강 더 나아가 행복에 이르는 길을 낭만주의와 더불어 열어 줄 것이다. 모두에게 그렇게 되기를 희망한다.

○   이 책을 완성하기까지 많은 분이 도움을 주었다. 집필을 제안한 셜리 미하엘라 세울에게 고맙다는 말을 전한다. 그녀의 따뜻함, 솔직함, 세심함, 열정으로 이 책이 완성되었고, 무미건조하던 냄새가 산뜻하고 다채로운 향기로 변했다.

연구에 참여한 수천 명의 실험 참가자들께도 영광을 돌린다. 개인의 경험과 느낌을 공유해 준 것에 감사드린다. 연구를 도와준 학사 및 석박사 과정생 그리고 연구 보조 학생들에게도 고마움을 표한다. 행복과 자존감을 선물해 준 친구들에게도 감사하다. 이들 없이는 후각 연구라는 길고 힘겨운 여정을 끝내지 못했다. 특히 구드룬과 리카에게 더 고맙다. 이들이 없었다면 내 삶은 지금과 전혀 다른 냄새를 풍겼을지도 모른다.

끝으로 나를 믿고 지지해 준 독자에게 큰 감사를 표한다.

이 책 곳곳에는 굉장히 이례적인 이야기가 많이 담겨 있다. 이제부터 이 책을 쓰면서 인용한 논문 및 관련 자료의 출처를 소개하려고 한다. 분량상 최근에 발표되었거나 잘 알려지지 않은 것들로만 간추렸다. 스트레스에 관한 '투쟁 혹은 도피 반응'이나 학습에서의 조건 반응 등은 한 번쯤 들어 봤을 것이다. 이처럼 흔히 알려져 있거나 옛 문헌의 내용인 경우는 인터넷에서도 쉽게 찾아볼 수 있으니 여기서는 생략했다. 가능한 한 번역서도 소개하고자 했으며 필요에 따라서는 원서 그대로 표기했다.

프롤로그 냄새가 보내는 비밀 신호

1. 인간의 후각은 거의 모든 동물보다 뛰어나다! 이 주장은 최근 저명한 학술지에 발표되었다. McGann, J. P. (2017). "Poor human olfaction is a 19th-century myth." *Science*, 356(6338), eaam7263.
2. 인간의 이성이 지나치게 강조되는 것을 반대하는 철학적 사조가 등장하면서 감각적 경험은 지식 획득의 주된 요소로 간주되기 시작했다. 대표적으로 그리스 로마 시대의 에피쿠로스주의는 플라톤의 이데아 세계(이상 세계)와 대비되는 실질적이고 관찰 가능한 세계를 언급했다. 이후 감각적 지각은 세상 및 인간에 관한 중세의 이론들을 쇠퇴시키는 데 가장 중요하게 작용한다. 이때 미셸 에켐 드 몽테뉴의 명언이 탄생했다. 그는 우리의 감각적 경험이 얼마나 중요한가를 아주 멋지게 표현했다. "소리, 냄새, 불, 맛, 크기, 무게, 연함, 강함, 거침, 색깔, 매끈함, 두께 등을 몰랐다면 결국 우리는 돌멩이 이상을 알 수 없었을 것이다. 바로 학술적 깨달음의 초석이다. 어떤 이들은 학문이 감각과 다를 바 없다고 말한다. 누군가가 나를 내 감각에 모순되도록 다그친다면 그는 내 목을 조이고 있는 거다. 그는 더는 나를 막아 내지 못한다. 감각은 깨달음의 시작이자 끝이다." Montaigne de, M. (1992): Schutzschrift für Raimond von Sebonde, in: J. D. Tietz (Hrsg.): Michel de Montaigne: *Essais* [Versuche] nebst des Verfassers Leben nach der Aus-gabe von Pierre Coste ins Deutsche übersetzt. Band 2, S. 350-351. Zürich: Diogenes.

제1장 냄새를 잘 맡을수록 인생이 풍부해진다

3.   일정한 수입이 보장된다는 전제하에서 물질주의, 돈, 자본주의 체계는 사람들을 되레 불행하게 만든다. 행복해지기 위해서는 자신만의 내적 가치 체계와 다른 누군가가 필요하다. 최근 출간된 다음 저서는 행복에 관한 심리학적 근거를 모두 소개하고 있다. Allen, J. B. (2017). *The Psychology of Happiness in the Modern World: A Social Psychological Approach.* Springer Publishing Company.

4.   사회적 관계망이 넓은 사람은 친구가 적은 사람보다 냄새를 더 잘 맡는다. 최근 이에 관한 연구 두 개가 발표되었다. Zou, L. Q.; Yang, Z. Y.; Wang, Y.; Lui, S. S.; Chen, A. T.; Cheung, E. F. & Chan, R. C. (2016). "What does the nose know? Olfactory function predicts social network size in human." *Scientific Reports,* 6, 25026. Boesveldt, S.; Yee, J. R.; McClintock, M. K.; & Lundström, J. N. (2017). "Olfactory function and the social lives of older adults: a matter of sex." *Scientific Reports,* 7, 45118.

친구들의 냄새가 더 좋다

5.   고독과 기대 수명 간의 상관관계를 알아보고자 3500만 명의 실험 참가자들을 대상으로 연구가 이루어졌다. Holt-Lunstad, J.; Smith, T. B.; Baker, M.; Harris, T. & Stephenson, D. (2015). "Loneliness and social isolation as risk factors for mortality: a meta-analytic review." *Perspectives on Psychological Science,* 10(2), 227-237. 고독에 관한 심리학 연구와 더불어 고독과 건강 간의 관련성을 알고 싶다면 존 카치오포의 책을 입문서로 참고할 만하다. Cacioppo, J. T. & Patrick, W. (2008). *Loneliness: Human Nature and the Need for Social Connection.* New York: W. W. Norton & Company. 존 카치오포·윌리엄 패트릭, 이원기 옮김,《인간은 왜 외로움을 느끼는가》(민음사, 2013).

냄새를 잘 맡을수록 오래 산다

6.   후각이 좋은 사람들의 평균 기대 수명이 더 길다. Ekström, I.; Sjölund, S.; Nordin, S.; Nordin Adolfsson, A.; Adolfsson, R.; Nilsson, L. G.; …… & Olofsson, J. K. (2017). "Smell loss predicts mortality risk regardless of dementia conversion." *Journal of the American Geriatrics Society,* 65(6), 1238-1243.

후각 경고

7. 의학사에서 냄새가 어떻게 활용되었는지는 다음에서 살펴볼 수 있다. Le Guérer, A. (1992). *Die Macht der Gerüche. Eine Philosophie der Nase.* Klett-Cotta.

8. 훈련받은 개들은 다양한 암 질환을 냄새로 조기 발견할 수 있다. Moser, E. & Mc-Culloch, M. (2010). "Canine scent detection of human cancers: A review of methods and accuracy." *Journal of Veterinary Behavior*, 5(3), 145-152.

9. 극소한 증상도 인간은 냄새로 알아챈다. Olsson, M. J.; Lundström, J. N.; Kimball, B. A.; Gordon, A. R.; Karshikoff, B.; Hosseini, N.; …… & Axelsson, J. (2014). "The scent of disease: human body odor contains an early chemosensory cue of sickness." *Psychological Science*, 25(3), 817-823.

사람 코가 개 코보다 낫다면

10. 지금까지 연구된 동물들과 비교해 볼 때 인간의 후각 능력은 전혀 뒤떨어지지 않는다. 오히려 동물보다 냄새를 더 잘 맡는 경우가 많다. Laska, M. (2017). "Human and animal olfactory capabilities compared." In: *Springer Handbook of Odor* (pp. 81 ff.). Springer, Cham.

11. 커다란 경기장 안에 남아 있는 초콜릿 흔적을 인간은 냄새만으로도 찾아낸다. Porter, J.; Craven, B.; Khan, R. M.; Chang, S. J.; Kang, I.; Judkewitz, B.; …… & Sobel, N. (2007). "Mechanisms of scent-tracking in humans." *Nature Neuroscience*, 10(1), 27.

제2장 나는 냄새를 맡는다, 고로 존재한다

12. 어떤 언어든 냄새라는 단어에 관한 인식은 긍정적이지 않다. Majid, A.; Roberts, S. G.; Cilissen, L.; Emmorey, K.; Nicodemus, B.; O'Grady, L. & Shayan, S. (2018). "Differential coding of perception in the world's languages." *Proceedings of the National Academy of Sciences*, 115(45), 11369-11376.

후각 작동법

13. 다음 논문들은 후각 망울의 신경 세포와 후각 수용체 기능에 관해 최근 새롭게 발견한 내용을 소개하고 있다. Prieto-Godino, L. L.; Rytz, R.; Bargeton, B.; Abuin,

L.; Arguello, J. R.; Dal Peraro, M. & Benton, R. (2016). "Olfactory receptor pseudo-pseudogenes." *Nature*, 539(7627), 93. McGann, J. P. (2017). "Poor human olfaction is a 19th-century myth." *Science*, 356(6338), eaam7263.

코는 인간의 뇌

14. 포유동물이 진화를 시작하면서 후각 능력이 한층 더 향상되었다. Rowe, T. B.; Macrini, T. E. & Luo, Z. X. (2011). "Fossil evidence on origin of the mammalian brain." Science, 332(6032), 955 ff. 추측건대 호모 사피엔스의 성공적인 진화 또한 뛰어난 후각 능력 덕분이다. Bastir, M.; Rosas, A.; Gunz, P.; Peña-Melian, A.; Manzi, G.; Harvati, K.; …… & Hublin, J. J. (2011). "Evolution of the base of the brain in highly encephalized human species." *Nature Communications*, 2, 588.

행복에 관한 수천 가지 수용체

15. 인간은 약 1조 개의 냄새를 구별해 낸다. Bushdid, C.; Magnasco, M. O.; Vosshall, L. B. & Keller, A. (2014). "Humans can discriminate more than 1 trillion olfactory stimuli." *Science*, 343(6177), 1370 ff.

16. 추측건대 구어 이해 능력은 냄새 지각 능력에서 비롯되었다. Lorig, T. S. (1999). "On the similarity of odor and language perception." *Neuroscience & Biobehavioral Reviews*, 23(3), 391-398. 이후 언어와 냄새가 모두 상측두회에서 다루어진다는 사실을 오스트레일리아 뉴캐슬 출신의 심리학자 피터 월라가 밝혀 냈다. Walla, P.; Hufnagl, B.; Lehrner, J.; Mayer, D.; Lindinger, G.; Imhof, H.; …… & Lang, W. (2003). "Olfaction and depth of word processing: a magnetoencephalographic study." *NeuroImage*, 18(1), 104-116.

제3장 코가 오랫동안 베일에 싸여 있었던 이유

17. 다음 저서는 1980년대까지 훌륭한 심리학개론서로 손꼽혔지만, 인간의 감정에 관해서는 의도적으로 배제하고 있다. Hebb, D. O. (1972). *Einführung in die moderne Psychologie*. 6. Auflage. Weinheim: Beltz. 감정에 관한 내용은 240쪽에서 인용했다.

냄새를 맡는 괴짜 학자들

18. 냄새의 철학사와 문학사에 관해서는 우선 다음 두 책을 권유한다. 이 책들은 후각의 의미를 다양한 문화, 종교, 철학적 배경에 따라 포괄적으로 다루고 있다. Le Guérer, A. (1994). *Die Macht der Gerüche. Eine Philosophie der Nase.* Stuttgart: Klett-Cotta. Onfray, M. (1992). *Der sinnliche Philosoph.* Frankfurt/Main: Campus Verlag. 아니크 르 게레르는 오랫동안 화장품 회사 디올에서 근무한 프랑스 문화학자이며, 미셸 옹프레는 쾌락주의를 지향하는 프랑스 철학자다. 독일 심리학자 한스 헨닝은 이미 1920년대에 철학과 후각 연구 간의 공통점을 이야기했다. Henning, H. (1924). *Der Geruch.* 2. Auflage. Leipzig: Johann Ambrosius Barth. 몇 년 전 나도 냄새의 철학사에 관심이 생겼고, 특히 냄새와 감정 간의 관계에 관해 파고들었다. Pause, B. M. (2004). *Über den Zusammenhang von Geruch und Emotion und deren Bedeutung für klinisch-psychologische Störungen des Affektes.* Lengerich: Pabst Science Publishers. 하지만 이 책에서 제대로 이해할 수 있는 내용은 몇 장밖에 없을 것이다. 대부분 학술적으로 쓰여 일반인이 이해하기는 아주 힘들 거라는 사실을 염두에 두길 바란다. 또한 나는 개인적으로 멋지다고 생각한 장 폴 사르트르의 명언을 삽입했다. 이는 다음에서 인용했다. Sartre, J.-P. (1997). *Baudelaire. Ein Essay.* Reinbek: Rowohlt Taschenbuch. (원서는 1946년 출간.)

19. 건강한 사람의 후각에 관한 연구는 일반 심리학에 속한다. 다음은 독일 대학의 심리학과에서 필수로 배우는 두 가지 전공에 관한 서적이다. Müsseler, J. & Rieger, M. (2017). *Allgemeine Psychologie.* 3. Auflage. Berlin: Springer Verlag. Becker-Carus, C. & Wendt, M. (2017). *Allgemeine Psychologie. Eine Einführung.* 2. Auflage. Berlin: Springer Verlag. 재미있는 사실은 이 두 책 사이에 내용상 겹치는 부분이 거의 없다는 점이다. 요헨 뮈슬러와 마르티나 리거는 생각하는 것, 주의를 기울이는 것, 보는 것을 강조하면서도 후각은 전혀 다루지 않았다. 저자들의 주된 관점이 합리주의에 기인함을 확실히 알 수 있다. 반면 크리스티안 베커카루스와 미케 벤트는 지각, 감각, 사고의 생물학적 기반을 강조하기에 후각을 조금이나마 다루고 있다. 추측건대 이들은 경험주의적 관점에 더 기반을 두고 있다.

후각 식별 테스트기

20. 우리 연구실 홈페이지에서 후각 식별 테스트기 사진을 찾아볼 수 있다. http://www.psychologie.hhu.de/arbeitsgruppen/bsp/laboratorien.html

제4장 나는 냄새를 맡는다, 고로 느낀다

21. 철학에서 감정은 아주 다양한 평가를 받아 왔다. 이 내용은 2004년에 출간한 도서
   에서 간략하게 다뤘다. Pause, B. M. (2004). *Über den Zusammenhang von Geruch
   und Emotion und deren Bedeutung für klinisch-psychologische Störungen des
   Affektes.* Lengerich: Pabst Science Publishers.

사회적 정서와 외로움의 관계

22. 조지프 르두는 정서 연구의 발전에 결정적 역할을 했다. 그 덕분에 수천 개의 후속
   연구가 행해졌고 감정 및 정서에 관한 연구가 순식간에 생물학적 기반을 갖추게 됐
   다. 르두의 주요 저서는 모두 한국어로 번역 및 출간되었다. LeDoux, J. (1996). *The
   Emotional Brain: The Mysterious Underpinnings of Emotional Life.* New York:
   Simon and Schuster. 조지프 르두, 최준식 옮김, 《느끼는 뇌》(학지사, 2006).
   LeDoux, J. (2002). *Synaptic Self: How Our Brains Become Who We Are.* New
   York: Viking. 조지프 르두, 강봉균 옮김, 《시냅스와 자아》(동녘사이언스, 2005).

23. 한 사람의 성격에 기초가 되는 일화 기억은 지극히 정서적인데, 이는 후각과 밀접
   한 관련이 있다. Pause, B. M.; Zlomuzica, A.; Kinugawa, K.; Mariani, J.; Piet-
   rowsky, R. & Dere, E. (2013). "Perspectives on episodic-like and episodic
   memory." *Frontiers in Behavioral Neuroscience.* 7:33.

후각은 시간 측정기

24. 총 7부로 구성된 《잃어버린 시간을 찾아서》에서 작가 마르셀 프루스트는 소설 속
   주인공이 빵 냄새를 맡으면서 어린 시절을 다시 떠올리고, 자신의 삶을 어떻게 새
   로이 경험하게 되는가를 이야기한다. 이후 사람들은 아주 오래된 기억을 되살리는
   냄새의 효과를 프루스트 효과라 부른다. 인용문 출처는 제1부 《스완네 집 쪽으로》
   다. Proust, M. (1997). *In Swanns Welt.* Frankfurt a. M.; Suhrkamp Taschenbuch.
   (원서는 1913년 출간.)

25. 일화 기억을 되살리는 냄새는 정서적 기억을 활성화한다. Herz, R. S.; Eliassen, J.;
   Beland, S. & Souza, T. (2004). "Neuroimaging evidence for the emotional
   potency of odor-evoked memory." *Neuropsychologia*, 42(3), 371-378. 냄새를
   통해 되살아나는 일화 기억은 흔히 어린 시절의 것이다. Willander, J. & Lars-son,

M. (2006). "Smell your way back to childhood: Autobiographical odor memory." *Psychonomic Bulletin & Review*, 13(2), 240-244.

인간은 왜 점점 우위를 잃어 가는가

26. 심리학자 야크 팡크세프에 따르면 감정은 인간을 비롯한 모든 포유동물에서 똑같이 기능한다. 유쾌한 상태는 더 강하고 더 오래 지속되며 고통스러운 상태는 하지 않을 행동을 선택하고 결정한다. 지난 몇 년간 팡크세프는 인간과 동물에 긍정적 정서가 가지는 의미를 특히 집중적으로 연구했다. 어린 쥐를 간지럽혀 본 실험이 대표적이다. Burgdorf, J. & Panksepp, J. (2006). "The neurobiology of positive emotions." *Neuroscience & Biobehavioral Reviews*, 30(2), 173-187.

27. 인간에게 가장 중요한 정서는 사회적 본성을 따른다. 가까운 사람이 고통받는 모습을 보면 우리는 같이 괴로워한다. 다른 사람을 돕고 지지하는 건 인간의 근본 욕구다. 사람과 유인원에게는 모두 사회적 근본 욕구가 있다. 이것이 프란스 드 발의 입장이다. 다음 저서는 드 발의 가장 유명한 책이자 입문서로 제격이다. De Waal, F. (2011). *Das Prinzip Empathie. Was wir von der Natur für eine bessere Gesellschaft lernen können*, München: Hanser. 그의 저서는 독일어로도 많이 출간되었다. 또 개들은 낯선 사람보다 친한 사람 곁에 있을 때 하품을 따라하는 경향이 더 강하다. Silva, K.; Bessa, J. & de Sousa, L. (2012). "Auditory contagious yawning in domestic dogs(Canis familiaris): first evidence for social modulation." *Animal Cognition*, 15(4), 721-724. 말을 기르는 사람들은 말이 인간의 감정을 알아차릴 수 있음을 진즉에 알고 있었다. 그러나 연구로서는 이제야 증명되었다. Smith, A. V.; Proops, L.; Grounds, K.; Wathan, J. & McComb, K. (2016). "Functionally relevant responses to human facial expressions of emotion in the domestic horse(Equus caballus)." *Biology Letters*, 12(2), 20150907.

제5장 늘 간발의 차로 앞서 나가는 후각

냄새는 정서를 유발한다

28. 냄새로 유발된 정서 상태는 통제하기 어렵다. 디르크 아돌프와 함께한 다음 연구를 참고. Adolph, D. & Pause, B. M. (2012). "Different time course of emotion regulation towards odors and pictures: Are odors more potent than pictures?"

Biological Psychology, 91(1), 65-73.

냄새를 많이 맡을수록 더 강하게 기억한다

29. 후각적 단기 기억에는 시각적 단기 기억이나 청각적 단기 기억과는 다른 법칙이 적용된다. Pause, B. M.; Sojka, B.; Krauel, K. & Ferstl, R. (1996). "The nature of the late positive complex within the olfactory event-related potential (OERP)." *Psychophysiology*, 33(4), 376-384.

뇌를 변화시키는 정서들

30. 학습 및 기억뿐만 아니라 일화, 즉 정서적 기억이 인간에게 중요한 이유를 알고 싶다면 다음 저서를 참고하면 좋다. Markowitsch, H. J. (2002). *Dem Gedächtnis auf der Spur. Vom Erinnern und Vergessen.* Darmstadt: Primus.

후각은 우리를 똑똑하게 만든다

31. 포유동물의 후각과 신경 세포 생성 간의 관련성은 다음을 참고하길 바란다. Arisi, G. M.; Foresti, M. L.; Mukherjee, S. & Shapiro, L. A. (2012). "The role of olfactory stimulus in adult mammalian neurogenesis." *Behavioural Brain Research*, 227(2), 356-362. 후각 망울에서 신경 세포가 확실히 새롭게 만들어지는데 어떤 학자들은 설치류와 다른 포유동물에만 해당할 뿐 인간은 아니라고 말한다. 다음 논문은 사람의 후각 망울에서도 신경 세포가 새롭게 만들어진다는 내용을 잘 요약 및 정리하고 있다. Huart, C.; Rombaux, P. & Hummel, T. (2013). "Plasticity of the human olfactory system: the olfactory bulb." *Molecules*, 18(9), 11586-11600.

32. 요즘에는 치상회에서 신경 세포가 새롭게 만들어진다는 사실에 누구도 의문을 품지 않는다. Spalding, K. L.; Bergmann, O.; Alkass, K.; Bernard, S.; Salehpour, M.; Huttner, H. B.; …… & Possnert, G. (2013). "Dynamics of hippocampal neurogenesis in adult humans." *Cell*, 153(6), 1219-1227. 하지만 치상회에서 냄새를 다룰 것이라고는 대부분 예상하지 못했다. 이에 관한 여러 근거를 코닐리어스 밴더울프가 찾아냈다. Vanderwolf, C. H. (2001). "The hippocampus as an olfacto-motor mechanism: were the classical anatomists right after all?" *Behavioural Brain Research*, 127(1-2), 25-47.

후각 상실

33. 냄새를 전혀 맡지 못하거나 잘 맡지 못하는 사람은 좀 더 외로움을 타거나 우울해
한다. Sivam, A.; Wroblewski, K. E.; Alkorta-Aranburu, G.; Barnes, L. L.; Wil-
son, R. S.; Bennett, D. A. & Pinto, J. M. (2016). "Olfactory dysfunction in older
adults is associated with feelings of depression and loneliness." *Chemical
Senses*, 41(4), 293-299.

34. 후각 훈련을 통해 특정 분자에 대한 후각 손실이나 후각 상실증을 호전시킬 수 있
다. 수년 전 나는 특정 분자에 대한 후각 손실이 복합 냄새를 지각하는 데도 영향을
미친다는 사실을 증명했다. Pause, B. M.; Rogalski, K. P.; Sojka, B. & Ferstl, R.
(1999). "Sensitivity to androstenone in female subjects is associated with an
altered brain response to male body odor." *Physiology & Behavior*, 68(1-2),
129-137. 최근 우리는 특정 분자에 대한 후각 손실이 비교적 흔하다는 사실을 알
게 됐다. Croy, I.; Olgun, S.; Mueller, L.; Schmidt, A.; Muench, M.; Hummel, C.;
…… & Hummel, T. (2015). "Peripheral adaptive filtering in human olfaction?
Three studies on prevalence and effects of olfactory training in specific
anosmia in more than 1600 participants." *Cortex*, 73, 180-187.

35. 후각 훈련은 냄새를 맡을 수 있는 있으나 후각 능력이 저하된 사람에게도 효과적이
다. 독일 드레스덴 이비인후과 전문의 토마스 훔멜은 후각 훈련에 관해 집중적으로
연구하고 있다. Sorokowska, A.; Drechsler, E.; Karwowski, M.; Hummel, T.
(2017). "Effects of olfactory training: a meta-analysis." *Rhinology*, 55, 17-26.
파킨슨병 초기에 후각 능력이 저하될 수 있는데, 훔멜은 후각 훈련이 이 병을 앓는
환자들에게 긍정적인 효과를 가져올 수 있음을 알아냈다. Haehner, A.; Tosch, C.;
Wolz, M.; Klingelhoefer, L.; Fauser, M.; Storch, A.; …… & Hummel, T. (2013).
"Olfactory training in patients with Parkinson's disease." *PloS One*, 8(4),
e61680.

변덕쟁이 후각

36. 후각 망울에서 냄새는 분자 구조가 아니라 주관적 해석에 따라 다르게 처리된다.
Doucette, W.; Gire, D. H.; Whitesell, J.; Carmean, V.; Lucero, M. T. & Rest-
repo, D. (2011). "Associative cortex features in the first olfactory brain relay
station." *Neuron*, 69(6), 1176-1187. 몇 해 전 린다 벅 연구팀은 냄새 분자의 화학

적 구조가 뇌의 작업 경로를 결정하므로 특정 분자 냄새는 모든 사람에게 똑같다고 발표했다. 그러나 이는 2008년에 번복됐다. Zou, Z.; Horowitz, L. F.; Mont-mayeur, J. P.; Snapper, S. & Buck, L. B. (2001). "Genetic tracing reveals a stereotyped sensory map in the olfactory." *Nature*, 414(6860), 173. 끝으로 뉴욕 IBM 사의 파블로 마이어가 이끄는 연구팀 등 많은 학자가 후각을 포괄적으로 다루는 핵심 이론을 밝혀내고자 고군분투 중임을 이야기하고 싶다.

제6장 바로 코앞에!

아기는 어떻게 냄새로 엄마를 찾는가

37. 프랑스의 브누아 샤알 연구팀은 신생아가 엄마가 임신 중일 때 유독 좋아했던 냄새에 어떤 반응을 보이는지를 살펴보았다. Wagner, S.; Issanchou, S.; Chabanet, C.; Lange, C.; Schaal, B. & Monnery-Patris, S. (2019). "Weanling Infants Prefer the Odors of Green Vegetables, Cheese, and Fish When Their Mothers Consumed These Foods During Pregnancy and/or Lactation." *Chemical Senses*, 44(4), 257-265. 아기와 어린아이들에게 냄새가 어떤 의미인가에 관한 논문은 최근에도 발표되었다. Schaal, B. (2017). "Infants and Children Making Sense of Scents." In: *Springer Handbook of Odor* (pp. 107 ff.). Springer, Cham. 엄마 냄새는 자폐증을 앓는 아이들에게 특히 중요해 보인다. Parma, V.; Bulgheroni, M.; Tirindelli, R. & Castiello, U. (2013). "Body odors promote automatic imitation in autism." *Biological Psychiatry*, 74(3), 220-226. 엄마도 자식의 냄새를 맡으면 아주 긍정적인 기분으로 반응한다. Lundström, J. N.; Mathe, A.; Schaal, B.; Frasnelli, J.; Nitzsche, K.; Gerber, J. & Hummel, T. (2013). "Maternal status regulates cortical responses to the body odor of newborns." *Frontiers in Psychology*, 4, 597.

38. 뇌는 후각적 비자기(non-self)보다 후각적 자아에 관한 정보에 더 빠르고 강력하게 반응한다. Pause, B. M.; Krauel, K.; Sojka, B. & Ferstl, R. (1998). "Body odor evoked potentials: a new method to study the chemosensory perception of self and non-self in humans." *Genetica*, 104(3), 285-294.

39. 배우자의 냄새는 우리를 편안하게 하고 낯선 사람의 냄새는 불안하게 한다. Hofer, M. K.; Collins, H. K.; Whillans, A. V. & Chen, F. S. (2018). "Olfactory cues from

romantic partners and strangers influence women's responses to stress." *Journal of Personality and Social Psychology*, 114(1), 1.

40. 임산부는 두려움에 관한 화학적 자극에 반응하지 않으면서 제 아이를 보호한다. Lübke, K. T.; Busch, A.; Hoenen, M.; Schaal, B. & Pause, B. M. (2017). "Pregnancy reduces the perception of anxiety." *Scientific Reports*, 7(1), 9213.

41. 인간 사회에서 사회적 냄새의 중요성에 관해 카트린 뢉케와 함께 쓴 논문을 소개하고자 한다. Lübke, K. T. & Pause, B. M. (2015). "Always follow your nose: the functional significance of social chemosignals in human reproduction and survival." *Hormones and Behavior*, 68, 134-144.

동시 지각: 암묵적 후각

42. 암묵적 후각에 관해서는 네덜란드 위트레흐트 출신의 에곤 쾨스터가 아주 멋진 글을 썼다. Köster, E. P. (2002). "The specific characteristics of the sense of smell." *Olfaction, Taste and Cognition*, 27-43.

제7장 코가 냄새에 접근하는 방식: 후각의 비밀

43. 인간을 비롯한 여러 포유동물의 코에는 사회적 냄새에 관여하는 수용체가 있다는 새로운 사실이 밝혀졌다. Liberles, S. D. (2015). "Trace amine-associated receptors: ligands, neural circuits, and behaviors." *Current Opinion in Neurobiology*, 34, 1-7. 두려움과 불쾌감에 특별히 관여하는 세포가 후각 망울에 있다는 사실은 2007년에 처음으로 발표되었다. Kobayakawa, K.; Kobayakawa, R.; Matsumoto, H.; Oka, Y.; Imai, T.; Ikawa; M.; …… & Mori, K. (2007). "Innate versus learned odour processing in the mouse olfactory bulb." *Nature*, 450 (7169), 503. 생물학자들은 다음 논문을 굉장히 주목하고 있다. Mizrahi, A. (2018). "The hard and soft wired nature of the olfactory map." *Trends in Neurosciences*, 41(12), 872 ff.

냄새 확대경

44. 체취에서 찾을 수 있는 모든 물질과 박테리아가 하는 역할에 관해서는 다음 저서를 참고하길 바란다. Starkenmann, C. (2017). "Analysis and chemistry of human

odors." In: *Springer Handbook of Odor* (pp. 121 ff.). Springer, Cham. 다음 논문은 사람들이 체취를 표현할 때 가장 선호하는 단어들을 다루고 있다. Allen, C.; Havlíček, J.; Williams, K. & Roberts, S. C. (2018). "Perfume experts' perceptions of body odors: Toward a new lexicon for body odor description." *Journal of Sensory Studies*, 33(2), e12314.

나는 냄새로 당신이 뭘 먹었는지 안다

45. 채식주의자들의 체취가 육류를 먹는 사람들보다 더 좋다. Havlíček, J. & Lenochova, P. (2006). "The effect of meat consumption on body odor attractiveness." *Chemical Senses*, 31(8), 747-752.

46. 체형에 대한 지각은 포만감을 느낄 때와 금식 중일 때 다르게 나타난다. Pause, B. M.; Hoenen, M.; Lübke, K. T. & Stockhorst, U. (2017). "You see what you smell: Body shape perception is affected by chemosensory cues of the metabolic state." *Society for Psychophysiological Research*, Fifty-Seventh Annual Meeting, 2017. *Psychophysiology*, 54, 167.

단식 향수

47. 단식의 긍정적 효과는 단식할 때 뿜어져 나오는 매력적인 냄새를 통해서도 증명됐다. Fialová, J.; Hoffmann, R.; Roberts, S. C. & Havlíček, J. (2019). "The effect of complete caloric intake restriction on human body odour quality." *Physiology & Behavior*, 112554.

48. 단식이 건강에 미치는 효과는 다음 저서에서 개괄적으로 잘 다루고 있다. Michalsen, A. (2019). *Mit Ernährung heilen: Besser essen-infach fasten-länger leben. Neuestes Wissen aus Forschung und Praxis*. Berlin: Insel. 다음 논문은 단식이 뇌 건강에 미치는 영향에 관해 이야기한다. Mattson, M. P.; Moehl, K.; Ghena, N.; Schmaedick, M. & Cheng, A. (2018). "Intermittent metabolic switching, neuroplasticity and brain health." *Nature Reviews Neuroscience*, 19(2), 63.

제8장 사랑은 코를 타고

섹스 스프레이

49. 사람의 페로몬에 관한 연구를 모아 다음 저서에서 모두 요약 및 설명했다. 이러한 연구들은 명확한 근거도 제시하지 못했을뿐더러 진행 과정 역시 비과학적이었다. Pause, B. M. (2017). "Human chemosensory communication." In: *Springer Handbook of Odor* (pp. 129 ff.). Springer, Cham. 나뿐만 아니라 동료들도 같은 생각이다.

50. 보습 코(vomeronasal) 기관으로도 불리는 야콥손 기관은 인간에게는 별 쓸모가 없다. Witt, M. & Hummel, T. (2006). "Vomeronasal versus olfactory epithelium: is there a cellular basis for human vomeronasal perception?" *International Review of Cytology*, 248, 209-259.

극비 사항: 유혹의 물질

51. 트리스트럼 와이엇은 동물들의 화학적 의사소통을 다음의 책에 아주 훌륭하게 담아냈다. Wyatt, T. D. (2014). *Pheromones and Animal Behavior: Chemical Signals and Signatures.* Cambridge University Press.

아름다움의 냄새

52. 배우자를 선택할 때 화학적 신호가 아주 중요하다. Lübke, K. T. & Pause, B. M. (2015). "Always follow your nose: the functional significance of social chemosignals in human reproduction and survival." *Hormones and Behavior,* 68, 134-144.

53. 자기 충족적 예언은 일상에서 흔히 일어나는 현상으로 연구에서도 자주 다뤄졌다. 전화 통화를 하는 남녀에 관한 실험 연구는 심리학 고전 문헌 중 하나로 손꼽힌다. Snyder, M.; Tanke, E. D. & Berscheid, E. (1977). "Social perception and interpersonal behavior: On the self-fulfilling nature of social stereotypes." *Journal of Personality and Social Psychology*, 35(9), 656.

54. 요즘은 아주 남성적이거나 아주 여성적인 얼굴이 매력적인 얼굴로 새롭게 받아들여지는 추세다. 그러나 전 인류 역사를 통틀어서는 중성적인 얼굴이 더 매력적이라는 평가를 받아 왔다. Scott, I. M.; Clark, A. P.; Josephson, S. C.; Boyette, A. H.;

Cuthill, I. C.; Fried, R. L.; ······ & Honey, P. L. (2014). "Human preferences for sexually dimorphic faces may be evolutionarily novel." *Proceedings of the National Academy of Sciences*, 111(40), 14388-14393. 이미 수년 전부터 우리는 중성적인 사람들이 아주 여성적인 여자들이나 아주 남성적인 남자들보다 더 행복하고 덜 우울하며 자존감도 더 높다는 사실을 알고 있다. 이에 관해 최근에 발표된 연구는 다음과 같다. Juster, R. P.; Pruessner, J. C.; Desrochers, A. B.; Bourdon, O.; Durand, N.; Wan, N.; ······ & Lupien, S. J. (2016). "Sex and gender roles in relation to mental health and allostatic load." *Psychosomatic Medicine*, 78(7), 788-804.

사랑에 빠지는 건 인간인가 유전자인가

55. 나와 연구팀은 두려움의 냄새를 맡을 때 놀람 반사가 더 강하게 나타나고, 이런 이유로 방어 및 도피 반응이 자동으로 나타난다는 사실을 밝혀냈다. Prehn, A.; Ohrt, A.; Sojka, B.; Ferstl, R. & Pause, B. M. (2006). "Chemosensory anxiety signals augment the startle reflex in humans." *Neuroscience Letters*, 394(2), 127-130. Pause, B. M.; Adolph, D.; Prehn-Kristensen, A. & Ferstl, R. (2009). "Startle response potentiation to chemosensory anxiety signals in socially anxious individuals." *International Journal of Psychophysiology*, 74(2), 88-92.

후각 경고음이 울리면

56. 추측건대 사람의 체취 속 MHC 체계는 체취의 매력 정도뿐만 아니라 배우자 선택 과정에도 영향을 미친다. 이에 관해서는 우리 팀의 연구 논문과 함께 얀 하블리체크와 크레이그 로버츠의 논문을 읽어 보길 권장한다. Pause, B. M.; Krauel, K.; Schrader, C.; Sojka, B.; Westphal, E.; Müller-Ruchholtz, W. & Ferstl, R. (2005). "The human brain is a detector of chemosensorily transmitted HLA-class I-similarity in same and opposite-sex relations." *Proceedings of the Royal Society B: Biological Sciences*, 273(1585), 471-478. Havlíček, J. & Roberts, S. C. (2009). "MHC-correlated mate choice in humans: a review." *Psychoneuroendocrinology*, 34(4), 497-512.

그 냄새가 나요

57. 냄새를 묘사하는 데 유용한 단어 목록은 다음의 논문에서 발췌했다. Dravnieks, A.; Masurat, T. & Lamm, R. A. (1984). "Hedonics of odors and odor descriptors." *Journal of the Air Pollution Control Association*, 34(7), 752-755.

58. 남자와 여자의 체취는 다르다. 이는 성호르몬인 테스토스테론, 에스트로겐과 관련 있는 것으로 추측된다. Doty, R. L.; Orndorff, M. M.; Leyden, J. & Kligman, A. (1978). "Communication of gender from human axillary odors: relationship to perceived intensity and hedonicity." *Behavioral Biology*, 23(3), 373-380. Mahmut, M. K. & Stevenson, R. J. (2019). "Do single men smell and look different to partnered men?" *Frontiers in Psychology*, 10, 261.

59. 생리 기간에 여성의 체취는 달라진다. Doty, R. L.; Ford, M.; Preti, G. & Huggins, G. R. (1975). "Changes in the intensity and pleasantness of human vaginal odors during the menstrual cycle". *Science*, 190(4221), 1316 ff. Lobmaier, J. S.; Fischbacher, U.; Wirthmüller, U. & Knoch, D. (2018). "The scent of attract- iveness: levels of reproductive hormones explain individual differences in women's body odour." *Proceedings of the Royal Society B: Biological Sciences*, 285(1886), 20181520.

60. 사람들은 대개 사랑하는 사람의 체취를 아주 좋아한다. Mahmut, M. K.; Stev- enson, R. J. & Stephen, I. (2019). "Do women love their partner's smell? Exp- loring women's preferences for and identification of male partner and non- partner body odor." *Physiology & Behavior*, 112517.

제9장 공기 중에 무언가가 있다

61. 지금까지 심리학에서 행한 연구 중 상당수가 '이상한' 실험 참가자들을 대상으로 했다. Henrich, J.; Heine, S. J. & Norenzayan, A. (2010). "The weirdest people in the world?" *Behavioral and Brain Sciences*, 33(2-3), 61-83.

62. 동성애가 모든 종의 생존에 아주 중요한 역할을 해 온 것으로 간주한다. Bailey, N. W. & Zuk, M. (2009). "Same-sex sexual behavior and evolution." *Trends in Ecology & Evolution*, 24(8), 439-446. 나와 연구팀도 체취에 관한 동성애자들의 반 응을 살펴보았다. Lübke, K. T.; Hoenen, M. & Pause, B. M. (2012). "Differential

processing of social chemosignals obtained from potential partners in regards to gender and sexual orientation." *Behavioural Brain Research*, 228(2), 375-387.

객관적 연구는 얼마나 주관적인가

63. 공격적인 게임은 플레이어의 공격성을 증가시킨다. 이를 뒷받침하는 공격성과 관련해서 큰 관심을 보이는 연구들은 상당수에 달한다. Anderson, C. A.; Shibuya, A.; Ihori, N.; Swing, E. L.; Bushman, B. J.; Sakamoto, A.; …… & Saleem, M. (2010). "Violent video game effects on aggression, empathy, and prosocial behavior in Eastern and Western countries: A meta-analytic review." *Psychological Bulletin*, 136(2), 151.

64. 연구 대상과의 심리적 결합은 특히 소수 집단을 대상으로 한 연구에서 중요하다. 이는 연구자들이 관련 영향 요인과 중재 요인을 더 면밀하게 살펴보도록 한다. Nzinga, K.; Rapp, D. N.; Leatherwood, C.; Easterday, M.; Rogers, L. O.; Gallagher, N. & Medin, D. L. (2018). "Should social scientists be distanced from or engaged with the people they study?" *Proceedings of the National Academy of Sciences*, 115(45), 11435-11441.

사람은 실험용 토끼가 아니다

65. 전 세계 여성 세 명 중 한 명꼴로 배우자에게 폭력을 당하고 있다. Devries, K. M.; Mak, J. Y.; Garcia-Moreno, C.; Petzold, M.; Child, J. C.; Falder, G.; …… & Pallitto, C. (2013). "The global prevalence of intimate partner violence against women." *Science*, 340(6140), 1527 f. 나는 남자와 여자가 내뿜는 공격적 냄새와 이에 따른 뇌의 반응을 살펴보았다. Pause. B. M.; Storch, D. & Lübke, K. T. (2020) "Chemosensory communication of aggression: Women's fine-tuned neural processing of male aggression signals." *Philosophical Transactions of the Royal Society B*.

생존을 위한 포옹

66. 만족감이나 재미와 관련된 공격성 유형은 특히 남자들에게서 나타난다. Elbert, T.; Schauer, M. & Moran, J. K. (2018). "Two pedals drive the bicycle of violence:

reactive and appetitive aggression." *Current Opinion in Psychology*, 19, 135-138. 남자들이 스트레스에 공격 및 도피 반응을 보이는 반면 여자들은 돌봄 및 친교 반응을 나타낸다. Taylor, S. E.; Klein, L. C.; Lewis, B. P.; Gruenewald, T. L.; Gurung, R. A. & Updegraff, J. A. (2000). "Biobehavioral responses to stress in females: tend-and-befriend, not fight-or-flight." *Psychological Review*, 107(3), 411.

67. 〈연구와 교육〉(Forschung & Lehre)의 2018년 11월 20일 자 기사에 따르면 월급 등급(W3)이 똑같아도 독일의 여성 교수는 남성 교수보다 평균적으로 650유로를 적게 받는다. 여성 학자가 상을 받는 횟수도 남성 학자보다 적을뿐더러 그들이 얻는 명성이나 상금도 적다. Ma, Y.; Oliveira, D. F.; Woodruff, T. K. & Uzzi, B. (2019). "Women who win prizes get less money and prestige." *Nature*, 565, 287 f.

모든 컵이 찬장 안에 들어 있는 것은 아니다

68. 암컷 침팬지 비키는 'cup'(컵)이란 단어를 똑바로 발음하지 못했다. 이에 사람들은 꽤 오랫동안 원숭이에게 언어 능력이 없다고 생각했다. Hayes, C. (1951). *The Ape in Our House*. New York: Harper. 이 실험에 관해서는 다음 링크를 참고하길 바란다. https://www.youtube.com/watch?v=V7QM97fnypw

69. 내 연구실에서는 생태학적으로 타당한 연구를 중요하게 생각한다. 그래서 대개 복합 냄새로 연구를 진행하며 보통 들숨에 냄새들을 내보낸다. Weierstall, R. & Pause, B. M. (2012). "Development of a 15-item odour discrimination test(Düsseldorf Odour Discrimination Test)." *Perception*, 41(2), 193-203. Pause, B. M.; Krauel, K.; Sojka, B. & Ferstl, R. (1999). "Is odor processing related to oral breathing?" *International Journal of Psychophysiology*, 32(3), 251-260.

제10장 지능은 코에서 시작된다

70. 뇌에서 지능에만 특정하게 관여하는 영역은 없다. 지능, 즉 함축적으로 사고하는 능력은 분명 뇌의 이곳저곳에 광범위하게 주어지는 불특정 자극들과 관련이 있다. Yoon, Y. B.; Shin, W. G.; Lee, T. Y.; Hur, J. W.; Cho, K. I. K.; Sohn, W. S.; …… & Kwon, J. S. (2017). "Brain structural networks associated with intelligence and visuomotor ability." *Scientific Reports*, 7(1), 2177.

71. 지능 검사에서 높은 점수를 받으려면 검사를 잘 치르고 싶은 동기와 높은 자기 효능감이 결정적으로 필요하다. 편견을 입증하게 될지도 모른다는 두려움은 지능 검사에서 능력을 온전히 발휘하는 데 장애물이 된다. Duckworth, A. L.; Quinn, P. D.; Lynam, D. R.; Loeber, R. & Stouthamer-Loeber, M. (2011). "Role of test motivation in intelligence testing." *Proceedings of the National Academy of Sciences*, 108(19), 7716-7720. Dar-Nimrod, I. & Heine, S. J. (2006). "Exposure to scientific theories affects women's math performance." *Science*, 314(5798), 435 f.

사회적 지능

72. 정서적 지능에 관한 가설은 1990년대 중반 무렵에 성립되었다. 본 고전은 독일어로도 이해하기 쉽게끔 잘 집필되어 있다. Goleman, D. (1995). *Emotional Intelligence: Why It Can Matter More Than IQ*. New York: Bantam Books. 대니얼 골먼, 한창호 옮김, 《EQ 감성지능》(웅진지식하우스, 2008).

73. 영장류의 뇌 발달은 사회적 복잡성 정도에 따라 설명할 수 있다. Dunbar, R. I. & Shultz, S. (2007). "Evolution in the social brain." *Science*, 317(5843), 1344-1347.

74. 인간은 냄새 1조 개를 구분할 수 있다. Bushdid, C.; Magnasco, M. O.; Vosshall, L. B. & Keller, A. (2014). "Humans can discriminate more than 1 trillion olfactory stimuli." *Science*, 343(6177), 1370 ff. 이 논문이 발표된 후 딱 1조 개인지 아니면 그 이상 혹은 그 이하가 아닌지 학술적 논쟁이 벌어졌다. 여기서는 그 논쟁에 관해 이야기하지 말자. 우리가 약 1조 개의 냄새를 구분한다는 사실만으로도 사람의 후각 능력은 충분히 가늠해볼 수 있다.

순수 이성에 관한 동화

75. 신경학자 안토니오 다마지오는 여러 저서를 통해 사람의 뇌에서 정서 제어 센터가 빠지면 사람이 얼마나 기괴해질 수 있는가를 이야기해 왔다. 다마지오가 내린 결론은 이렇다. 우리는 생각할 수 있어서가 아니라 느낄 수 있기에 인간이다. 그의 책 가운데 특히 다음 두 권을 추천한다. Damasio, A. R. (1994). *Decartes' Error: Emotion, Reason, and the Human Brain*. New York: Putnam. 안토니오 다마지오, 김린 옮김, 《데카르트의 오류》(눈출판그룹, 2017), Damasio, A. R. (2003). *Looking for Spinoza: Joy, Sorrow, and the Feeling Brain*. Boston: Houghton Mifflin Harc-

ourt. 안토니오 다마지오, 임지원 옮김, 《스피노자의 뇌》(사이언스북스, 2007)

사회적 뇌

76. 최근 출간된 다음 개론서는 사회적 뇌 이론을 이해하기 쉽게 잘 정리했다. Gamble, C.; Gowlett, J. & Dunbar, R. (2016). *Evolution, Denken, Kultur: Das soziale Gehirn und die Entstehung des Menschlichen.* Berlin: Springer-Verlag. 냄새를 다루는 뇌 부위 가운데 특히 안와 전두 피질이 사회적 지능에 중요하다. Dunbar, R. I. (2012). "The social brain meets neuroimaging." *Trends in Cognitive Sciences,* 16(2), 101 f.

제11장 친구들은 서로의 냄새를 더 잘 맡는다

77. 친구들은 서로 비슷한 후각 세포를 가지고 있기에 주변 냄새도 유사하게 받아들인다. Christakis, N. A. & Fowler, J. H. (2014). "Friendship and natural selection." *Proceedings of the National Academy of Sciences,* 111(Supplement 3), 10796-10801. 최근 던바는 인간에게 친구 관계가 갖는 의미와 그 발달 과정에 관한 논문을 발표했다. Dunbar, R. I. M. (2018). "The anatomy of friendship." *Trends in Cognitive Sciences,* 22(1), 32-51.

슬픈 코

78. 다음 저서에 우울증에 관한 내 연구가 모두 요약 정리되어 있다. Pause, B. M. (2004). *Über den Zusammenhang von Geruch und Emotion und deren Bedeutung für klinisch-psychologische Störungen des Affektes.* Lengerich: Pabst Science Publishers. 몇 년 전에는 실비아 샤브리츠키와 함께 후각과 우울증의 관련성을 연구한 논문을 발표했다. Schablitzky, S. & Pause, B. M. (2014). "Sadness might isolate you in a non-smelling world: olfactory perception and depression." *Frontiers in Psychology,* 5, 45. 우울한 사람뿐만 아니라 정신 질환 혹은 신경 문제가 있는 사람도 후각 상실증을 호소한다. 이에 관해 나와 연구팀은 다음 논문을 발표했다. Waldmann, S.; Lübke, K. T.; Pentzek, M. & Pause, B. M.(2020). "Störungen des Geruchssinns: Psychiatrisch-neurologische Bezüge und Diagnostik." *Fortschritte der Neurologie-Psychiatrie.*

코는 거짓말하지 않는다

79. 즐거움도 냄새로 전달될 수 있다. 이를 증명할 첫 번째 논거가 발표됐다. De Groot, J. H.; Smeets, M. A.; Rowson, M. J.; Bulsing, P. J.; Blonk, C. G.; Wilkinson, J. E. & Semin, G. R. (2015). "A sniff of happiness." *Psychological Science*, 26(6), 684-700.

80. 늘 웃는 표정인 것 같지만 두려움의 냄새를 조금이라도 풍기는 사람은 대개 부정적으로 여겨진다. Pause, B. M.; Ohrt, A.; Prehn, A. & Ferstl, R. (2004). "Positive emotional priming of facial affect perception in females is diminished by chemosensory anxiety signals." *Chemical Senses*, 29(9), 797-805.

자기 통제 요법

81. 다음 입문서는 사회적 기술 훈련을 이해하기 쉽게 설명한다. Hinsch, R. & Wittmann, S. (2003). *Soziale Kompetenz kann man lernen*. Weinheim: Beltz. 칸퍼의 자기 통제 요법에 관해 더 자세히 알고 싶다면 다음 책을 권한다. Kanfer, F. H.; Reinecker, H. & Schmelzer, D. (2006). *Selbstmanagement-Therapie*. Berlin: Springer.

82. 사회적 기술이 뛰어난 사람들은 다른 사람 냄새에 긍정적으로 반응한다. Lübke, K. T.; Croy, I.; Hoenen, M.; Gerber, J.; Pause, B. M. & Hummel, T. (2014). "Does human body odor represent a significant and rewarding social signal to individuals high in social openness?" *PloS One*, 9(4), e94314.

83. 스트레스 냄새에 거울 뉴런이 활성화되면 아무런 연관이 없는 행동에도 공감 반응이 나타난다. Hoenen, M.; Lübke, K. T. & Pause, B. M. (2018). "Empathic Cognitions Affected by Undetectable Social Chemosignals: An EEG Study on Visually Evoked Empathy for Pain in an Auditory and Che-mosensory Context." *Frontiers in Behavioral Neuroscience*, 12, 243.

제12장 두려움의 냄새

84. 개들은 인간이 내뿜는 두려움 냄새에 반응한다. 이에 관한 첫 연구 결과는 2018년에 발표되었다. D'Aniello, B.; Semin, G. R.; Alterisio, A.; Aria, M. & Scandurra, A. (2018). "Interspecies transmission of emotional information via chemo-signals: from humans to dogs(Canis lupus familiaris)." *Animal Cognition*, 21(1),

67-78.

두려움은 전염된다

85. 두려움의 냄새에는 전염성이 있다. 이는 2009년에 처음으로 증명됐다. Prehn-Kristensen, A.; Wiesner, C.; Bergmann, T. O.; Wolff, S.; Jansen, O.; Mehdorn, H. M.; ⋯⋯ & Pause, B. M. (2009). "Induction of empathy by the smell of anxiety." *PloS One*, 4(6), e5987.

86. 실습용 인형에서 두려움의 냄새가 나면 그렇지 않은 때보다 치과 대학 학생들의 수술 성공률은 낮아졌다. Singh, P. B.; Young, A.; Lind, S.; Leegaard, M. C.; Capuozzo, A. & Parma, V. (2018). "Smelling anxiety chemosignals impairs clinical performance of dental students." *Chemical Senses*, 43(6), 411-417.

87. 사회에 두려움을 느끼는 사람들은 그렇지 않은 사람들보다 두려움의 냄새에 더 강하게 반응한다. Pause, B. M.; Lübke, K.; Laudien, J. H. & Ferstl, R. (2010). "Intensified neuronal investment in the processing of chemosensory anxiety signals in non-socially anxious and socially anxious individuals." *PloS One*, 5(4), e10342. Pause, B. M.; Adolph, D.; Prehn-Kristensen, A. & Ferstl, R. (2009). "Startle response potentiation to chemosensory anxiety signals in socially anxious individuals." *International Journal of Psychophysiology*, 74(2), 88-92.

88. 다른 사람에게서 친밀감을 느끼거나 사회 속에 연결된 기분이 들 때 생기는 뉴로펩티드는 두려움의 냄새에 대한 민감도를 낮춰 준다. Maier, A.; Sch-eele, D.; Spengler, F. B.; Menba, T.; Mohr, F.; Güntürkün, O. & Hurlemann, R. (2019). "Oxytocin reduces a chemosensory-induced stress bias in social perception." *Neuropsychopharmacology*, 44(2), 281-288.

89. 두려움이 화학적으로 전달되는 데는 문화적 차이가 없다. De Groot, J. H.; van Houtum, L. A.; Gortemaker, I.; Ye, Y.; Chen, W.; Zhou, W. & Smeets, M. A. (2018). "Beyond the west: Chemosignaling of emotions transcends ethno-cultural boundaries." *Psychoneuroendocrinology*, 98, 177-185.

90. 역겨움도 화학적으로 전달되는 듯하다. Zheng, Y.; You, Y.; Farias, A. R.; Simon, J.; Semin, G. R.; Smeets, M. A. & Li, W. (2018). "Human chemosignals of disgust facilitate food judgment." *Scientific Reports*, 8(1), 17006.